新版《列国志》与《国际组织志》联合编辑委员会

国际组织志

INTERNATIONAL
ORGANIZATIONS
SURVEYS

华沙条约组织
与经济互助委员会

THE WARSAW PACT ORGANIZATION
AND COUNCIL FOR MUTUAL ECONOMIC ASSISTANCE

李锐 吴伟 金哲 著

社会科学文献出版社
SOCIAL SCIENCES ACADEMIC PRESS (CHINA)

出版说明

　　自 20 世纪 90 年代以来，世界格局和形势发生重大变化，国际秩序进入深刻调整期。世界多极化、经济全球化、文化多样化、社会信息化加速发展，而与此同时，地缘冲突、经济危机、恐怖威胁、粮食安全、网络安全、环境和气候变化、跨国有组织犯罪等全球性问题变得更加突出，在应对这些问题时以联合国为中心的国际组织起到引领作用。特别是近年来，逆全球化思潮暗流涌动，单边主义泛起，贸易保护升级，以维护多边主义为旗帜的国际组织的地位和作用更加凸显。

　　作为发展中大国，中国是维护世界和平与发展的重要力量。对于世界而言，应对人类共同挑战，建设和改革全球治理体系，需要中国的参与；对于中国而言，国际组织不仅是中国实现、维护国家利益的重要途径，也是中国承担国际责任的重要平台。考虑到国际组织作为维护多边主义和世界和平与发展平台的重大作用，我们决定在以介绍世界各国及国际组织为要旨的《列国志》项目之下设立《国际组织志》子项目，将"国际组织"各卷次单独作为一个系列编撰出版。

　　从概念上讲，国际组织是具有国际性行为特征的组织，有广义、狭义之分。狭义上的国际组织仅指由两个或两个以上国家（或其他国际法主体）为实现特定目的和任务，依据其缔结的条约或其他正式法律文件建立的有一定规章制度的常设性机构，即通常所说的政府间国际组织（IGO）。这样的定义虽然明确，但在实际操作中对政府间国际组织的界定却不总是完全清晰的，因此我们在项目运作过程中参考了国际协会联盟（Union of International Associations，UIA）对国际组织的归类。除了会籍普遍性组织（Universal Membership Organizations）、洲际性组织（Intercontinental Membership Organizations）和区域性组织（Regionally Defined Membership Organizations）等常见的协定性国际组织形式外，UIA 把具有特殊架构的组织也纳入政府间国际组织的范围，比如论坛性组织、国际集团等。考虑到这些新型国际组织数量增长较快，而且具有灵活、高效、低成本等优势，它们在全球事务中的协调作用及影响力不容忽视，所以我们将这些新型的国际组织也囊括其中。

广义上的国际组织除了政府间国际组织之外，还包括非政府间的国际组织（INGO），指的是由不同国家的社会团体或个人组成，为促进在政治、经济、科学技术、文化、宗教、人道主义及其他人类活动领域的国际合作而建立的一种非官方的国际联合体。非政府间国际组织的活动重点是社会发展领域，如扶贫、环保、教育、卫生等，因其独立性和专业性而在全球治理领域发挥着独特作用。鉴于此，我们将非政府间的国际组织也纳入《国际组织志》系列。

构建人类命运共同体，建设持久和平、普遍安全、共同繁荣、开放包容、清洁美丽的世界，是习近平总书记着眼人类发展和世界前途提出的中国理念，受到了国际社会的高度评价和热烈响应。中国作为负责任大国，正以更加积极的姿态参与推动人类命运共同体的建设，国际组织无疑是中国发挥作用的重要平台。这也是近年来我国从顶层设计的高度将国际组织人才培养提升到国家战略层面，加大国际组织人才培养力度的原因所在。

《国际组织志》丛书属于基础性研究，强调学术性、权威性、应用性，作者队伍由中国社会科学院国际研究学部及国内各高校、科研机构的专家学者组成。尽管目前国内有关国际组织的研究已经取得了较大进步，但仍存在许多亟待加强的地方，比如对有关国际组织制度、规范、法律、伦理等方面的研究还不充分，可供国际事务参与者借鉴参考的资料还很缺乏。

正因为如此，我们希望通过《国际组织志》这个项目，搭建起一个全国性的国际组织研究与出版平台。研究人员可以通过这个平台，充分利用已有的资料和成果，深入挖掘新的研究课题，推进我国国际组织领域的相关研究；从业人员可以通过这个平台，掌握国际组织的全面资料与最新资讯，提高参与国际事务的实践能力，更好地在国际舞台上施展才能，服务于国家发展战略；更重要的是，正在成长的新一代学子可以通过这个平台，汲取知识，快速成长为国家需要的全球治理人才。相信在各方的努力与支持下，《国际组织志》项目必将在新的国际国内环境中体现其独有的价值与意义！

新版《列国志》与《国际组织志》联合编辑委员会
2018 年 10 月

序

华沙条约组织（The Warsaw Pact Organization，俄文为 Opra-низация Варшавского Договора，简称华约组织、华约），经济互助委员会（Council for Mutual Economic Assistance，俄文为 Совет Экономи́ческой Взаимопомощи，简称经互会）是冷战时期苏联与东欧国家间建立的政治、军事及经济合作组织。华约从成立到解散，没有接纳新的成员。经互会在 20 世纪 60 ~ 70 年代由于蒙古国、越南和古巴三国的加入，从区域性的经济组织扩展为洲际国际经济合作组织。作为冷战时代的产物，华约与经互会伴随着冷战而形成、发展直到终结。

在世界现代史上，曾经主导国际关系发展方向，持续时间最长，牵涉范围最广，对整个国际社会和人们心理产生重大影响的就是冷战。意识形态的对抗交织着国家利益的冲突，从冷战的中心地带欧洲波及全球。分别以美国和苏联为首的两个集团在政治、经济、军事上的抗衡，虽没有硝烟，却是异常激烈、代价极其昂贵的一场较量。

第二次世界大战后，本来曾共同抗击法西斯侵略的同盟国走向了分裂与对峙，这是关于世界未来发展的两种不同理念冲突的结果。一个是以美国为首，要在战后建立资本主义的全球统一市场。美国以此为基调抛出杜鲁门主义、"马歇尔计划"（即复兴欧洲的计划），对战后经济衰败的欧洲实施援助，遏制共产主义的发展。另一个是以苏联为首，认为战争印证了马克思主义关于资本主义危机的理论，而美国的"复兴欧洲计划"是把国内矛盾转嫁到外部，因而资本主义正处于矛盾加剧、走向衰落的阶段，预示着社会主义必将战胜资本主义。

第二次世界大战后的欧洲确实形成了相对复杂的政治局面。苏联出于国家安全的考虑，利用它在战争中取得的胜利果实，沿着自己的西部边界，在中东欧建立了一个安全地带。其原则是这些国家的政府不论是共产党掌权，还是各党派联合执政，都必须采取对苏联友好的政策，对苏联的安全不构成威胁，以免重演历史上几次来自西部的入侵。考虑到应该对苏联在二战中的巨大牺牲给予补偿，以及苏联对战争最终胜利的重要贡献，美国最初默认了苏联的利益。但是，由于战争使西欧国家实力衰落，特别是英帝国不得不放弃在欧洲大陆传统的势力范围，美国担心苏联势力向西扩张，让共产主义在西欧国家成了气候，所以美国开始对苏联实施遏制政策。

事实上，处理战后事务的雅尔塔体系维护了大国协商解决国际冲突的原则；不同的是，在国际舞台上不再仅是西方大国的声音，苏联作为社会主义国家有机会表达不同的意愿，打破了西方大国对国际事务的垄断。同时，尽管东西方都把对方视作对自己的威胁，但并不认为这种威胁足以引发一场新的战争，而且双方都尽力避免引起直接的冲突。

为了实现其政治外交的目标，美、苏两个集团确立了一套运作机制，即在集团内部实行政治、经济和军事合作，孤立和恐吓对方。这就是众所周知的北约与华约两大军事集团的对抗；而在经济上，为了应对复兴欧洲的"马歇尔计划"，东方集团建立了经济互助委员会，组成社会主义经济运行体系，与资本主义世界相较量。

东西方的对立持续了40余年，以两个集团为后盾，美、苏在对抗中争取缓和，在裁军谈判缓和的烟幕下加剧军备竞赛，成为称霸世界的超级大国。由于双方在欧洲部署中程导弹，并都拥有足够毁灭对方及世界的核武器，欧洲乃至世界局势一度剑拔弩张。

各种因素形成合力，对历史发展进程起到推动作用，有些个人因素甚至在其中发挥了关键作用。20世纪80年代末，戈尔巴乔夫在苏联推行"改革与新思维"，对世界的看法有了根本的转变，强调全人类的利益高于一切，核战争下没有胜利者，这对于苏联战后的世界观可以说是一种颠覆。但是，"新思维"这把"双刃剑"也使得苏联及其继承者俄罗斯失去了制衡其对手北约的力量。

冷战结束了，但只是华约、经互会的单方面瓦解；北约依然存在，并且调整军事战略，欲在地区乃至世界范围内发挥更大的作用。而原来华约中的东欧成员国纷纷投向其怀抱，追随美国及北约的外交目标，欧洲的政治格局被彻底打破了。同时，欧洲加快经济一体化的步伐，欧盟的扩大和其成员国之间合作的加强显示了其越来越重要的整体实力。

华沙条约组织与经济互助委员会，作为苏联与东欧社会主义国家之间建立的政治、军事与经济合作组织，已成为历史的陈迹。我们再次展现其历史概貌，不仅是因为华约与经互会过去所充当的角色的重要，而且因为冷战的历史遗产在今天还不断地显现其后果和影响力。经互会的一些合作成果，如天然气输送管道、国际投资银行仍在运营。

另外，恰恰是由于冷战的结束，很多档案得以开放，特别是有关苏联时期和东欧国家档案的公布，揭示了一些过去鲜为人知的秘密，为人们比较全面地了解华约和经互会提供了可能。同时，还要有一个全球的视角。冷战始于欧洲，但不局限于欧洲。特别是随着20世纪90年代以来世界各国学者挖掘本国的文献资料，形成了国际冷战史研究，冷战在亚洲、非洲、拉美等专题构成了战后国际关系史研究更为完整的画面，也提醒学者注重历史事件与国际背景的相互联系。历史研究并没有过时的话题，重要的是我们能否揭示历史真相，能否寻找到华约和经互会这两个重要的区域合作组织从建立到解散的合理解释。这对重大历史事件的研究，比如20世纪90年代发生在苏联和东欧国家的社会转型、该地区未来的区域合作，有着重要的意义；对于正在与该地区建立良好合作关系的中国来说，更有着重要的借鉴意义。

2010年4月该书第一版由社会科学文献出版社出版。2016年到2018年，受中国社会科学院国际问题调研项目资助，项目组成员赴俄罗斯、阿尔巴尼亚、保加利亚、捷克和波兰等国收集档案文献，与外国专家学者座谈，为该书的修订打下坚实的基础。

根据出版社的意见，该书在"志书"体例的基础上，加入专题研究，因此这里补充介绍研究资料的来源。华沙条约组织的资料有三类：①有关华沙条约组织三大议事机构——华约政治协商委员会、华约外交部部长委员会、华约国防部部长委员会的会议文件①；②东欧各国从事冷战研究的学者整理并翻译

---

① 这三个议事协商机构的历次会议档案由合作安全平行史项目（Parallel History Project on Cooperative Security，该项目原称北约和华约平行史项目，英文缩写均为PHP）整理，登载在苏黎世联邦理工学院安全研究中心的网站（http://www.php.isn.ethz.ch）上，部分档案被翻译成了英文。

的本国有关华沙条约组织的档案，其中部分档案由美国合作安全平行史项目协调人沃伊泰赫·马斯特尼教授和美国国家安全档案馆的马尔科姆·伯恩教授编辑成《纸板城堡：华约的内部历史，1955~1991》文件集出版①；③专题类的档案，比如保加利亚与华约、华约政治机构中的波兰等。有关经互会的资料，值得提及的是保加利亚国家中央档案馆，这里有经互会（1949~1991）专题档案，涵盖经互会历次会议提案和决议，经互会所属执行委员会、专业委员会、银行和研究所等机构的档案资料，10余万页，并单设目录卷以供查询。但不论是有关华沙条约组织的档案，还是经互会的档案，均主要来自国家档案馆和外交档案馆，是行政事务的档案，国防部档案馆的档案较难获得；经互会的材料较为丰富，但是苏联和东欧国家的经济合作又是多层次的，有些双边的和多边的合作并未被纳入经互会的框架内，为了阐述它们之间的经济关系，有时也会涉及。

考虑到国内学界对这两个国际组织解散后的研究，对东欧国家加入北约的问题，引用的大多是西方和俄罗斯方面的材料，所以在本书中补充了部分东欧国家相关的文献资料；反之，由于国内学界对经互会解散后东欧国家加入欧盟的进程有较多研究，本书则对这部分作了删减，特此说明。

本书修订由李锐执笔，吴伟和金哲两位合作者撰写的部分，是全书不可或缺的，感谢两位学者的贡献。对相关内容有的作

---

① 该书由在布达佩斯的中欧大学出版社出版，每篇文献由编辑者撰写了简介，是了解华沙条约组织内部事务的重要参考文献，参见 Vojtech Mastny and Malcolm Byrne, eds., *A Cardboard Castle? An Inside History of the Warsaw Pact, 1955 - 1991*, Budapest: Central European University, 2005。

了保留，有的根据文献资料进行了较大的修改，主要是针对经互会早期的活动国内研究不足的部分进行了补充，充实了经互会成员国间的合作、经互会与发达资本主义国家以及发展中国家的经贸关系等内容。苏联和东欧国家间的国际经济组织，及其在"国际卫星"通信、邮电、铁路货车、国际运输集装箱、船运等领域甚至航天领域展开的国际合作，虽卓有成就，但因其独立于经互会的组织框架，本书只能略去。这也表明对苏联和东欧国家经贸合作的研究仍有很大的空间，期待后浪的推进。

李　锐

2023 年 10 月于北京

CONTENTS

目 录

华沙条约组织

CONTENTS
目 录

CONTENTS

目 录

CONTENTS

目　录

CONTENTS
目 录

经济互助委员会

CONTENTS
目 录

CONTENTS
目 录

CONTENTS
目 录

华沙条约组织

第一章

苏联与东欧国家特殊关系的建立

华沙条约组织与经济互助委员会作为区域性的国际组织而创立，但由于时代和地缘政治的原因，它们又有与一般国际组织不同的特点。如果比较一下东西方两个阵营，人们对美国与西欧的结盟似乎并不感到奇怪，相近的历史文化传统、价值观念、政权体制成为它们合作的基础；反观东方阵营却很难找到这些共同点，苏联的意志和作用在其中起了尤为关键的作用。实际上，二战结束时苏联在东欧就已经拥有了它的特殊地位和影响力。这是与苏联在二战中所发挥的作用分不开的，也是苏联当时外交政策所追求的，就是战后在其领土的西部建立一个安全地带。正是随着二战的进行以及战后欧洲的政治发展，苏联与东欧国家的特殊关系逐渐确立起来。

第一节　二战时期苏联与东欧国家的关系

一　步入第二次世界大战的东欧

欧洲大陆如果以葡萄牙的罗卡角西经 9 度 30 分为西端，东至乌拉尔山脉东经 67 度 10 分为界，即使是地理上的中欧区域也应该位于东经 35 度到东经 40 度，其区间大致穿过今天的俄罗斯西部和乌克兰东部，所以地理上欧洲东部地区仅指苏联的欧洲部分。而人们通常所说的东欧是个地缘政治的概念，尤其在冷战时期，它包括了位于欧洲中部的波兰、匈牙利、捷克斯洛伐克以及位于巴尔干半岛的南斯拉夫、罗马尼亚、保加利亚和阿尔巴尼亚。尽管东欧各国有着非常不同的文化传统和背景，但 20 世纪历史学家却视它们为一个整体。在第一次世界大战后，随着沙俄帝国、德意志帝国、奥匈帝国和奥斯曼帝国的崩溃，在这些帝国废墟上形成的民族国家存在着类似的社会、经济和政治等问题。

在两次世界大战之间，在东欧国家当中，除了捷克斯洛伐克拥有比较发达的工业化基础之外，大多数国家仍是农业国，农业人口的比例占 50% 以上，有的高达 70%～80%。这些国家的工业大多数由外国资本控制，投资主要来自英国、法国及德国。由于经济发展的落后，到 20 世纪 30 年代，东欧各国的土地改革和民主改革进行得很不彻底。在一些国家中，主张激进改革的民主政党的政权被军事独裁所取代。自希特勒的第三帝国兴起后，经济落后和政府不稳定的东欧又陷入了危机，成为希特勒德国向东扩张和侵略的首要目标。

最先受害的就是捷克斯洛伐克。在捷克斯洛伐克境内的苏台德地区有德意志少数民族 350 万人，德国借他们的民族地位问题向捷克斯洛伐克政府发难。1938 年 9 月，捷克斯洛伐克同意给这些德意志少数民族以自治权，但遭到了德国政府的拒绝，因为它要的不仅是这些，德国政府进一步要求捷克斯洛伐克政府把德意志人占居民人数 50% 以上的苏台德地区割让给德国。英、法、德、意四国在德国的慕尼黑举行会议，把捷克斯洛伐克政府拒之门外并决定了它的命运，这就是臭名昭著的"慕尼黑阴谋"。之后，波兰借少数民族问题把切申原划归捷克斯洛伐克的部分占为己有。匈牙利在德意两国的帮助下通过谈判也获得捷克斯洛伐克南部的大片土地。就这样，捷克斯洛伐克被瓜分了。然而，捷克斯洛伐克的厄运并没有完结。希特勒曾保证，苏台德地区是他在欧洲最后的领土要求，这话只有英国人相信，1939 年 3 月 15 日德军占领了捷克斯洛伐克首都布拉格。

下一个就轮到波兰了。慕尼黑会议之后不到一个月，德国就向波兰提出但泽问题。第一次世界大战之后，波兰在被俄、普、奥瓜分 123 年之后重建独立国家。根据《凡尔赛和约》，但泽（波兰称格但斯克）被划为国际共管的自由港，德国在波兰还留有一块飞地东普鲁士，中间隔着 80 公里宽的波兰走廊。此后，德国想把但泽要回去，修建一条超级公路和一条

双轨铁路，经过波兰走廊连通到东普鲁士。波兰政府拒绝了这一要求，并提醒说，任何想把格但斯克自由市并入德国的企图，不可避免会引起冲突。而德国人决定用武力解决，1939 年 9 月 1 日德军入侵波兰，第二次世界大战全面爆发。

二 苏联对战争危机的应对

布拉格失陷后，苏联一直试图与英、法谈判制止德国侵略，它希望达成三点协议：①缔结一项纯属防御性的三边互助条约；②对中欧和东欧国家，包括所有与苏联接壤的欧洲国家做出援助保证；③规定苏、英、法三国及时向受到威胁的小国提供有效援助的形式和范围。但直到战争爆发前，由于英、法两国没有诚意为苏联周边的波罗的海诸国提供联合援助，而且波兰政府表示，任何情况下都不同意苏军过境，谈判没有获得任何进展。苏联很明白，英法一直听任希特勒向东扩张，拖延签约是为了祸水东引。苏联为了保全国家利益，延缓战争威胁，与德国在 1939 年 8 月 23 日签订了《苏德互不侵犯条约》。

条约签订一个星期之后，德国就向波兰开战了，《苏德互不侵犯条约》被视为希特勒发动战争的一颗定心丸。因为尽管德国摸透了英、法的脾气，认为在它入侵波兰后英、法不会施以援手，但是它仍不敢贸然行事。以防万一，德国必须与苏联达成协议，避免它发动西线战事时面临东西两线作战的危险。如果说签订条约是出于战略考虑可以被理解的话，战后被西方披露出来的《苏德互不侵犯条约》的"秘密附加议定书"则使苏联备受争议。议定书规定：①属于波罗的海国家（芬兰、爱沙尼亚、拉脱维亚、立陶宛）的地区如发生领土和政治变动，立陶宛的北部疆界将成为德国和苏联势力范围的界限。在这方面，双方承认立陶宛在维尔诺（今天的维尔纽斯）地区的利益。②属于波兰国家的地区如发生领土和政治变动，德国和苏联的势力范围将大体上以纳雷夫河、维斯瓦河和桑河一线为界。维持一个独立的波兰国家是否符合双方利益的需要，以及这样一个国家将如何划界的问题，只能在进一步的政治发展过程中才能确定。③在东南欧方面，苏联关心它在比萨拉比亚的利益。德方宣布在政治上它在该地区与德国完全没有利害关系。①

在《苏德互不侵犯条约》上签字的当事人之一、当时的苏联外长莫洛托夫一直否认上述秘密条款的存在。原件据说在战争中烧毁，留存下来的是副本。回顾战争爆发后事态的发展，苏、德在议定书涉及的区域确有势力划分。

从 1939 年 9 月 1 日，德军对波兰实施"闪电战"攻击，到 9 月 15 日德军攻占布列斯特，半个月的时间，波兰政府和军队最高统帅部已失去对战事的控制。9 月 17 日凌晨，苏联外长莫洛托夫向波兰驻莫斯科大使瓦茨瓦夫·格瑞波夫斯基宣布照会说，鉴于波兰作为一个国家以及它的政府已经不复存在，苏联不能对波兰的事态继续保持中立，为此苏联政府已授权红军总司令部下令部队越过苏联和波兰边界线，把西乌克兰和西白俄罗斯居民的生命财产置于自己的保护之下。在波、苏边境的波兰军队原本就没有多少，加上遭到来自东西两面的夹击，便彻底瓦解了。9 月 17 日晚，波兰政府和军队最高统帅部先后进入罗马尼亚境内，他们原本得到罗马尼亚政府的口头承诺，取道康斯坦察港前往西方其他国家，不想遭到罗马尼亚的扣留。莫希齐茨基总统被迫辞职，10 月 1 日瓦迪斯瓦夫·拉齐凯维奇在波兰驻法国使馆宣誓成为总统，同时任命瓦迪斯瓦夫·西科尔斯基将军为总理，成立了波兰流亡政府。法国战败后，波兰流亡政府迁往英国。在整个 9 月的战役中，波兰近 20 万人伤亡，被德军俘虏 69.4 万人，被苏军俘虏 24 万人。②

9 月 28 日，苏德签订边界友好条约，划定了两国在波兰领土上的界线。波兰的西部地区并入德国；中部包括华沙、克拉科夫、卢布林等省组成德国管辖下的波兰总督区；西白俄罗斯和西乌克兰 19 万平方公里的土地归了苏联。

不久，苏联分别与波罗的海三国立陶宛、爱沙尼亚和拉脱维亚签署了

---

① 张宏儒主编《二十世纪世界各国大事全书》，北京出版社，1993，第 1149 页。
② 〔英〕哈莉克·科汉斯基：《不折之鹰：二战中的波兰和波兰人》，何娟、陈燕伟译，中国青年出版社，2015，第 114、121 页。

互助条约，三国同意苏联在其境内指定地区建立军事基地和驻扎军队。但是在此之后，波罗的海三国的独立状态维持了不到一年。由于法国的投降，苏联意识到德国的威胁离自己不远了，因而加紧构筑在西部的防线，在西北部就是控制波罗的海三国。苏联以最后通牒的方式要求三国肃清国内反苏势力，建立对苏联友好的政府。1940 年 7 月，波罗的海三国建成了苏维埃社会主义共和国并要求加入苏联，8 月苏联最高苏维埃会议批准接纳波罗的海三国。

同时，在西南部，苏联要求在比萨拉比亚的利益。1940 年 6 月，德国为保证西线战事的顺利，笼络莫斯科，向罗马尼亚施压，迫使罗马尼亚答应把比萨拉比亚和北布科维纳割让给苏联。至此，从北边的波罗的海到南边的黑海，苏联"东方战线"向西部推进了不少。

三　东欧三国加入法西斯轴心国

1940 年 9 月 27 日，为把战火扩展到太平洋，转移世人对欧洲战场的注意力，德、意、日三国在柏林签订了同盟条约，正式结成柏林 - 罗马 - 东京三国轴心军事同盟。同盟条约还特意说明它不是针对苏联的，不会影响各缔约国与苏联现存的政治关系。但实际上，德国一直在为发动对苏联的战争做准备，威逼利诱东欧的匈牙利、罗马尼亚、保加利亚三国加入轴心同盟就是它的一个步骤，以便它在欧洲控制更多的人力和物质资源。

第一次世界大战以后，霍尔蒂在匈牙利建立了军事独裁政府，与协约国签署《特里亚农和约》，使得匈牙利丧失了原来 2/3 的领土和半数人口，因此恢复传统疆界的民族主义情绪在匈牙利全国到处蔓延。30 年代法西斯势力兴起后，霍尔蒂政府想仰仗希特勒德国来更改疆界，在复兴匈牙利民族的要求下扩军备战。1938 年肢解捷克斯洛伐克时，匈牙利借机分吃了一大块，当希特勒军队占领捷克斯洛伐克时，霍尔蒂的军队又配合德军行动开进了卢西尼亚，使喀尔巴阡山南部土地归属匈牙利，这就是第一次维也纳仲裁时匈牙利的收获。

在瓜分捷克斯洛伐克时匈牙利得了不少好处，尽管如此，当看到希特勒德国日渐明显的侵略波兰的企图时，匈牙利人还是有些胆怯，怕卷入战争和希特勒德国站到一起。1939 年 7 月 24 日，匈牙利总理特莱基致信希特勒和墨索里尼，表示一旦爆发全面战争，匈牙利将按照轴心国的政策决定其政策。但就在同一天，特莱基害怕德、意产生误会，又发去一封信，重申从道义上匈牙利不能够对波兰采取武装行动，显示了匈牙利政府的矛盾心理。而希特勒不会容忍匈牙利政府的这种态度，他提醒匈牙利外长，匈牙利能收回领土靠的是德国，如果德国在战争中失败，匈牙利也定会随之毁灭。在希特勒的恐吓下，匈牙利只能追随德国。作为回报，1940 年第二次维也纳仲裁时，罗马尼亚的特兰西瓦尼亚重新划归匈牙利。同年11 月 20 日，霍尔蒂当政的匈牙利加入轴心国集团。

罗马尼亚的情况稍有不同。其国王卡罗尔二世一直执行亲英、法的政策，因此在二战爆发前，罗马尼亚得到了英、法提出的安全保护。然而，波兰的命运证明了这种保护的承诺不过是废纸一张。为了保全自己的领土，避免引火烧身，1939 年 9 月 4 日，罗马尼亚宣布中立。同时，出于道义上的考虑，罗马尼亚给遭受侵略的波兰人提供了不少帮助，包括允许供应波兰军队的物资过境，收容逃出来的波兰难民和军队，还接受了波兰政府避难的请求，并且帮助波兰把部分国宝运送到西方。

随着法国的投降，英、法军队的敦刻尔克大撤退，罗马尼亚很难保持国家的独立地位。在希特勒德国的施压下，罗马尼亚不仅把部分领土割让给了苏联、匈牙利，还把南多布罗加割让给了保加利亚。一系列的领土丢失导致了政府的瓦解，卡罗尔国王只好任命扬·安东内斯库将军为政府总理，建立了军人独裁政权，国王之位也被迫让给他的儿子米哈伊一世。随后，纳粹军队开进罗马尼亚，1940 年 11 月 23 日，罗马尼亚加入轴心国集团。

1941 年 3 月 1 日，保加利亚也加入轴心国集团。3 个月之后，苏德战争爆发，罗马尼亚和匈牙利派军队参加了德国对苏联的入侵。

四　东欧问题成为苏联与盟军合作的筹码

当德国发动欧洲西线战事时，苏联采取中立态度，希望让自己远离战火。英国首相丘吉尔曾以承认苏联在巴尔干的领导地位为条件，希望与苏联结成反德联盟，但没有得到苏联的回应。苏德战争爆发后，苏联希望在签订英、苏两国联盟条约时，英国暗地里答应承认苏联有权获得二战爆发后并入苏联的领土，包括波兰的东部、芬兰的卡累利阿半岛、比萨拉比亚、北布科维纳和波罗的海三国。只是由于英、美在 1941 年 8 月就苏德战争爆发后的欧洲形势发表过联合宣言，即在著名的《大西洋宪章》里，特意提到了"不赞成未经有关民族自由意志所同意的领土变更，尊重各民族自由选择其政府形式的权利"，英苏联盟条约一时未能签成。后来在伦敦召开的盟国会议上，苏联表示同意《大西洋宪章》的基本原则，但是强调，这些原则要与各国的状况、需要和历史特点相适应。

实际上，苏联时刻都在维护本国的最大利益，并且相信这些利益也是必须靠实力才能赢得的。1943 年 2 月，苏联最终取得了历时六个半月的斯大林格勒保卫战的胜利，迎来了对德战争的转折点，开始了战略反攻。苏联军队作战十分英勇，在欧洲第二战场开辟前，唯有苏联军队快速推进。到 1943 年底，苏军已经打到斯摩棱斯克一线，很快就要把德军赶出苏联国土。

1943 年 11 月 28 日至 12 月 1 日，反法西斯同盟三巨头斯大林、罗斯福和丘吉尔在德黑兰第一次举行战时会议。会议讨论的重点是开辟欧洲第二战场，尽快打败法西斯德国。不过，关于战后世界的和平、如何处置德国以及波兰问题等都已提了出来。丘吉尔知道苏联想要什么，因而提出战后波兰的疆界应位于寇松线和奥得河之间，基本承认了苏联对波兰东部领土的占领。然而丘吉尔在这个问题上有他自己的算盘。早在 1942 年初太平洋战场和欧洲战场形势紧迫时，他曾担心独自在欧洲大陆作战的苏联会单独与德国媾和，因而致信罗斯福，请求美国接受苏联的领土要求。英国内阁中还有人提议，如果不向苏联做出领土让步，那就答应英、美两国支持苏联战后在其邻国设立战略基地，或者控制这些国家的外交和防务政策。波兰东部领土在丘吉尔眼里好像已是苏联的囊中之物，不如顺水推舟做个人情。他想的是西方盟军尽快进攻巴尔干地区，以便抢在苏军之前进占欧洲中部，在开辟的第二战场上坚持首先攻打意大利。

　　罗斯福很清楚丘吉尔的心思,如果西方盟军能像楔子一样插入欧洲中部,就能阻止红军进入奥地利和罗马尼亚,甚至还有可能阻止红军进入匈牙利。但是他明白,苏联拥有强大的军事实力,西方盟军必须集中兵力抢占西欧最有利的地区,否则会失去更多的主动权,因此最后还是同意西方盟军在法国登陆作战,开辟欧洲第二战场。同时,罗斯福还意识到,要解决战后世界的和平问题,必须有苏联的合作,他与斯大林私下谈到了战后建立国际组织的设想。对于苏联的领土要求,罗斯福告诉斯大林,美国大选就要来临,尽管他不想谋求连任,但如果战争还在继续,他就还得连任总统。但在美国有 600 万 ~ 700 万名波兰裔人,作为一个现实的政治家,他不想失去他们的选票。就个人而言,他同意苏、波两国边界向西推移,波兰人为此应该从德国得到领土补偿。他希望斯大林能够理解,出于政治上的原因,目前他不能够公开参与任何这样的领土安排。①

　　德黑兰会议后,苏联红军在 1944 年初越过二战前的苏波边界。在伦敦的波兰流亡政府立即发表声明,重申它是代表波兰人民的唯一合法政府,不承认任何强加于波兰的决议。苏联政府也发表声明,提出未来的波兰将是一个强大的和对苏联友好的波兰,但是波兰的复兴不应靠占领乌克兰和白俄罗斯的土地,西乌克兰和西白俄罗斯已经是苏联领土的一部分,而是应该把被德国人割占的历来属于波兰的领土归还波兰。

五　苏联在东欧占据先机

　　为了尽快打败法西斯德国,同时掌握对战后问题安排的主动权,苏军集中优势兵力连续实施了一系列战略性进攻战役,从波罗的海到黑海整条战线发动全面进攻,向西推进的势头强劲。

　　苏军英勇、快速的作战是苏联在东欧取得军事和政治上优势的保证。1943 ~ 1944 年苏军发动了乌克兰战役,4 个乌克兰方面军由第聂伯河向喀尔巴阡山方向发起进攻,解放了乌克兰西部地区。苏军攻入罗马尼亚境内

---

① John Lewis Gaddis, *The United States and the Origins of the Cold War 1941 - 1947*, New York: Columbia University Press, 2000, p. 138.

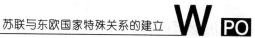

后，在 1944 年 4 月中旬受阻于雅西 - 基什尼奥夫一线，德军在那里建立了纵深梯次的防御体系。直到 4 个月后，乌克兰第 2、3 方面军做好了准备，8 月 20 ~ 29 日对德国的集团军实施合围攻击，8 月 24 日解放了比萨拉比亚首府基什尼奥夫。就在苏军日益逼近的同时，8 月 23 日夜至 24 日凌晨，罗马尼亚首都布加勒斯特爆发了反法西斯武装起义，推翻了扬·安东内斯库的军人独裁政府，建立了由康斯坦丁·萨纳特斯库将军领导的民族民主同盟政府，罗马尼亚转到同盟国一边，参加了对德作战。

罗马尼亚的倒戈加快了苏军在东欧的战争进程，红军其余主力迅速向保加利亚、南斯拉夫和匈牙利方向进军，1944 年 9 月初抵达保加利亚首都索非亚，10 月 20 日与南斯拉夫人民军一起解放了南斯拉夫首都贝尔格莱德。

波兰的状况稍微复杂一些。在伦敦的波兰流亡政府坚持波兰面对的是德国和苏联两个敌人，不承认战争带来的领土变更，要求恢复波兰在二战前的边界。苏德战争爆发后，苏联与波兰流亡政府恢复了关系，承认苏德之间涉及波兰领土变更的条约失效，但实际上并没有解决波兰东部的领土问题。按照波兰流亡政府的理解，条约失效意味着边界维持原状；而苏联有自己的解释，认为西白俄罗斯和西乌克兰在法律程序上已并入苏联，与苏德条约无关。

1943 年 4 月，大批波兰军官被屠杀的"卡廷森林事件"被曝光，波兰流亡政府认为苏联应该对这起事件负责，并请求国际红十字会出面调查。苏联政府拒绝承认，反过来指责波兰流亡政府与德国勾结，进行敌视苏联的活动，断绝了与波兰流亡政府的关系。

解放波兰的战役从 1944 年的夏秋攻势开始，随着苏军的推进，苏联开始考虑战后由谁来接管波兰。在波兰国内，由波兰工人党领导的左翼力量在 1944 年 1 月成立了全国人民代表会议，组建人民军，日益扩大影响。苏联决定依靠波兰国内的这一政治力量。7 月 22 日，在苏军刚刚解放的波兰边境小城赫尔姆（现译海乌姆），波兰全国人民代表会议宣布，成立由波兰工人党、波兰社会党左翼、农民党左翼等组成的波兰民族解放委员会，它将在战后执掌政权，并主张以民族分界线划定波兰东部边界，西部

应以奥得河－尼斯河线为界。

1944 年 7 月底，苏军前进到维斯瓦河时不得不放慢了进攻的步伐，一方面是由于遭遇德军顽强抵抗，另一方面是苏军经过一个多月的长途行军，运输线拉得过长，部队需要调整。当时在华沙城内的受波兰伦敦流亡政府指挥的波兰国家军和市民对此并不十分了解，听到维斯瓦河畔的隆隆炮声，认为苏军就要打进来了。8 月 1 日，华沙军民发动起义，控制了华沙城的大部分地区。但是，他们期盼的苏军没有到达，盟军对起义者的武器援助也十分有限，在德国占领军的残酷镇压下，起义失败，华沙城变为一片废墟。

经过近半年的调整，1945 年 1 月中旬，苏军从东线发动维斯瓦河－奥得河战役，攻破德军的层层防御，歼敌 15 万余人，解放了波兰。

解放匈牙利的战斗也十分艰巨。在加入轴心国的东欧国家中，只有匈牙利被德国牢牢绑在战车上战斗到最后。1943 年下半年，当德国出现败势的时候，匈牙利的霍尔蒂政府为保全自己，曾与西方盟军在意大利那不勒斯的大本营取得联系，想与西方单独媾和，指望西方盟军抢在苏军之前占领匈牙利。这与丘吉尔的意图不谋而合，他切望比俄国人先进入中欧的某些地区。匈牙利人已表示准备阻止苏军的推进，但如果一支英军及时到达，则愿意向英军投降。但是英国军队在意大利前进的速度太慢。另外，希特勒获悉霍尔蒂政府的企图后，在 1944 年 3 月以武力占领了匈牙利。苏军进入匈牙利之后，霍尔蒂政府也曾派代表去莫斯科进行退出战争的秘密谈判，并在 10 月中旬宣布停战。结果希特勒把霍尔蒂劫持到德国，扶植法西斯分子在匈牙利执政。

苏军于 1944 年 11 月进抵布达佩斯近郊，遭到德国军队和匈牙利铁十字军的顽固抵抗。所有通往布达佩斯的桥梁都被炸毁，苏军进攻一度受阻。1944 年 12 月 27 日，解放匈牙利首都的战斗重新打响，到 1945 年 2 月 13 日，围攻延续了 6 个星期，到 4 月，解放匈牙利的战斗胜利结束。

为了迎接全国解放，流亡在苏联的匈牙利共产党国外委员会派遣由格罗、福尔卡什、纳吉和雷沃伊组成的 4 人小组跟随苏军回到国内，在边境城市塞格德建立临时中央委员会。1944 年 12 月匈牙利共产党与其他民主党派和组织的代表组成匈牙利民族独立阵线，12 月 22 日成立了由匈牙利共产党、社会民主党、小农党、民族农民党和无党派人士组成的临时政府。

第二节　对战后东欧的政治安排

一　波兰问题解决方案

对战后东欧的政治安排以解决波兰问题为代表，涉及两个最重要的方面：疆界的划分和政权的性质。苏联对波兰既有领土要求，又坚持波兰战后建立的必须是对苏联友好的政府。鉴于苏联在同盟国中发挥了举足轻重的军事作用，以及它在反法西斯战争中所付出的巨大牺牲等，英、美同意对苏联有所让步，只是每个让步都是有限度的，带有一定的附加条件。

1945 年 2 月 4～11 日雅尔塔会议召开，当时已进入二战的最后阶段，美、苏、英首脑再次聚首，协调彻底打败德国的军事行动，商讨处理战后德国的基本原则、战后世界安排和迫使日本尽快投降等问题。在谈判过程中，苏联仍具有一定的优势：一是苏军在欧洲东线的作战十分重要，它所面对的是德军的主力，在对纳粹德国的最后打击中起着关键作用；二是美国希望苏联在欧洲战场胜利后转入对日作战，因此在苏联关切的波兰问题上，最终达成了某种妥协。

根据《雅尔塔协定》，英国和美国基本默认了当时在波兰执政的临时政府。波兰临时政府于 1944 年底成立，政府成员中有波兰工人党 7 人，社会党、农民党和民主党各 3 人，其成立不久就得到了苏联的承认，而英、美却继续承认在伦敦的波兰流亡政府。当时作为妥协，英、美要求波兰临时政府在更广泛的基础上实行改组，以容纳波兰国内外的民主人士，同时要求改组后的政府承诺尽快举行自由选举。确认临时政府的领导权是苏联在雅尔塔会议上的一大胜利，基本保证了苏联对波兰新政权的控制，因为即使补充新的成员，前提也是这些成员不能反对

苏联。

波兰临时政府改组工作由莫洛托夫和美、英驻苏大使主持，于1945年6月在莫斯科举行会议。前流亡政府总理米柯瓦伊契克作为农民党的代表参加了会议，他因为建议接受波兰版图整个西移这一事实，与波兰在伦敦的流亡政府分道扬镳。会议结果是成立了新的民族统一临时政府。英、美两国很快承认了这个新组成的政府。

关于波兰边界问题，在雅尔塔会议上，美、苏、英三国首脑同意，东部疆界依照寇松线，而在若干区域应做出对波兰有利的5~8公里的外移；对西部边界存在争议，但三国原则上达成协议，波兰在北方和西方获得广大的领土让与。1945年8月，三国首脑在签署波茨坦会议议定书时，认为波兰西部边界的划定应由和约解决。在此之前，德国前东部领土，即自史温曼德（又译斯维内蒙德）以西的波罗的海沿奥得河至与尼斯河西段汇流处，再至捷克斯洛伐克边境，包括东普鲁士的大部分以及但泽自由市（战后恢复格但斯克原名），均归波兰政府管辖。之后，苏联与波兰签订两国边界条约，确认了波兰东部边界以寇松线划分的事实。而波兰西部边界直到1972年得到联邦德国承认之前，一直是波兰的一块心病。

二　对匈牙利、罗马尼亚、保加利亚的和约

波兰问题的解决，为东欧其他国家的政治安排提供了一个模式。英、美两国明白，它们不可能改变苏联在东欧占有优势的现状，因此只能在东欧各国政权性质上提出一些先决条件。苏联的态度是，只要不是反对苏联的，一般都不反对。对于当时与苏联已有外交关系的罗马尼亚政府，英、美同样提出了承认的前提：要求罗马尼亚政府重组，容纳国家农民党和自由党的代表各一名；重组后的政府应尽快根据普选与秘密投票方式举行自由选举，不受任何干涉；所有民主党派和反法西斯政党均有参加选举与提出候选人的权利；改组后的政府还应保证新闻、言论、宗教信仰与集会的自由。

对于保加利亚成立的祖国阵线政府，英、美则等待苏联转达其要求并

在要求实施之后再予以承认。英、美的要求是，在保加利亚祖国阵线政府内，应再容纳其他民主党派的两位代表，希望有外来力量来制衡受到苏联承认的政府。

战争结束后，同盟国还与参加过轴心国集团的三个东欧国家匈牙利、罗马尼亚和保加利亚分别签订了和约。[①] 和约除了政治、经济和战争赔偿等条款外，重新划定了匈牙利、罗马尼亚的边界，并对三国拥有的军事力量做了限制。

1947 年 2 月 10 日对匈牙利和约规定了关于匈牙利的边界。废止 1940 年 8 月 30 日的维也纳仲裁，恢复匈牙利与罗马尼亚之间的原有边界；宣布 1938 年 11 月 2 日的维也纳仲裁裁决无效，恢复 1938 年 1 月 1 日的状态，并作如下变更：匈牙利将哥尔瓦齐亚法卢、奥罗施瓦尔、顿纳琼 3 个乡村连同土地割让给捷克斯洛伐克。

限定匈牙利拥有的武装力量人数：陆军，包括边防军、高射炮部队和河防部队，总人数为 6.5 万人；空军，包括后备飞机在内，应限制为 90 架，其中战斗机不得超过 70 架，人员总数应限制为 5000 人。匈牙利不得拥有携带炸弹装置的轰炸机。

在该条约生效后 90 天内，一切盟国军队应撤出匈牙利，但苏联仍有权在匈牙利领土上驻扎为维持苏军与奥地利境内的苏联占领区的交通线所需的武装部队。匈牙利应为这些苏军提供其所特需的给养和便利，为此，苏联将付给匈牙利政府以相当的补偿。

在对罗马尼亚和约中规定，苏联和罗马尼亚的边界应为 1941 年 1 月 1 日原有的边界，等于保留 1940 年 6 月 28 日苏联和罗马尼亚的协定，承认了苏联对北布科维纳和比萨拉比亚的占领。条约对罗马尼亚的武装力量做了如下限定：陆军包括边防部队在内的兵力为 12 万人；防空炮队兵力5000 人；海军兵力 5000 人和合计吨位 1.5 万吨的舰艇；空军包括海军航

---

① 1947 年 2 月 10 日，第二次世界大战同盟国和参与国分别与保、匈、罗三国签署和约，下文所引对匈牙利、罗马尼亚、保加利亚和约内容分别见《国际条约集（1945—1947）》，世界知识出版社，1959，第 385、390、392 页，第 408 页，第 370 页。

空兵和后备飞机在内，飞机为150架，不得拥有用作轰炸机的飞机，全部兵力为3000人。自和约生效之日起的90天内，西方盟国军队撤出罗马尼亚，而苏军仍继续驻扎。

在对保加利亚和约中规定，保加利亚的陆海空军备和要塞的保持应严格限于保护国内安全和对边境的防卫。各兵种的定额为：陆军包括边防部队在内全部兵力为5.5万人；防空炮队兵力1800人；海军兵力3500人和总吨位7250吨的舰艇；空军包括海军航空兵，飞机为90架，其中至多70架可以为战斗机，全部兵力5200人。

第三节　美国的遏制政策

一　美国遏制政策的出台

"铁幕"一词出自政治家丘吉尔之口。1946年3月，丘吉尔在美国密苏里州富尔顿城的威斯敏斯特学院发表演讲，他对于战后的欧洲形势做了如下描述："从波罗的海的什切青到亚得里亚海边的的里雅斯特，一幅横贯欧洲大陆的铁幕已经降落下来。在这条线的后面，坐落着中欧和东欧古国的都城华沙、柏林、布拉格、维也纳、布达佩斯、贝尔格莱德、布加勒斯特和索菲亚——所有这些名城及其居民无一不处在苏联的势力范围之内，不仅以这种或那种形式屈服于苏联的势力影响，而且还受到莫斯科日益增强的高压控制。"丘吉尔看得很清楚，苏联并不希望战争，它要"得到的是战争的果实，以及他们的权力和主义的无限扩张"。有人曾戏剧化地描述丘吉尔演讲的经过，说丘吉尔以平民身份游历美国时，美国总统杜鲁门在白宫椭圆形办公室授意他讲这么一番话，演讲过程中杜鲁门不仅亲自作陪，还以美酒、美女和雪茄相款待。这种说法实在有些低估了这位经历了两次世界大战的政治老手。实际上，还在战争进程中时，丘吉尔就最先预见了胜利者要享受战争成果这一局面。同时作为一个极端害怕和仇视共产主义的政客，丘吉尔早就提出要遏制共产主义在欧洲的发展，只是无奈于英帝国的衰落，所以紧紧拉住美国参与到战后的欧洲事务当中。

当时，美国人对丘吉尔的讲话没做任何表态，因为杜鲁门还没有下决心干预欧洲事务。1945 年 4 月，罗斯福病逝，杜鲁门作为副总统继任美国总统，他不再奉行罗斯福的通过合作软化苏联的原则，表示要对苏联采取强硬政策。但是美国在欧洲战场上没有按照英国人的思路尽可能地抢占地盘，战争结束后也没有把军队留在欧洲。1945 年 7 月 17 日讨论战后问题的波茨坦会议召开，就在会议开始的前一天，美国成功试爆了原子弹，已经掌握了足以制约苏联的武器。杜鲁门甚至把东欧设计在他战后的蓝图中：匈牙利、罗马尼亚和乌克兰这一欧洲的"粮仓"区域和工业中心联系起来，形成欧洲统一的市场。但碍于对日作战还需要苏联帮忙，另外原子弹的实际效果如何还不确定，杜鲁门没有向苏联摊牌。战后，杜鲁门宣布不再举行三巨头会议，明确表示"我已厌倦于笼络苏联人"，而要用强硬的抗议和武力的"铁拳"对付苏联。可是，美国人还是没有实质的举动，特别是在东欧已属于苏联的势力范围这个问题上，只是在对罗马尼亚和保加利亚和约中加上政府改组的条款。

当然，美国遏制政策不是一夜间形成的。1946 年初，不断有悲观的报告从美国驻苏大使馆传回美国。2 月 22 日，美国驻苏联大使馆代办乔治·凯南致电国务院，对苏联当时的形势做了研判，为美国实施遏制苏联的政策提供了理论依据。凯南在报告中说，对于战后问题的看法，苏联官方宣传认为：苏联仍然生活在敌对的资本主义包围之中，从长远来说，与资本主义持久地和平共处是不可能的；资本主义内在矛盾决定了战争是不可避免的，战争可能是资本主义国家之间的，也可能是资本主义国家为对社会主义世界进行干涉而发动的，资本家会倾向于后一类战争。凯南分析说，"克里姆林宫对世界事务的神经质的看法，其根源在于俄国人那种传统的和本能的不安全感"。那么，苏联的政策会是"在一切认为适时和有希望的地方，努力扩大苏联的势力范围"。凯南向美国政府发出了警告，"一旦暗藏的苏联政治力量扩张到新的地区，其他地点随时都可能发生问题"。

就在美国对苏联势力发展惶惶不安的时候，让美国人重新介入欧洲事务的机会来了。1947 年春，希腊局势出现危机。英国人认为，假如希腊政权落入共产党的手里，将会导致多米诺骨牌效应，不仅土耳其、伊朗，连意大利甚至法国也会受影响。1947年2月21日的下午，英国驻华盛顿使馆一等秘书西奇尔给美国国务院近东事务司司长洛埃·亨德森送来两份照会，英国在照会中表明，到星期五（即2月21日）下午为止，英国一直是希腊经济的主要支持者和土耳其军队经费的主要承担者。第一份照会说，希腊在以后几个月内需要2.4亿~2.8亿美元，而英国无法提供这笔款项。第二份照会说，英国再也不能负担土耳其的军费了。

在接到英国无力承担对希腊和土耳其的经济援助，即将放弃两地的消息后，美国决定接手。1947年3月12日，杜鲁门在参众两院联席会议上发表了援助希腊和土耳其的演说，呼请国会通过4亿美元的贷款，以保证希、土两国民主政府的生存，并警告说，若美国不能援助希、土两国，其影响之深远，将不仅限于东方，且波及西方。贷款计划得到了国会的批准，并授权总统派遣文职和军事官员前往希腊和土耳其。对希腊和土耳其的援助使得美国的注意力转向欧洲战后的现实，美国意识到如果继续传统的孤立主义政策，其所信守的民主自由制度将受到冲击，而且还会威胁到美国对外的经济利益，甚至美国国内的安全。因此杜鲁门主义成为美国外交政策的一个转折点，它抛弃了孤立主义，以遏制政策为主导，介入欧洲乃至全球的事务，拉开了与苏联对峙的序幕，从此国际关系进入了冷战时代。

二 马歇尔计划的诱惑

1947年6月5日，马歇尔在哈佛大学发表演说："事情的真相是：欧洲今后三四年内所需要的外国食物和其他必需品主要来自美国，其数量之大，远远超过它现有的支付能力，所以必须有大量的额外援助，否则就要面临非常严重的经济的以及社会和政治的恶化。"他还说，美国理所当然地应该尽力给予援助，谋求恢复世界的正常经济秩序，否则就没有政治安定，也没有稳定的和平。美国的政策是，不反对任何一个国家或学说，只反对饥饿、贫困、绝望和混乱。其目的是恢复世界经济的运转，从而产生使自由体制得以生存的政治和社会环境。凡愿为复兴的

任务出力的国家，都将会得到美国政府的充分合作。任何国家若想方设法阻挠其他国家复兴，那就莫想得到美国的援助。而且，那些企图使人间苦难长久存在、想从中捞取政治的或其他方面利益的政府和政治党派，将会遭到美国的反对。美国的作用应该是，友好地协助起草一项欧洲计划，随后尽美国实际上所能做到的去支持此项计划。这个计划应是一项联合的计划，即使不是被全体欧洲国家赞同，至少也是若干国家一致同意的。

由欧洲人承担起使欧洲经济走向正轨的责任，而不是由美国负责制订和执行复兴计划是美国国务院的智囊走出的一步好棋。它最初并没有把苏联和东欧国家排除在外，按照乔治·凯南的建议，如果苏联和东欧国家接受其条件，那将迫使它们改变其经济的排外性，如果拒绝而自动退出，也不会导致美国承担分裂欧洲的责任。①马歇尔在哈佛大学发表演说后，他的讲话精神立即被英国心领神会，英国马上与法国进行磋商。1947年6月17日和18日，英国外交大臣欧内斯特·贝文和法国外长乔治·皮杜尔在巴黎举行预备性会谈，并在会后向苏联发出邀请，建议在6月25日前后举行三国外长会议。苏联对马歇尔计划并非没有兴趣，认为这是获得美国复兴战后欧洲贷款的一次机会，因而苏联在6月22日的照会中表示接受邀请，决定派外长莫洛托夫参加即将在巴黎举行的会议。

英、法、苏三国外长会议在6月27日、28日、30日以及7月1日和2日共举行了五次，三方商定会谈应该秘密进行，会谈情况不予外泄。但实际上从一开始苏联与英、法两国就没有达成共识，而且它们之间的分歧很快在媒体上被披露出来。

法国外长皮杜尔与英国外交大臣贝文的观点是一致的。他迎合美国的意见，提出要由欧洲制订一项欧洲经济计划，由美国提供援助，弥补贸易差额。他强调，没有外援，欧洲国家将面临不可克服的困难。皮杜尔认为，三国应负责列出一份"在每个欧洲国家所做出的努力和它们所期望

---

① 《美国对外关系文件集》第3卷，1947，第225～228页。转引自毕健康《马歇尔计划援助对象是否包括苏联和东欧国家？》，《历史教学》2002年第3期，第46页。

的结果之间的差额表，要说明它们认为重要的设备和物资缺少的数量，不足的数额应尽量在欧洲各国之间采取行动予以弥补，只有难以补足的部分才求助于外援"。英国外交大臣贝文强调，为顺利得到美国的援助，需要把申请援助的数额减少到最低限度，因此首先要研究欧洲国家互助可能达到的限度。

苏联与英、法的主要分歧是反对为欧洲各国"制订统一的经济计划"，主张各国根据对自己国内经济计划的估计来自行决定需要通过贷款方式或供应物资方式获得的援助。外长莫洛托夫在发言中认为，这是关系到每个国家主权的问题，其他各国不应干涉。他指出，援助并不是单方受益，美国的援助会大大促进欧洲复兴，但美国正好可以利用它可能实行的信贷来扩大国外市场，以回避日益逼近的战后经济危机带来的危害。在三国外长会议期间，6月29日莫斯科电台广播了塔斯社有关苏方观点的报道，内容就是莫洛托夫的发言精神：反对任何基于一些国家干涉其他国家事务的欧洲合作；反对全面调查或估计欧洲的需要；每个国家要自行确定它的需要；遭受纳粹侵略的受害国应享受优惠待遇。

苏联在三国外长会议上没有采取积极的合作态度，似乎与苏联对美国经济形势及其政治目的的判断有关。据冷战后公布的材料，1947年6月24日，在苏联接受英、法邀请之后，苏联经济学家叶甫根尼·瓦尔加在为政府提供的一份报告中写道：美国的经济处境是推行马歇尔计划的决定性因素，美国需要马歇尔计划是为了处理掉过剩的产品和减缓预期的生产过剩危机。马歇尔计划除了为了美国的经济利益提供贷款和价值上亿美元的货物给那些能偿还得起的债务人，也一定努力从中得到最大的政治利益，其政治目的是确立一个美国领导下的资产阶级国家集团。可以想象，当美国提出马歇尔计划时，它不能预知苏联是否参加这个计划，但美国宣称任何妨碍其他国家复兴的政府不能指望得到美国的援助，这很明显是直接针对苏联的。

英、法两国没有因为三国外长会议的失败终止接受美援的步伐。1947年7月4日，也就是会议结束的第二天，英、法两国政府邀请欧洲22国参加将于7月12日在巴黎召开的会议，同时把邀请书的复本连同一封信

交给苏联驻法国大使，东欧的波兰、捷克斯洛伐克、匈牙利、南斯拉夫、罗马尼亚、保加利亚、阿尔巴尼亚都在被邀请之列。7月5日苏联联共（布）中央发电给东欧各国，希望它们在巴黎会议上阻止美国随心所欲地推行其计划。这说明此时苏联还没有抵制巴黎会议。但是一天之后，苏联犹豫了，还是担心会议期间出现一些不必要的麻烦，因此希望东欧国家派负责人来莫斯科就巴黎会议问题进行磋商。① 7日晚苏联的态度再次发生变化，由苏联驻东欧国家大使向各国领导人转达联共（布）中央新的精神："我们最近得到的有关7月12日巴黎会议性质的信息证实了两个新的情况。首先，英法会议的组织者没有考虑对他们在欧洲的经济复兴计划做任何改变，他们没有考虑小国的利益、主权和经济独立。其次，会议的组织者看似要制订恢复欧洲的计划，实际上是想创建一个把联邦德国包括在内的西方集团。鉴于这样的形势，联共（布）中央撤回7月5日的电文，并建议我们应该放弃参加会议，或换句话说，我们不要向会议派代表团。各国可以自行决定提出放弃参会的理由。"② 可以说是苏联帮助东欧国家做出了决定，而最初表示要参加巴黎会议的捷克斯洛伐克和波兰也被苏联明令禁止，莫斯科电台还在7月8日宣布波兰、南斯拉夫和罗马尼亚拒绝参加会议，7月10日宣布芬兰和阿尔巴尼亚拒绝参加会议。有人说这是斯大林在外交上犯的一个错误，因为美国参议院根本不会批准美国为苏联提供大量援助，苏联的拒绝给西方采取行动提供了机会。

1947年7月12日，除了苏联和东欧国家及芬兰外，英国、法国、奥地利、比利时、丹麦、希腊、冰岛、爱尔兰、瑞士、土耳其、意大利、卢森堡、荷兰、挪威、葡萄牙、瑞典16国出席了在巴黎召开的欧洲经济会议，会议拟就的报告要求美国提供220亿美元的援助。

面对欧洲的积极反应，美国也加快了通过马歇尔计划的步伐。1947年12月19日，美国总统杜鲁门向国会提交了"美国支持欧洲复兴计划"

---

① 张盛发：《斯大林与冷战》，中国社会科学出版社，2000，第178页。

② "Secret Telegram from I. Stalin to G. Dimitrov on the Mashall Plan," July 8, 1947（1947 年 7 月 8 日，斯大林给季米特洛夫关于马歇尔计划的密电），translated by Jordan Baev, CDA, Fond 146 – B, Opis 4, a. e 639. 参见张盛发《斯大林与冷战》，第 178 页。

草案，要求国会在 1948～1952 年拨款 170 亿美元。这一草案于 1948 年 3
月在参议院和众议院分别被通过。该计划授权在 12 个月内给欧洲 53 亿美
元的经济援助，以后逐年审批援助额。成立经济合作署，负责向美国企业
采购西欧所需的物资，提供给受援国。售出物资后的货款和美国的特别账
户构成"对等基金"，该基金的 95% 归受援国使用，其余 5% 由美国支
配。马歇尔计划在 1948～1951 年共提供了 129 亿 9240 万美元，推动了西
欧经济的复兴。

第四节　苏联加强对东欧的控制

一　共产党情报局的建立

苏联在战后比较信守《雅尔塔协定》，虽然在欧洲甚至亚洲都出现了
革命的形势，但它只是给予谨慎的支持，无意掀起新的红色风暴。斯大林
在 1946 年 9 月 17 日答英国记者问时说，苏联和外部世界"和平合作的可
能性不会减少，甚至能够增加"。他还提出在苏联一国建立共产主义的问
题，打消西方对苏联推行世界革命的顾虑。

在西欧的一些国家像法国和意大利，共产党人的力量是在抵抗运动中
成长起来的，他们在反法西斯战争中发挥了积极的作用，在群众中赢得了
很高的声望。在战后经济衰退形势下，这些国家的共产党对未来的设想也
让人们看到了建立公平社会的前景。在战后初期这些国家组成的联合政府
中，共产党成为占主要地位的政治势力之一。法国共产党在 1946 年的国
民议会选举中获得了 182 席，居议会席位的首位。意大利共产党与社会党
组成联盟参加了战后的联合政府。但是，在 1947 年 5 月，形势发生了变
化，法国共产党在政府中的 5 名部长因支持雷诺工厂工人罢工被免职，法
国共产党成为在野党。同一个月，由于意大利社会党内部发生分裂，意大
利内阁被解散，重新组建的天主教民主党和无党派联合政府排斥了共产
党。在比利时和卢森堡的政府中，共产党也失去了自己的地位。并且，随
着冷战的开始，西欧国家中反共的右翼势力得到了美国的支持，这些国家

的共产党重返政府的希望越来越渺茫。

对于苏联来说，战后它本来奉行西欧国家共产党参加联合政府的政策，甚至对东欧国家也是如此。西欧形势的变化让苏联感到十分担心：一是苏联共产党与西欧国家共产党缺少沟通，对他们采取的策略和行动不了解，使得苏联难有所为；二是如果东欧各国政府发生类似的变化，将直接影响苏联的利益。因此，苏联对这种局面必须加以控制，这就使得组建一个欧洲国家共产党国际机构被提上了日程。

斯大林最初与南斯拉夫共产党领导人铁托和保加利亚工人党领袖季米特洛夫商谈新的国际组织问题时，设想的是建立一个情报性质的机构，交换情报和交流经验，宣传苏联和东欧人民民主国家，支持世界上的进步民主运动。斯大林还特别强调不应以任何形式恢复共产国际。苏联因此有意回避成为会议的发起人，建议由波兰工人党的领导人发出召开会议的邀请。

1947 年 9 月 22 日，来自南斯拉夫、捷克斯洛伐克、保加利亚、匈牙利、罗马尼亚、法国和意大利，以及苏联和波兰共 9 个欧洲国家的共产党和工人党代表参加了情报局的成立会议。会议是秘密举行的，所以会议地点选在波兰西南部的一个小城什克拉尔斯卡－波伦巴。会议通过了《关于国际形势的宣言》。宣言指出，战后国际舞台上的基本政治势力已重新配置，世界形成了帝国主义反民主的阵营和反帝国主义的民主阵营，对美国和帝国主义阵营不能让步，否则就像慕尼黑政策纵容了希特勒侵略势力一样。宣言反映了苏联已经彻底放弃与西方的合作，结束了以往与西方的同盟关系而走向对峙。在此之后，两个阵营的说法被普遍应用。

共产党情报局的成立还有一个含义，就是再次确立苏联为世界共产主义运动的中心。一是要求各国共产党在巩固自己在本国的政治地位时，要考虑作为民主和社会主义主要支柱的苏联的威力的巩固；二是各国共产党应该公开支持苏联爱好和平和民主的政策，这种政策是符合其他各国爱好和平的人民的利益的。这实际上反映了苏联把自己的地位和利益放在了首位，以此作为衡量各国共产党的决策和行动的尺度，很容易把各国共产党与苏联之间的分歧和矛盾上纲上线。这一点在共产党情报局成立会议上就已经表现出来，由苏联唱主调，掀起集体批判法国共产党和意大利共产党的浪潮。而不久之后，苏联将批判的目标对准了南斯拉夫共产党。

二 苏南冲突

在东欧国家中，南斯拉夫的情况比较特殊。铁托领导的南斯拉夫共产党在抗击德、意法西斯战争中，组织游击武装，为解放南斯拉夫发挥了巨大作用，南共的影响力及其领导的武装力量是东欧其他国家不能相比的，因而南共具有更大的独立性。

战后初期，东欧新成立的人民民主政权缺乏执政经验，在经济建设和组建人民军队过程中，都得到过苏联的帮助。苏联派遣军事顾问、专业技术人员和干部到东欧各国，也包括南斯拉夫，在军队建设及其他各个部门的建设中都发挥了一定的作用。但是，这些人员在完成创建任务后并没有主动撤出来。他们虽然不是引发苏南矛盾的关键，却是苏联拉开苏南冲突序幕的借口。1948 年 3 月 18 日，莫洛托夫致电铁托，说南斯拉夫经济委员会副主席向苏联商务代表宣布，根据南斯拉夫政府的决定，不准向苏联机构提供经济情报。苏联认为，双方曾有一个苏联政府机构可以自由地获得这类情报的协议，并且认为，南斯拉夫政府没有预先通知也未解释原因，单方面地采取这一措施是对苏联驻南斯拉夫工作人员的不信任行为和对苏联不友好的表现，因此苏联政府命令召回所有派往南斯拉夫的文职专家和其他工作人员。同一天，苏联驻南斯拉夫军事顾问团团长巴尔斯科夫将军通知铁托，苏联政府已决定立即撤回其全部军事顾问和教官。

1948 年 3 月 27 日，苏共中央在回复铁托对苏联撤离专家一事的质询时，把矛头对准了南斯拉夫共产党，批评南共散布反苏言论，没有制止对苏军的诽谤，在国内制造反苏气氛；指责南共丧失了党的领导作用，融化在人民阵线中，在报刊上见不到党组织的决议和党的会议公报，党几乎处于半合法地位，因此不能认为南共是马列主义政党，要求南共撤换其领导。随后，苏联把信件的副本转发给共产党情报局各个成员党，使得它们只听到苏联的一面之词。

苏联还不顾南共的反对，单方面把苏、南两党的分歧提交共产党情报局讨论。1948 年 6 月在罗马尼亚的首都布加勒斯特举行了共产党情报局会议，由于南共拒绝参加，会议批评了南共的内外政策，在苏共的坚持下，通过了《关于南斯拉夫共产党状况的决议》，把南共开除出共产党情报局。

苏南冲突的一个严重后果是紧随其后的东欧各党内部的"大清洗"。苏联把它与南斯拉夫的矛盾公开化、扩大化就是一个信号，东欧各国要紧随苏联的脚步。在东欧国家内，凡是主张走本国独立发展道路的人都被扣上"右倾民族主义者"的帽子，或被看作"与铁托集团勾结"的叛徒，产生了一系列冤假错案。波兰工人党总书记哥穆尔卡、匈牙利的拉伊克、罗马尼亚的巴特勒什卡努、保加利亚的科斯托夫、阿尔巴尼亚的科奇·佐泽等，一大批党的领导干部被撤职拘禁，其中一些人被视作人民的敌人而遭处决。

阿尔巴尼亚也摆脱了南共的影响和苏联靠近了。阿尔巴尼亚共产党[①]力量相对较弱，1941 年才建立起自己的政党，在意大利占领时期仅仅有200 名党员。在战争期间，来自南斯拉夫的顾问为他们提供军事和组织上的指导，因此阿尔巴尼亚是战后东欧唯一没有得到苏联直接援助，领土上也没有苏联军队的国家。

阿尔巴尼亚共产党领导人恩维尔·霍查在党的成立大会上被推举为临时书记，当时只有 33 岁，他并不是南共最喜欢的人，南共一直希望找到一个更顺从的人取代霍查，所以霍查始终面临着党内分裂主义的威胁。苏南冲突的爆发，使霍查得到完全摆脱南斯拉夫共产党控制的机会。在共产党情报局布加勒斯特会议后，阿尔巴尼亚虽然不是共产党情报局的成员，但积极响应共产党情报局关于南共的决议，发表公报公开批判南共领导人。阿尔巴尼亚政府还宣布停止履行战后与南斯拉夫签订的各种条约和协

---

① 阿尔巴尼亚共产党于 1948 年改名为阿尔巴尼亚劳动党。

议，令南斯拉夫专家立即离境。阿尔巴尼亚开始直接听命于苏联，并加入后来的经济互助委员会和华沙条约组织组织。

三　加快人民民主向社会主义过渡的进程

杜鲁门刚上任时，美国驻苏大使哈里曼为他分析苏联对外政策时提出，苏联人相信自己能成功地采取两种政策：一种是与美、英合作的政策，另一种是增强苏联对邻国控制的政策。哈里曼认为，苏联政府在战后重建计划上需要美国的帮助，因而不希望和美国闹翻。美国当初的这一推测并非没有道理，当欧洲战场尘埃落定之时，我们确实看到苏联在两种政策间保持平衡，既实施对东欧的占领，又遵守《雅尔塔协定》，尽可能从速经由自由选举建立对人民意志负责的政府。在东欧国家选举过程中，政党力量的形势相当复杂，苏联没有利用自己在同盟国监督选举委员会中的地位，强求扶植这些国家的共产党，而是原则上要求政府中必须有共产党的位置，基本认可了这些国家选举产生的新政府。

匈牙利就是一个明显的例子。1945 年 11 月匈牙利举行全国大选，代表富裕农民和城市小资产阶级的独立小农党获得了 57% 的选票，共产党和社会民主党分别获得 17% 和 16.5% 的选票，这基本上反映了战后匈牙利政治力量对比的现实。1946 年初，匈牙利建立共和国，组成了以小农党领导人迪尔蒂·佐尔丹为共和国主席，小农党领导人纳吉·费伦茨为总理，有共产党、社会民主党和民族农民党参加的联合政府，得到了苏联和美国的承认。

捷克斯洛伐克 1946 年 5 月举行了战后第一次议会选举，捷克斯洛伐克共产党获得了 38% 的选票，三个资产阶级政党联合获得 48% 的选票。情况稍有不同的是，捷共领导人哥特瓦尔德出任新组成的民族阵线政府的总理，而在 26 名政府成员中，共产党有 9 人，资产阶级政党有 12 人，政府中最重要的外交部部长和国防部部长分别由无党派人士扬·马萨里克和鲁·斯沃博达担任，共产党人仍占政府中的少数。

联合政府是否能在东欧长久存在下去是个问题，东欧国家的政党政治发展很不成熟，党派间的斗争迟早要有个结果。但是结果并非没有选

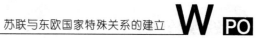

择。当时苏联承认联合政府的策略就是考虑到了战后继续保持与西方盟国的合作关系，因此不急于让东欧各国加速社会革命进程，走苏联式的道路。在东欧各国，许多党的领导人认识到战后的政治现实，也都提出过人民民主道路问题。其中比较有代表性的是波兰工人党总书记哥穆尔卡，他认为波兰特有的发展道路是以议会民主制为基础的，强调波兰工人党与民主党派的合作；在经济上，在对大工业和银行实行国有化的同时，允许合作社、私有经济等多种经济形式的存在，保留土地改革后在农村形成的个体经济形式，社会经济的变革和社会主义因素的增长将逐步得到实现。

这一人民民主道路的实践很快被中断了。由于冷战的出现，东欧国家共产党与其他政党较量的步伐加快了，特别是在苏南冲突之后，东欧政治加速向单一政党政权转变，同时开始全盘接受苏联的经济模式。

匈牙利以"反共和国阴谋案"为引线，迫使总统迪尔蒂·佐尔丹和总理纳吉·费伦茨同意逮捕议会中所有受指控的小农党议员。权力斗争的结果，1947 年 6 月，纳吉·费伦茨辞去总理之职，带着 4 岁的儿子流亡国外。之后举行的议会大选，匈牙利共产党获得 22%的选票成为议会第一大党，小农党获得 15%的选票，社会民主党得到 11%的选票。1948 年 6 月，共产党与社会民主党实现合并，成立匈牙利劳动人民党。为了响应对南斯拉夫的批判，劳动人民党总书记拉科西提出人民民主制要向无产阶级专政转变，要消灭多党制。到 1949 年底，反对党被迫解散，愿意同共产党合作的民族农民党和独立党在组织上自行消亡，劳动人民党成为匈牙利唯一的政党。同时，匈牙利加快了农业合作化运动的步伐，提出 3~4 年使 90%的农民和 95%的土地合作化；仿照苏联模式制定发展国民经济五年计划，加速以重工业为主的工业化。

波兰在 1947 年初举行了议会选举，波兰工人党最大的竞争对手是米柯瓦伊契克领导的波兰农民党，米柯瓦伊契克当时任政府副总理兼农业部部长，在战前许多政党退出政治舞台后，他成为反对派的唯一代表。从现实政策讲，他并不是反苏的，他既看重波兰与西方的关系，也希望莫斯科相信他能建立一个对苏友好的政府，但是他想在未来的政府中占绝对优势，波兰工人党和莫斯科都决不会答应。为了确保选举的胜利，波兰工人党、波兰社会党与两个民主政党组成民主联盟，联合提名候选人，结果它们获得 80.1% 的选票，米柯瓦伊契克领导的波兰农民党获得 10.3% 的选票；在 144 名议员中，民主联盟占 94 席，波兰农民党占 28 席。在此之后，波兰农民党内部发生分裂，它的发展受到限制，米柯瓦伊契克及其部分亲信去往国外。

由于选举的胜利，波兰工人党与社会党的统一也提上了日程。针对工人党内有把社会党"吞食"掉的思想，哥穆尔卡提出，创建一个单一的工人阶级政党是一个长期的思想转变过程，机械的统一只是使两党合并起来而不注意两者之间的分歧。但当批判右倾民族主义浪潮来临时，哥穆尔卡被指责热衷于搞思想妥协，对两党统一中的民族主义和机会主义倾向的危险视而不见。这实际上是把波兰独特的发展道路看作是民族主义的，看作是对苏联社会主义建设经验的怀疑，苏联模式成为唯一的选择，哥穆尔卡被解除了党的总书记的职务。1948 年底，波兰工人党与社会党合并为波兰统一工人党。

罗马尼亚和保加利亚也都经历了类似的转变过程。捷克斯洛伐克政权问题在 1948 年二月事件后也有了结果，对于 12 名资产阶级部长辞职导致的政府危机，捷克斯洛伐克共产党采取了强硬的态度，迫使总统贝奈斯接受他们的辞呈，重新组建政府，捷共在新政府中取得了绝对优势地位。1948 年 6 月，贝奈斯辞去总统职务，哥特瓦尔德被国民议会选举为共和国总统，捷共也与社会民主党实现统一。

1948 年是东欧各国政治发展发生重要转折的一年，这些国家从此结束了政治生活的多元化和经济多种形态的发展。它的直接后果就是照搬建设社会主义的苏联模式，苏联与东欧各国更加紧密地联系在一起。

就在这一年，苏联与罗马尼亚、保加利亚、匈牙利签订友好互助条约，正是通过这些双边条约，苏联在西部从北到南建立了一个安全的中间地带。苏联的一个有利条件就是，除了在柏林和奥地利有苏联单独的军事占领区外，在波兰、匈牙利和罗马尼亚也都有苏联的驻军，由此确立了战后社会主义阵营的安全体系。

而在拒绝了马歇尔计划之后，苏联加强了与东欧国家的经济合作，缔结了双边贸易协定。由于美国采取的遏制政策，西方国家限制向东欧国家的出口贸易，美国更是在 1948 年 3 月，由国会批准实行对社会主义国家的出口管制，这使得苏联与东欧不得不建立起社会主义国家间的经济合作体系，经济互助委员会应运而生，从而形成了一套与西方资本主义国家平行的经济运作机制。

　　苏联与东欧国家的特殊关系以二战为介质，由于国家利益和意识形态等因素的多重作用，这种关系得以强化，也使得东西方的对峙持续了近半个世纪。

第二章

欧洲分裂态势的加剧

20 世纪 50 年代中期，随着朝鲜战争的结束，欧洲出现了新的政治形势。冷战格局基本稳定之后，东西双方各自都开始加强内部的建设，巩固合作关系。美国把重新武装德国（即联邦德国）当作构建西欧防务体系的重要一环，由此引发的德国问题成为东西方斗争的焦点。这是导致华沙条约组织建立的直接原因，只不过此时和西方唱对手戏的换成了赫鲁晓夫。赫鲁晓夫使苏联的对外关系带有某些个人色彩，苏联与东欧国家的同盟关系也由于华约组织的建立而具有了新的特点。

第一节　西方军事合作的加强

一　北约的成立

其实人们一直有个疑问，为什么在 1949 年北大西洋公约组织（简称北约）成立之时，苏联和东欧国家没有随即建立一个军事集团与北约对抗？华约组织的成立推迟了 6 年，这期间西方策略的变化促使苏联不得不调整对抗战略。

二战结束初期，美国并没有打算留在欧洲，除了德国西部占领区外它已经开始从欧洲大陆撤军。英国和法国不得不考虑战后的欧洲防务问题。而事实是，法国军队在战争中的溃败，英国的衰落，表明没有一个西欧国家有能力承担保卫欧洲大陆的义务，因此欧洲防务的关键是拉住美国，得到美国的援助和支持。英国外交大臣贝文比较知晓美国领导人的心理，知道英、法两国如果首先实现合作就有可能指望美国的参与。此时法国总理莫·古里安正好向英国建议签订英法联盟条约，法国与德国是宿敌，它比英国更担心德国的复活，希望与英国联手保证欧洲大陆的安全。这与贝文的想法正相吻合，贝文做出了积极的回应。1947年3月，英、法两国特意选择敦刻尔克这个有象征意义的地点，签订了为期50年的联盟条约，条约的主旨仍是防止德国东山再起。

比英法联盟更早提出合作的是比利时、荷兰和卢森堡三个国家。它们在战后欧洲的联合中表现得非常积极，是欧洲经济政治一体化的积极倡导者。其原因很简单，荷兰和比利时在第二次世界大战中都受到了德国的侵略，荷兰抵抗了5天，比利时抵抗了18天。在法西斯德国占领下，人民遭受了深重的苦难，荷、比两国对战争的恐惧与厌倦使之寻求永久和平的办法，认为只有加强国与国之间的经济联系，建立彼此的物质依赖才能减少战争爆发的可能。正是认同了这一观念，1944年，比利时、荷兰和卢森堡三国在伦敦的流亡政府签署协议，确立了比荷卢关税联盟。1946年上述三国决定将关税联盟扩大为经济联盟，在经济领域拥有了更强的力量。三国联盟的顺利发展吸引了西欧其他国家的注意，法国、意大利都表现出合作的意愿，希望西欧各国紧密地联结在一起，防止战争再次爆发，使经济联盟走向政治联盟成为必然趋势。

为此，英、法两国与比、荷、卢三国走到一起。1948年3月5日，英国、法国、比利时、荷兰、卢森堡五国代表在比利时的布鲁塞尔举行谈判，最终缔结了一项由五国参加，以军事同盟为核心，涉及政治、经济、文化等领域的"合作和集体防御条约"，通称《布鲁塞尔条约》。与《敦刻尔克条约》不同的是，该条约不再明确针对德国的侵略，只是在第7条的第2点中提到，如遇到德国复活侵略政策时，缔约国应就采取的态度和步骤进行磋商。而反映《布鲁塞尔条约》防务宗旨的第4条规定，任何一个缔约国在欧洲成为武装攻击的目标时，其他缔约国应依照《联合国宪章》第51条的规定，向受攻击的缔约国提供它们能力所及的一切军事的或者其他的援助。

这里提到了《联合国宪章》第51条，为其防务提供理论根据，后来北约成立乃至华约成立时也都写入了这一条款。该条款规定："联合国任何会员国受武装攻击时，在安全理事会采取必要办法，以维持国际和平及安全以前，本宪章不得损害成员国行使单独或集体自卫之自然权利。会员国因行使此项自卫权而采取之办法，应立刻向安全理事会报告。此项办法于任何方面不得影响该会按照本宪章随时采取其所认为必要行动之权责，以维持或恢复国际和平及安全。"① 从《联合国宪章》本身的旨意来讲，它所要打破的正是过去以军事同盟来影响国际局势的状态，而建立通过大国协商制度以稳定世界形势的政治格局。该条款是为了维护会员国的正当自卫权，但是，西方国家却利用它来重建军事同盟，实际上是突破了联合国对其行为的约束，带有导致新冲突的危险因素。

《布鲁塞尔条约》虽然没有直接说明它是针对苏联向西扩张的威胁，但以当时欧洲正在形成的冷战形势看，在欧洲具有武装攻击实力的恐怕只有苏联，因而该条约的性质不言而明。贝文为了使这个西方联盟发挥作用，希望以此条约为基础，建立一个共同的军事体系。1948年9月，英、法、比、荷、卢五国国防部部长齐聚巴黎，讨论建立西方联盟总司令部，总部设在枫丹白露；同时建立参谋长联席会议，由英国陆军元帅蒙哥马利领导。

西欧在搭起防务框架之后，就有了与美国谈判合作的基础。美国自然也不会放过与西欧国家再次亲密接触的机会。美国总统杜鲁门在《布鲁塞尔条约》签订的当天就表示了支持的态度。他说，美国将以适当的方式，根据形势需要，为这些自由国家提供援助。之后，美国约请英国和加拿大的代表会晤，商讨北大西洋区域集体防务计划，美国准备在未来与西欧国家的合作中成为核心，并承担义务。

1948年6月11日，美国参议院以64票对4票通过了范登堡提出的一项决议案，敦促美国通过立法程序，参与某些区域性或集体性组织，这些组织必须是建立在持久有效的自助和互助基础上的，并且与美国的安全息

---

① 《联合国宪章》（1945年6月26日订于旧金山），《国际条约集（1945—1947）》，第47页。参见《联合国宪章》，联合国在线图书馆（Charter of The United Nations. https：//www. un-ilibrary. org/）。

息相关。这就为美国与《布鲁塞尔条约》建立联系提供了通道。7月6日，美国副国务卿洛维特受命与加拿大、英国、法国、比利时、卢森堡和荷兰等国的大使举行了第一次非正式会谈，发表了两个月之后在华盛顿讨论有关安全问题的备忘录，规定了即将成立的北大西洋公约组织的性质、范围、缔约国承担的义务等。在美国与西欧国家商讨防务联盟期间，爆发了柏林危机，促使一些原本持中立立场的西欧国家加入美国防务计划。1949年4月4日，美国、加拿大与《布鲁塞尔条约》初始缔约国英国、法国、比利时、荷兰、卢森堡，以及由议会在3月刚批准加入北约的丹麦、挪威、冰岛、葡萄牙、意大利等12国的外长，在华盛顿举行了《北大西洋公约》的签字仪式。美国参议院在7月通过了这项条约，美国正式与西欧国家结成军事防务联盟。按照条约的规定，它的期限为20年，除非提前两年通知终止条约，否则条约将自动延期。

苏联对《北大西洋公约》签订的反应很明确。当美国发表有关北大西洋区域集体安全声明时，苏联政府就做出回应，指出：《北大西洋公约》绝不是为了自卫，而是为了实现一种侵略政策，为了实行制造一次新战争的政策。1949年3月31日，苏联政府还向美、英、法等国政府提交备忘录，再次指责《北大西洋公约》是针对苏联的。但是，在北约成立后，苏联并没有采取实际行动，斯大林认为没有必要把自己的势力集结成联盟对抗北约。一方面，苏联与东欧国家通过双边条约已经形成了防务联盟，苏联在东欧还驻扎有军队，这比刚刚成立的北约更有实效；另一方面，来自西方内部的情报表明，北约在成立后的几个月中并没有从实际上提高军事能力，即美国并没有给予西方盟国实质性的军事援助，北约还只是个抽象的联盟。显然，北约建立初始尚未对苏联的利益构成严重的威胁，而苏联对东欧的控制也足以应付这一挑战，因此建立一个与北约相对抗的军事组织当时还没有在苏联的考虑之列。

1950年朝鲜战争爆发，美国开始重视加强盟国的军事力量，给北约盟国提供了价值1亿美元的军事物资援助。英国在美国的压力下宣布重整军备计划，在支出36亿英镑后将军费提高到41亿英镑，在3年内建立6～10个正规陆军师。同时，苏联也开始在东欧国家推行武器装备一体化标准，加强军工生产，提升东欧各国军事防御能力，应对可能的战争威胁。朝鲜战争的爆发让世界矛盾的焦点暂时由欧洲转移到亚洲，同时也促使西方国家考虑形成欧洲防御共同体，于是重新武装联邦德国也被提上日程。

二　德国的分裂

德国在战后相当长时间内是东西方斗争的焦点。其根源不仅在于德国是二战的战败国，欧洲各国对它有防范心理；更重要的是，在战后德国问题处理上，美国、苏联和英国对德国采取了分而治之的策略。随着冷战形势的出现，苏联和西方的较量首先在德国问题上展开，德国的分裂变得不可避免。

1945 年 6 月，苏、美、英、法四国发表了关于德国占领区的声明。按照 1937 年 12 月 31 日即德国吞并奥地利之前的疆界分为 4 个区：东区 10.7 万多平方公里的领土由苏联占领，下辖梅克伦堡－前滨海（前波莫瑞）、勃兰登堡、萨克森－安哈特、图林根和萨克森 5 个州，人口 1700 多万；美国占领区为东南部 3 个州，面积及人口与苏占区差不多；英国占领区为包括鲁尔工业区在内的西北 4 个州，面积为 9.7 万多平方公里，人口是 4 个占领区最多的，达到 2200 多万；法国占领区是从美英占领区分出来的西区，面积 4 万平方公里，人口 500 多万。各占领区的军事管制机构由占领国委派的总司令领导，只对占领国政府负责。四国总司令组成盟国管制委员会，协调四国在整个德国的统一行动。

对德国的分区占领照顾到苏、美、英、法四方的利益，为各自取得战争赔偿提供了方便，由此也埋下了德国分裂的隐患。各占领区实行的政策都以占领国的意志为主，盟国管制委员会虽然掌管全局，但从组成来看，其并不是一个具有权威的建设性的机构，它通过的各项法令常常流于形式，无法在各占领区实行。

随着德国经济恢复并逐步走向正轨，美国首先提出组成一个四国占领区的经济联盟。当时只有英国做出回应，因此美、英两国在 1946 年秋合并了它们的占领区，称为西占区，经济上采取统一的行动。当马歇尔提出复兴欧洲计划时，其已经开始把德国占领区考虑在内，并且提出不让德国的经济复兴优先于欧洲其他国家，以消除英、法两国的顾虑。美国这样做的目的是让西占区得到部分经济援助，减少复兴欧洲的压力，更重要的是防止西部德国被拖入东方轨道。

1948 年，冷战的形势已经变得十分明显，捷克斯洛伐克的二月事件让西方感到震惊，意识到东欧完全在苏联的掌控之下，因此美国决定抛开苏联在德国西占区采取单独行动。美国在德国的行动必然要有欧洲国家的支持，而此时美国国会通过了马歇尔计划，正可利用对欧洲的经济援助，推行美国的对德政策。1948 年 2 ~ 6 月，美国、英国、法国、比利时、荷兰和卢森堡在伦敦召开了一次长达 4 个月的会议，讨论在美、英、法 3 个占领区单独建立德国政府的问题。

苏联认为，西方国家这样做是为了把德国变为自己的据点，逐步将德国纳入反社会主义阵营的军事政治集团。苏联做出的第一反应是宣布退出盟国管制委员会，同时采取措施限制美、英、法三国在苏占区的交通运输。苏联从 4 月初起检查所有通过苏占区的美国人的证件，并对进出苏占区的货物进行检查，还对西占区与柏林之间的交通实施 10 天的限制。美、英、法三国没有止步，在未能与苏联达成协议的情况下，于 6 月 18 日宣布在西占区实行币制改革。此前，4 个占领区一直使用通用货币，它是联系整个德国经济的重要纽带。西方单方面实施币制改革使得西占区经济自成一体，迈出了分裂德国的第一步。第二天，苏联政府发表声明，提出柏林在苏联占领区内，经济上为苏占区的一部分，为防止对苏占区货币流通的破坏，不容许西占区发行的货币在苏占区和柏林地区流通，对西占区进入柏林的道路实施交通管制。美、英、法三国仍按照伦敦会议商定的决议行事，6 月 21 日在德国的西占区实行币制改革，两天之后又扩大到柏林的西方占领区。作为反击，苏联决定在苏占区和柏林地区发行新货币，并从 6 月 24 日起以技术原因为由，切断西占区与柏林的交通联系和能源供应。

苏联对柏林的封锁一时使得形势十分紧张，美军驻柏林司令克莱向华盛顿告诫说，战争可能戏剧性地突然爆发。箭虽在弦上，但双方都忍而未发，没有让柏林危机升级为武装冲突。在封锁时期，美、英利用空中走廊向西柏林的 200 多万名居民运送粮食、煤炭和日用品，还禁止向苏占区运送煤炭和钢铁等物资，对苏占区和东柏林实行反封锁。

随着柏林危机的爆发，双方在柏林各自的占领区内建立独立的市政机构，柏林分裂成东西柏林两个部分。柏林危机持续 324 天，到 1949 年 5 月 4 日，苏、美、英、法四方达成取消所有交通限制的协议，四国重新召开外长会议讨论对德问题。苏联本来是希望通过封锁柏林阻止或者至少能推迟德国分裂的进程，或者把西方排挤出柏林，但是它的两个目的都没有达到，德国分裂实际上已不可避免。

1949 年 5 月 23 日，西占区通过了《德意志联邦共和国根本法》，8 月举行了议会选举，基督教民主联盟和社会民主党获得了议会的多数，组成了以基民盟主席阿登纳为总理的联邦政府。8 月 20 日，联邦德国正式成立，首都为波恩。联邦德国成立后，美、英、法三国并没有把全部主权交还联邦德国，依照占领当局保持权力的占领法规，美、英、法三国对联邦德国的行政立法有监督否决权，对其外交、国防、外贸保有管制权。

在苏占区，德国共产党和社会民主党合并组成的德国统一社会党主持了政府的组建工作。1949 年 10 月 7 日，德意志民主共和国（简称民主德国）宣布成立，人民议院选举德国统一社会党中央委员会主席威廉·皮克为总统，组成以奥托·格罗提渥为总理的第一届民主德国政府。苏联驻德国占领区总司令崔可夫大将宣布，苏联军事行政当局把行政权力移交给德意志民主共和国政府，同时设立一个苏联监察委员会实施监管。

三　联邦德国加入北约

朝鲜战争的爆发促使美国及其西欧盟友重新审视西欧局势，为应付与苏联可能的对抗，西欧开始考虑接纳联邦德国为西方联盟的一员。1950 年 8 月，联邦德国成为欧洲理事会的联系会员国，第二年取得正式会员的资格。同年，美、英、法修改了占领法规，允许联邦德国重建外交部，恢复了联邦德国的部分主权，由总理阿登纳兼任外交部部长。阿登纳是战后联邦德国政府中一位非常积极和灵活的政治家，他通过加强与西欧国家的合作，不断谋求联邦德国地位的提高。英、法分别在 1951 年 7 月 9 日、

15 日，美国在 10 月 9 日正式宣布结束对德国的战争状态。

为联邦德国松绑实际上是美国加强西欧防务战略的一部分。美国总统杜鲁门宣称："没有德国，欧洲的防御不过是大西洋岸边的一场后卫战。有了德国，就能够有一个纵深的防御，有足够的力量对付来自东方的侵略。"艾森豪威尔将军在北大西洋联盟会议上直言不讳地说，美国无论在地理上还是在军事上，都需要德国的帮助，如果美国能够利用德国的力量，继续组织欧洲军，美国就会较快地达到自己的目的，因此美国支持重新武装联邦德国。

法国坚决反对建立一支纯粹的德国人的军队。法国总理勒内·普利文提出了一项折中方案，即设立一个由部长级官员组成的欧洲防务委员会，各成员国派出军队组成一支欧洲军，联邦德国可以加入欧洲军，但是不能单独行动，也不能有自己的国防部、国防军和参谋部。美国赞成组织欧洲防务委员会的计划，但仍坚持重新武装联邦德国。普利文计划因此做了修改，组成由法国、联邦德国、意大利、比利时、荷兰、卢森堡武装部队参加的欧洲防务集团，必要时以美、英在欧洲驻扎军队作为附加条件。但由于联邦德国的地位问题没有解决，以及德、法之间在萨尔问题上的争端，这项计划迟迟没有实施。

直到 1952 年 5 月 26 日，美、英、法与联邦德国签订相互关系条约，结束了三国对联邦德国的占领，将实际主权归还给联邦德国。第二天，法、意、荷、比、卢和联邦德国六国在巴黎签订了《欧洲防务集团条约》。条约声称：欧洲防务集团是超国家性质的防御性组织，在《北大西洋公约》范围内参加西方的防务工作；对其任何成员国或对欧洲防务军的一切武装攻击，将视为对全体成员国的攻击。条约规定，在三年内建立由 40 个师组成的一体化军队，这支欧洲防务军由北大西洋公约组织的最高司令统率，在战时也由北约最高司令行使其职权所赋予的全部权力。

法国在《欧洲防务集团条约》上签了字，却招致国内的一片批评。法国当时陷入印度支那的战争，致使国内矛盾重重，法国内阁更迭频仍。法国国内舆论认为头等大事是解决印度支那问题，因此各届政府都拖延着不愿把条约提交议会批准。1954 年 4 月签约的六国只剩下法国和意大利没有完成对条约的批准手续，联邦德国能否作为主权国家成为西欧联盟的一员到了决定性的时刻。法国激进党人孟戴斯－弗朗斯组阁后，在日内瓦签订了印度支那停火协议，然后才把《欧洲防务集团条约》提交法国国民议会表决。8 月 30 日，法国国民议会在表决中以 319 票对 264 票否决了该条约，使得建立有联邦德国军队参加的欧洲军的计划流产。

美、英对此结果很是失望，但并没有放弃，而是很快又找到了一个替代方案。英国首相艾登积极游说法、意、荷、比、卢和联邦德国六国，提出了"艾登计划"，即由联邦德国先加入《布鲁塞尔条约》，再参加北约，同时保证英、美在西欧的驻军，以解除法国对联邦德国重新武装后会形成军事优势的顾虑。1954 年 9 月 28 日，美、英、法、意、联邦德国、荷、比、卢及加拿大九国外长在伦敦举行会议，讨论英国首相艾登提出的方案。尽管法国仍要求限制联邦德国，不希望联邦德国成为北约中与自己平起平坐的伙伴，但美国坚持减少对联邦德国的管制，在北约范围内监督联邦德国武装力量，最后双方在伦敦会议上达成妥协。10 月 23 日，美、英、法等西方国家签订《巴黎协定》，决定承认联邦德国政府，吸收它加入北约。

法国国民议会在 12 月 24 日第一次讨论《巴黎协定》时，否决了其中关于重新武装联邦德国的条款。英国外交部很快发表声明，向法国施加压力，让法国意识到重新武装联邦德国已是不可争论的结果，迫使法国国民议会在 12 月 30 日第二次讨论时批准了《巴黎协定》。在各国完成批准手续后，1955 年 5 月 5 日，《巴黎协定》正式生效，美、英、法三国终止了对联邦德国的占领，联邦德国获得了完整的主权，并作为平等的一员加入西欧联盟和北约军事集团。

第二节 苏联对外政策悄然调整

一 苏联和东欧国家面临的挑战

美国和西欧国家采取的德国政策对苏联和东欧国家确实是个挑战。由于苏联在德国东部占领区驻扎有军队，民主德国政府 1949 年成立之后并未立即组建自己的军事力量，仅有一支警察部队负责维持社会治安。当美国和西欧国家逐步把联邦德国纳入西方防御体系时，联邦德国重新武装的态势变得日益明朗化，民主德国对于这种形势和自己的地位深表担心。

1952 年 4 月，由民主德国高层领导人组成的代表团来到莫斯科，与苏联商谈民主德国的形势和应采取的对策。民主德国领导人最关心的问题是如何应对当前的挑战，尤其是在面临西方重新武装联邦德国的威胁时，民主德国应该采取怎样的军事防御措施。正是在这次会谈中，苏联提出了在民主德国建立一支防御部队的问题。

根据档案记录，在 4 月 1 日民主德国领导人与斯大林会谈时，民主德国总统威廉·皮克介绍说，现在民主德国有一支人民警察，但这不是防御部队，装备很差，有的只是缺少子弹的左轮手枪。德国统一社会党书记乌布里希补充说，世界上没有这样的警察部队，他们在对抗犯罪分子时都不能保护自己。斯大林询问：为什么会造成这种情况？乌布里希说，因为四国协议的限制，民主德国不能生产自己的武器。斯大林说："你们没有很好地了解你们的权利，你们有权保持自己的受过良好训练、有着良好装备的警察队伍。"当皮克问民主德国是否应该设法建立一支军队时，斯大林回答说："你们需要建立一支军队。"皮克担心民主德国建立军队会与以前宣传的德国非军事化、和平主义相冲突。斯大林说，是西方国家在联邦德国破坏了所有协议，为所欲为，对邪恶不用暴力抵抗不是和平主义；但斯大林主张，民主德国此时不必弄出很大动静，不要宣传，当军队建立之后再说。[①]

在 4 月 7 日两国领导人会谈中，斯大林又提出要用苏联的武器来武装民主德国的警察和军队。他说，阿登纳已经在美国人的口袋里了，事实上一个独立的国家已经在德国建立。民主德国也应该组织一个独立的国家，东西德之间的界线应该被看作一条边界线了。要加强在这条边界上的防御，民主德国人守卫在防御的第一线，苏联的部队在第二线。

---

① Conversations between Joseph V. Stalin and SED Leadership, April 1, 1952, Cold War International History Project Virtual Archive: Collection: East German Uprising, 2008.

从苏联与民主德国领导人的会谈中可以看出，当民主德国、联邦德国两国政府建立时，苏联和民主德国还没有放弃统一德国的策略，还希望通过苏、美、英、法四国谈判来解决德国问题。但是现在苏联意识到，分裂是不可避免了，应该加强民主德国的防卫力量，使其成为抵御西方的第一道防线。

民主德国的地位对于苏联和其他东欧国家的安全有着重要的意义。1953 年 6 月 17 日东柏林发生了工人和市民的示威游行，引发了全国 30 多万人的罢工浪潮。苏联驻军出动坦克镇压了东柏林的骚乱，控制住整个局势。尽管柏林还是四国占领区，美、英、法三国对苏联的行动提出了抗议，但是它们不能干涉和插手苏联占领区的事务，干涉就意味着战争，柏林的分裂也已成为事实。民主德国的建立并没有得到西方的承认，从经济实力来讲它也大大不如西占区，因此民主德国迫切需要确立自己的地位，建立自己的军队，加强内外安全与防御。

二　东欧国家的领土之忧

联邦德国的复兴对于其他东欧国家同样涉及国家与民族的现实利益，最重要的就是领土和疆界问题。1938 年慕尼黑协定之后，匈牙利和波兰都向捷克斯洛伐克提出了领土要求。根据德、意两国对匈、捷领土冲突的维也纳仲裁，斯洛伐克南部的匈牙利族聚居区被划给了匈牙利，之后匈牙利又占领了喀尔巴阡乌克兰。波兰则把军队开进了波兰人聚居的西里西亚的切申。1945 年 1 月，同盟国在与匈牙利签署的停战协定中，宣布了维也纳仲裁无效，匈牙利让出了所吞并的领土。但不久，1945 年 6 月，苏联又与捷克斯洛伐克签订协定，把喀尔巴阡乌克兰合并到苏联的乌克兰共和国，同时，苏联说服波兰把切申西部归还给捷克斯洛伐克，而匈牙利多瑙河岸的三个乡村连带土地也被割让给捷克斯洛伐克作为补偿。领土的变迁，引起大规模的人口迁移。根据三国首脑在波茨坦会议签署的议定书，波兰、捷克及匈牙利的德意志人应遣返德国。据估计，在战后初期从波、捷、匈三国迁走的德意志人达上百万人。

波兰的领土问题则更敏感。根据《雅尔塔协定》和战后波苏两国签订的疆界条约，波苏边界依照寇松线划分，战前属于波兰的西乌克兰和西白俄罗斯被划给了苏联，波兰失去近 18 万平方公里的东部领土，为此波兰被许诺在其北部和西部获得领土补偿。在波茨坦会议上，苏、美、英三国首脑没有兑现对波兰的承诺，只是把奥得河－尼斯河以东的地区暂时归波兰政府管辖，西部边界问题未能得到解决。波兰人对东部领土的丧失十分不满，但这已是既成事实，而波兰从德国获得 10 万多平方公里土地的补偿，却是一个待定的结果，因此西部的奥得河－尼斯河边界线一直是波兰的一块心病，即使到 1950 年波兰和民主德国签订了边界协定，确认了这条边界，波兰仍担心德国会卷土重来。

三 奥地利模式

就在德国形势发生不利于苏联和东欧的变化时，苏联开始重新启动对奥地利和约的谈判。

奥地利在战后的地位十分特殊，1938 年它被德国吞并，作为德国的一部分参加了第二次世界大战，因此苏联和西方盟国将奥地利也分为 4 个占领区，由四国共同占领。与德国不同的是，在苏联进入维也纳 3 个星期后，奥地利组成了以卡尔·伦纳为总统，由社会党、共产党和人民党参加的联合政府，并在 1945 年 10 月得到了在维也纳的盟国管制委员会的承认。从此，奥地利就有一个中央政府在盟国监督下工作。为了签订奥地利国家条约，恢复奥地利主权，撤退占领军，结束被四国占领的局面，奥地利政府与 4 个占领国之间的谈判几乎持续了 10 年。

苏联在对奥和约谈判中，一直坚持将奥地利问题与德国问题联系起来解决，同时涉及德国人在奥地利拥有的财产、南斯拉夫对奥地利卡林西亚和斯蒂里亚的部分领土要求，以及苏联对奥地利齐斯特尔斯多尔夫油田的权利和控制多瑙河轮船公司的要求等问题。对于这些问题，苏联与西方盟国存在分歧。而为了保证苏联驻奥地利军队供给线，苏联在罗马尼亚和匈牙利保留了自己的驻军。苏联同样担心，奥地利如果倒向西方，那么从联邦德国到意大利的西方阵营就连成了一线。

由于德国形势的变化，苏联在赫鲁晓夫上台后，在对奥和约问题上有了更积极的举动。1954 年初，苏联在美、英、法、苏四国外长柏林会议上提出，如果奥地利承担义务，不参加军事集团，不把它的领土提供给外国作为军事基地，苏联支持迅速缔结对奥和约。1955 年 4 月奥地利代表团在莫斯科与苏联进行谈判，同意接受奥地利国家中立化的建议。苏联对所提出的对德国资产的要求及油田控制权等也做了相应的变通，奥地利恢复了对油田的控制权，在 10 年内由奥地利向苏联交付石油及其他货物。苏联表示愿意在缔结对德和约前签订对奥和约，并从奥地利撤出苏联的军队。

1955 年 5 月 15 日，苏、美、英、法四国与奥地利的外交部部长在维也纳签订了《重建独立和民主的奥地利国家条约》。根据条约，1955 年 10 月 25 日，四国占领军全部撤离。次日，奥地利国民议会通过了关于奥地利永久中立的根本法。

苏联在奥地利问题上的让步被西方看作是改变斯大林时期强硬立场的一个征兆，也促成了 1955 年 7 月苏、美、英、法四国重新在日内瓦召开首脑会议，商讨德国问题。赫鲁晓夫后来在苏共中央会议上解释了他的做法，回应莫洛托夫对他的外交政策的批评。他说："由于拖延签订和平条约，我们正在失去我们的优势。如果当与《巴黎协定》有关的事情正酝酿时，我们差不多已解决了奥地利问题，这些协定就可能以不同的方式提出来。"可见，赫鲁晓夫原本希望奥地利中立化的方案，成为解决德国问题的一种模式。

第三节 华沙条约组织的成立

一 苏联呼吁召开全欧安全会议

在《巴黎协定》签订后，苏联在 1954 年 11 月 13 日照会 23 个欧洲国家，并将照会的副本送交美国和中华人民共和国政府。苏联在照会中提出，《巴黎协定》与处理德国问题的现有国际协定的原则相违背，它准备在联邦德国恢复军国主义、建立军队并且把联邦德国纳入军事集团，这显然是与欧洲其他国家相对抗的。这些计划无助于欧洲形势的缓和,反而会使欧洲的局势复杂化,一旦实施,不可避免会导致欧洲国家间关系的紧张,加剧军备竞赛,增加人民的军费负担。为此,欧洲所有爱好和平的民众必定要采取新的措施保卫他们的安全。

苏联呼吁立即召开全欧会议,希望参加会议的所有欧洲国家以及美国,商讨在欧洲建立一个集体安全体系,以缓和紧张的国际关系。苏联建议这次会议在 11 月 29 日召开,地点可以在莫斯科,也可以在巴黎。苏联认为,考虑到一些国家将在 12 月讨论批准《巴黎协定》,拖延全欧会议的召开是不明智的。如果批准了《巴黎协定》,在很大程度上将使整个欧洲局势复杂化,破坏悬而未决的欧洲问题,首先是德国问题解决的可能性。

苏联在照会中特别说明,召集全欧会议建立集体安全体系的建议是苏联、波兰和捷克斯洛伐克三国政府协商之后共同提出的。同时,由于联合国安理会常任理事国在维护国际和平与安全上所承担的特殊责任,苏联政府希望邀请中华人民共和国派出观察员参加会议。当时中华人民共和国还没有恢复在联合国及其安理会的合法席位,苏联在此表明,它承认中华人民共和国在国际上应有的地位,同时希望得到中国对其立场的支持。

除了波兰和捷克斯洛伐克外,东欧其他国家对苏联的建议表示了赞同。匈牙利部长会议在 11 月 19 日回函苏联政府,表示积极支持所有维护和平的努力和建议。匈牙利政府在照会中说,匈牙利的历史教训表明,几个世纪以来德国极力要掌握权力,阻碍匈牙利的民族独立和民族文化的发展,最近,更是两次把匈牙利卷入灾难性的战争。为了防止德国新的侵略,匈牙利政府与苏联和其他国家签订了互助友好条约。除了双边条约,所有欧洲国家的集体安全条约将是防止德国军国主义复兴和避免导致战争冲突的进一步有效的保证。为了实现这一目标,匈牙利政府再次以其行动表明,它将积极参与扩大各国间的合作和在欧洲确立集体安全体系。

东欧国家积极响应苏联的倡议,此时的关键就看西方国家的反应了。

从 1954 年初莫洛托夫在四国柏林会议上第一次提出全欧集体安全协议草案，西方已经几次拒绝了苏联的提议。当苏联再次发出 11 月底召集全欧安全会议的呼吁时，有情报称，美、英、法三国聚集在伦敦商讨对苏联照会的共同答复。

1954 年 11 月 29 日，即苏联提出召集全欧会议的日子，美国回应了苏联的建议。美国在给苏联政府的备忘录中提出，苏联的建议除了尽快召集一次欧洲会议之外，没有任何新的东西，苏联显然是公开并且有意地阻止批准《巴黎协定》。为此美国提出要召开讨论德国、奥地利和欧洲安全问题的会议，其先决条件是达成签署奥地利国家条约的协议；自由选举是德国统一最首要的步骤，苏联政府应该阐明它在德国自由选举问题上的立场；在批准《巴黎协定》之后再召开真正期待解决问题的四国会议。美国在照会中还强调，它是在与英、法和其他北约成员国政府及联邦德国政府协商后做此回应的。由此表明，西方国家采取了共同的立场，实际上拒绝了苏联召开全欧安全会议的提议。

尽管遭到了西方的抵制，欧洲和平与安全会议仍然在 1954 年 11 月 29 日至 12 月 2 日如期在莫斯科召开。东欧国家和苏联八国政府在会后的声明中宣布：一旦《巴黎协定》被批准，苏联和东欧国家将在组织武装力量及其司令部方面采取共同措施；并且还要采取加强它们的国防力量所必需的其他措施，以保障其人民的和平劳动，保证其国境的不可侵犯性，以及击退可能发生的侵略。

在这次会上，捷克斯洛伐克总理威廉·西罗基向大会提交了一份建议书。他提议，由捷克斯洛伐克、波兰和民主德国签署特别安全协议以增强防卫，应对联邦德国重新武装后有可能对这三个国家产生的直接威胁。这项提议没有付诸实施，而是最终被一个范围更广的联盟条约所取代。新建议是由波兰提出的，认为特别安全协议应扩大到苏联和其他东欧国家。①

---

① 参见 Vojtech Mastny，"The Soviet Union and the Origins of the Warsaw Pact, 1955," January 24, 2003, http://www.php.isn.ethz.ch/lory1.ethz.ch/collections/colltopicb8ff.html? lng = en&id = 17540&navinfo = 14465/。

这一提议得到苏联的支持。集体安全条约符合苏联的利益，也使得东欧各国更加紧密地团结在一起。而且，这也从军事上帮助苏联解决了一个难题，就是使苏联在东欧国家的驻军合法化了，不必因奥地利条约的签订而马上撤走在匈牙利和罗马尼亚的驻军。

在法国国民议会同意联邦德国加入西欧联盟之后，苏联还在做最后的努力。1955 年 1 月 25 日，苏联政府宣布正式结束对德战争状态，希望联邦德国放弃重新武装，并以实施自由选举作为签署和约的前提。而西方国家完全不理会苏联采取的积极举动，已经按照预先的计划，在 1955 年 3 月分别完成了批准《巴黎协定》的法律程序。

1955 年 3 月初，苏联明白《巴黎协定》几乎已成定局，着手新的联盟条约的准备工作。苏联把条约草案送给预定签约的东欧各国共产党的总书记，把即将在华沙召开的会议称为"第二次欧洲和平与安全会议"。4 月 1 日，苏共中央委员会确定了召集华沙会议的具体时间，同时谈到联盟的军事性质问题。苏共中央在一个十分简短的通告里，命令朱可夫起草一份建立联盟统一军事指挥的文件。赫鲁晓夫还在 4 月对波兰进行访问时，公开讲述了联盟的军事性质，即为东欧国家抵御联邦德国的侵略提供安全保障。

与此同时，苏共中央委员会和苏联部长会议于 1955 年 3 月 26 日召开会议做出决定，并由苏联国防部部长朱可夫受命执行。1955～1956 年，苏联的 4 个预备役工程旅将被派往下述地区：第 72 预备役工程旅被派往民主德国，加强苏联驻民主德国部队的力量；第 73 旅被派往保加利亚，由莫洛托夫与保加利亚就此安排达成协议；第 90 旅被派往外高加索军区；第 85 旅被派往远东军区。[①] 有关这些军事部署的绝密档案是在 1996 年披露出来的，说明当时针对西方国家批准《巴黎协定》，苏联采取了防御性措施。

---

① Statement by the Central Committee of the Communist Party of the Soviet Union and the Council of Ministers of the USSR on the Transfer of the 72nd Engineer Brigade to East Germany, March 26, 1955, CWIHP Virtual Archive：Collection：The Warsaw Pact, 2008.

二　华沙会议的召开

1955 年 5 月 5 日，《巴黎协定》正式生效，联邦德国作为主权国家加入了北约。5 月 11 ~ 14 日，苏联、波兰、罗马尼亚、保加利亚、匈牙利、捷克斯洛伐克、阿尔巴尼亚和民主德国在波兰首都华沙举行第二次欧洲和平与安全会议，亦即华沙条约组织成立大会。蒙古、越南、朝鲜和中国以观察员身份参加会议。中国派出以彭德怀为团长的代表团参加了华沙会议，中国代表在大会召开和缔约式上发了言，表示支持以苏联为首的和平民主社会主义阵营。

1955 年 5 月 14 日，参会的苏联和东欧国家的代表以各国政府的名义在华沙签署《友好合作互助条约》，① 即《华沙条约》，宣布华沙条约组织成立。

缔约国各方认为，由于《巴黎协定》的批准而在欧洲形成了新的局势，联邦德国加入北约对爱好和平的国家安全造成威胁。爱好和平的欧洲国家必须采取必要的步骤，以保障自己的安全和维护欧洲和平。条约遵循联合国宪章的宗旨和原则，恪守尊重各国的独立和主权以及不干涉其内政的原则。条约共 11 项条款，主要内容包括以下四个方面。

第一，缔约国各方按照联合国宪章保证在国际关系中不以武力相威胁或使用武力，并以和平方法解决它们的国际争端；希望与其他愿意保障国际和平与安全的国家合作在普遍裁军、禁止原子武器、氢武器和其他大规模毁灭性武器等方面达成协议。

第二，缔约国面对他国的武装进攻的威胁时，依据联合国宪章第 51 条，不放弃行使单独或集体自卫的权利，就采取必要的联合措施进行磋商；缔约国各方同意建立武装部队的联合司令部，统率根据缔约国各方协议拨归其指挥的各国武装部队。采取加强其防御能力的必要配合措施，保

---

① 《阿尔巴尼亚人民共和国、保加利亚人民共和国、匈牙利人民共和国、德意志民主共和国、波兰人民共和国、罗马尼亚人民共和国、苏维埃社会主义共和国联盟、捷克斯洛伐克共和国友好合作互助条约（华沙条约）》（1955 年 5 月 14 日订于华沙），《国际条约集（1953—1955）》，世界知识出版社，1960，第 459 ~ 463 页。

证缔约国各方疆界和领土的不可侵犯性，防御可能的侵略。

第三，建立政治协商委员会作为缔约国之间的协商机构；缔约国各方保证不参加与本条约的目的相悖的任何联盟或同盟。

第四，凡表示愿意通过本条约来促进爱好和平的国家的共同努力以保障和平和国际安全的国家，不论其社会制度和国家制度如何，均得参加本条约。

条约最后强调，缔约国的目的是缔结全欧集体安全条约，构建欧洲集体安全体系。

条约的有效期限为二十年。如缔约国各方在这一期限满期前一年没有向波兰人民共和国政府提出宣布条约无效的声明，条约将继续生效十年。

条约用俄文、波兰文、捷克文和德文书就，四种文字的条文均有同等效力。出席华沙会议的各国政府首脑代表缔约国在条约上签字。

根据上述条约，缔约国通过了关于建立联合武装力量司令部的决议。[①]决议规定：①有关加强防御力量和组织缔约国联合武装力量的问题，将由政治协商委员会审议并做出相应的决议；②任命苏联元帅伊·斯·科涅夫为缔约国联合武装力量总司令；③各缔约国的国防部部长或其他军事领导人员被任命为联合武装力量副总司令，负责指挥作为联合武装力量一部分的该国的武装力量；④德意志民主共和国参加有关联合武装力量司令部的措施问题，将在以后研究；⑤联合武装力量总司令部下设缔约国联合武装力量参谋部，参谋部人员包括缔约国总参谋部的常任代表；⑥参谋部设在莫斯科；⑦联合武装力量将根据联合防御的需要和缔约国的协议在缔约国领土上驻扎。

对于华沙会议的两项重要成果，波兰总理西伦凯维兹在会议的闭幕式上说，华沙会议的任务就是在自由、平等和友好的国家之间建立一个有效的合作互助体系。条约的缔结为保障欧洲和平与安全的共同行动奠定了不

---

① 《华沙友好合作互助条约缔约国关于成立武装部队联合司令部的决议》（1955 年 5 月 14 日），《国际条约集（1953—1955）》，第 463 ~ 464 页。对华约的军事最高机构，本书统一使用联合武装力量司令部来表述。

可动摇的基础。他还说，缔结《华沙条约》并不是成立一个针对任何国家或国家集团的排他性集团。"我们的条约是对一切国家——不论它们的社会制度和政治制度如何——开着门的。我们过去是现在还是反对把欧洲分裂成敌对的阵营。"

西伦凯维兹强调说："关于这个条约的一个具有重大意义的事实就是强大的苏联是条约的一个参加国。在我们反对新侵略危险的斗争中，具有重大意义的事实是：我们的会议有中华人民共和国的代表以观察员的身份参加。中华人民共和国完全支持和完全支援在这里缔结的条约的宗旨和原则。今天拥有九亿人口和从易北河伸展到太平洋的土地上的强大的和平阵营，充满着争取和平的意志。"①

三　《华沙条约》的批准

签署《华沙条约》几天后，缔约国纷纷举行议会会议，到 5 月底苏联和东欧各国完成了条约的批准程序。②

1955 年 5 月 19 日，波兰人民共和国议会举行第 7 次会议，部长会议主席西伦凯维兹代表政府就批准《华沙条约》问题作了报告。他说："沿着社会主义建设的道路前进的友好国家之间缔结了《华沙条约》，因为它们受到联邦德国重新军国主义化的威胁。这一条约使我们有了充分的保障，侵略我们国家的任何企图都会立刻遭到联合的和坚决的反击。"《华沙条约》体现出为巩固彼此的安全而进行合作的友好国家共同保卫主权和独立的坚如磐石的意志。他代表政府请求议会批准八国签署的《华沙条约》。会议经过讨论后于 5 月 21 日一致通过决议批准了《华沙条约》。

5 月 20 日，德意志民主共和国人民议院举行第 6 次全体会议，听取格罗提渥总理所作的政府声明。格罗提渥在声明中指出：《华沙条约》是缓和国际紧张局势、保卫各国人民的和平和安全的工具，也是在和平和民

① 《西伦凯维兹在华沙会议上致闭幕词》，《人民日报》1955 年 5 月 16 日，第 1 版。见《人民日报》数据库，2006 年 9 月 25 日。
② 参见 1955 年 5 月 21 日至 6 月 1 日《人民日报》，该报第 4 版以各国议会批准八国友好合作互助条约为题，报道了苏联最高苏维埃和东欧各国议会批准条约的情况。

主的基础上恢复德国统一的一个步骤。这个条约对于德意志民主共和国是一个新的力量的源泉。德意志民主共和国政府将不遗余力地继续为德国的和平、民主、统一而斗争。格罗提渥在谈到《华沙条约》中关于保障安全的措施时提到，参加华沙会议的其他国家都拥有装备良好的武装部队，只有德意志民主共和国仅有人民警察，还没有武装部队。组织国家的武装部队将为德意志民主共和国参加联合司令部创造必需的条件。德意志民主共和国人民议院第 6 次全体会议一致批准了八国签署的《华沙条约》。5月 24 日，德意志民主共和国驻波兰特命全权大使赫曼根据《华沙条约》第 10 条的规定，向波兰人民共和国政府交存了批准书。

5 月 28 日，保加利亚人民共和国国民议会举行特别会议，讨论批准《华沙条约》问题。保加利亚部长会议主席伏尔科·契尔文科夫作了关于欧洲国家华沙会议的报告。他强调说，《华沙条约》完全符合保加利亚人民的切身利益，并且是保加利亚民族独立和国家主权的一个可靠保障。他建议国民议会特别会议批准《华沙条约》。保加利亚国民议会外交委员会也详细审议了这个条约，建议国民议会特别会议予以批准。国民议会特别会议经过热烈讨论，欢迎《华沙条约》的签订，认为这是对加强世界和平的又一个贡献，国民议会特别会议一致批准了参加华沙会议的八国签署的《华沙条约》。

5 月 28 日下午，阿尔巴尼亚人民共和国人民议会举行会议，部长会议主席谢胡在会上作了关于华沙会议的报告。他说："政府代表团深信，《华沙条约》体现了阿尔巴尼亚全体人民的意志。对于阿尔巴尼亚人民说来，《华沙条约》具有特别重要的历史意义，我国人民在历史上第一次参加了这样强有力的防御和国际安全的体系，这种体系保障我国人民的独立、大大加强我们国家的国际地位、使好战的帝国主义者和他们的仆从们的一切对付我国的计划不能得逞。这个条约是保障国际和平和安全的一个非常强有力的工具，它在国际局势的有利发展中将起巨大的作用。它不仅符合缔约国人民的切身利益，而且也符合全世界所有国家人民的切身利益，因为它的最高目的是保障所有人民都珍视的和平。"阿尔巴尼亚人民议会外交委员会主席法·帕奇拉米发言说，外交委员会全体委员一致赞同

《华沙条约》，并建议人民议会批准这个条约。人民议会经过讨论后一致批准了在华沙签订的《华沙条约》。

5 月 24 日，捷克斯洛伐克共和国国民议会举行会议，就批准在华沙签订的《华沙条约》进行审议。在表决前，总理西罗基作了关于欧洲国家保障欧洲和平和安全的华沙会议的成就的报告。西罗基说，捷克斯洛伐克政府同苏联及所有的友好国家一起将努力争取各国之间的和平和友谊。在讨论中各民主党派和群众团体的领导人都发了言，会议同意批准《华沙条约》。

5 月 25 日，匈牙利人民共和国国民议会举行会议，讨论批准《华沙条约》问题。外交部部长雅·波尔多奇基代表匈牙利政府，将关于批准《华沙条约》的法案提交国民议会会议审议。部长会议主席、出席华沙会议的匈牙利政府代表团团长赫格居斯作了关于华沙会议的报告。他指出，部长会议考虑到关于复活德国军国主义的《巴黎协定》已被批准，认为缔结友好合作互助条约以及成立缔约国武装部队联合司令部是正确的。匈牙利人民决不会让他们在苏联的帮助下获得的自由和独立成为交易的对象。他们坚决反对任何这种企图。在讨论报告时，匈牙利劳动人民党第一书记拉科西发表了讲话。他说，世界各地凡是希望人类有幸福和美好前途的人都十分满意地欢迎《华沙条约》。以匈牙利劳动人民党为首的匈牙利人民在批准《华沙条约》时，他们就准备采取一切必要的措施来粉碎帝国主义的侵略计划。

同一天，苏联举行最高苏维埃主席团会议审议苏联部长会议关于批准《华沙条约》的建议。部长会议主席布尔加宁作了报告，联盟院外交委员会主席苏斯洛夫报告了联盟院和民族院两院外交委员会的结论。会议就批准《华沙条约》问题展开讨论，最后达成一致意见，决定批准《华沙条约》。塔斯社于当日在莫斯科发表了苏联最高苏维埃主席团主席克利缅特·伏罗希洛夫和主席团秘书尼·别哥夫签署、苏联最高苏维埃主席团关于批准《华沙条约》的命令。

5 月 30 日，罗马尼亚人民共和国国民议会会议在布加勒斯特召开。罗马尼亚部长会议主席乔治乌－德治在会上作了关于批准《华沙条约》

问题的报告。他强调指出："《华沙条约》是真正的和平的防御性的条约，它完全是为欧洲和平和安全的利益服务的。罗马尼亚政府决心本着真正合作的精神参加旨在保障和平和国际安全的一切国际措施。我们深信，认识到自己的国内和国际责任的、爱好和平和自由的罗马尼亚人民将光荣地完成自己面临的任务，将为祖国的巩固和繁荣、为加强国防力量、为和平和国际合作的胜利而进行英勇的劳动，来支持《华沙条约》。"罗马尼亚国民议会外交委员会的代表在会上作了补充报告，罗马尼亚国民议会一致批准了《华沙条约》。

6月4日，罗马尼亚驻波兰大使扬尼斯库向波兰政府交存了《华沙条约》的批准书。至此，《华沙条约》的所有缔约国都交存了批准书。根据条约第10条的规定，《华沙条约》即日起开始生效。6月5日，波兰《人民论坛报》以《华沙条约生效》为题发表社论说，正当西方侵略者和正在重新武装的联邦德国法西斯势力口口声声叫喊他们的"实力政策"时，《华沙条约》的生效将束缚这些新战争制造者的手脚，使他们不能为所欲为地从事战争冒险。①

---

① 《华沙条约从六月四日起开始生效》，《人民日报》1955年6月6日，第1版。见《人民日报》数据库，2006年9月25日。

第三章

华沙条约组织机构的设置与发展

第一节 政治协商机构的设置

一 政治协商委员会

根据《华沙条约》第6条的规定，要建立由缔约国一名政府成员或一名特派代表参加的政治协商委员会。随着华约的发展，政治协商委员会成为华约的最高决策机构，参加者为缔约国的党的总书记、政府首脑、外长以及国防部部长。政治协商委员会的职责是讨论华约在政治、经济和文化等领域所面临的问题，在危急情况下，有权决定各成员国承担条约所提出的军事义务。

政治协商委员会第一次会议于1956年1月27~28日在捷克斯洛伐克首都布拉格举行。会议研究和批准了华约联合武装力量总司令科涅夫提出的联合武装力量司令部的条例，解决与联合武装力量活动有关的组织问题；接受德意志民主共和国的提案，在民主德国组建国家人民军之后，它的部队将并入联合武装力量，同时，根据相关程序，民主德国国防部部长成为联合武装力量司令部的成员，担任副总司令之一。会议提出，为了解决华约在执行过程中的问题，政治协商委员会要及时召开会议，原则上一年至少召开两次会议，政治协商委员会的各国代表轮流担任会议主席。会议还决定，在莫斯科设立常设委员会和联合秘书处，作为政治协商委员会的辅助机构。常设委员会，审查有关外交政策提案，推动所有成员国达成共识，为政治协商委员会和联合秘书处提供建议；联合秘书处，负责记录、编辑和分发政治协商委员会的决议，是华约的执行机构，其工作人员包括各成员国的代表，一般由各成员国指派本国驻莫斯科的大使作为代表。

由于 1956 年 10 月在波兰和匈牙利发生了政治危机，华约在 1957 年没有正常召开政治协商委员会会议，而是由苏联召集华约各国党的领导人举行会议并通报了情况。从 1958 年华约政治协商委员会第二次会议开始，华约成员国参会的一般是党的第一书记和政府总理；以观察员身份参会的中国、朝鲜和越南，代表是副总理级别；蒙古人民共和国是特例，每次出席会议的都是蒙古人民党的第一书记泽登巴尔。1960 年由于中苏矛盾的公开化，以及苏联与阿尔巴尼亚关系的紧张，参加政治协商委员会会议代表的级别问题被提了出来。1961 年 10 月 31 日，华约七国（阿尔巴尼亚除外）党的中央委员会联名写信给中共、朝鲜劳动党、越共和蒙古人民革命党，要求以观察员身份参会的代表级别也应是国家党和政府首脑。蒙古领导人当日回函赞同华约成员国的决定，中国则在一个月后的回信中拒绝了这一要求。从此之后，中国没有再派代表出席华约的会议。

政治协商委员会协商级别提升了，但苏联在执行本国的外交政策时缺乏与华约成员国的协商沟通，特别是 1962 年古巴导弹危机的发生，苏联先斩后奏引起了东欧国家的不满。在 60 年代中期，东欧国家提出改革的要求，认为华约成员国之间应该在对外政策方面加强协商，在华约中增强决策程序的多边性。

二 外交部部长委员会

1965 年 1 月，在华沙举行的政治协商委员会会议上，民主德国的代表团提交了一份草案，建议设立外交部部长委员会，以保证华约缔约国定期协商外交政策。但这一提案遭到了罗马尼亚的反对，罗马尼亚希望华约成员国有更多的自主性，反对政治协商委员会举行经常性的会议以及制定与此相关的程序和规章；认为只有当发生某一具体事件，而且所有成员国同意召集会议时，政治协商委员会才应该举行会议，并有义务事先把讨论的日程和相关材料及时送交成员国。罗马尼亚同时也不赞成建立外交部部长委员会和定期协商外交事务。

苏联领导人勃列日涅夫上台后，开始重视华约的地位和作用。1966年2月10～12日在柏林举行的华约成员国副外长会议上，苏联代表提出关于政治协商委员会的改革方案，制定政治协商委员会基本章程，以及确立政治协商委员会的辅助机构。其他成员国的代表同意苏联的提案，但罗马尼亚投了反对票。罗马尼亚代表反对定期召集由党的第一书记和政府首脑参加的政治协商委员会会议，也反对在会议上做出决议，要求把政治协商委员会的活动限制在仅仅是协商的范围之内。

由于内部意见不统一，主要是罗马尼亚始终持反对意见，华约机构改革问题一直拖延到70年代中期。1974年4月在华沙召开的政治协商委员会会议上，罗马尼亚领导人齐奥赛斯库才表示罗马尼亚方面同意建立华约的外交部部长委员会，定期召开协商性质的会议。政治协商委员会委托波兰负责协调机构改革的组织工作。

1975年1月10日，在综合各成员国提出的改革提案的基础上，波兰副外长将改革华约政治合作机构的方案提交给华约成员国讨论。许多成员国代表认为，这次改革方案与1956年布拉格文件相比更具有实际意义，为各成员国之间交换看法提供了一个框架。在处理国际事务中，各成员国可以相互协调，采取与华约政治协商委员会提出的政治路线一致的行动。

1976年11月，在布加勒斯特举行的政治协商委员会会议上改革方案获得通过，其中最重要的改革就是决定建立华约成员国外交部部长委员会和联合秘书处，进一步完善华约组织中的政治合作机制。

外交部部长委员会的性质和作用如下。

（1）外交部部长委员会是政治协商委员会的辅助机构。

（2）外交部部长委员会的成员由成员国外长或副外长或特派员组成，代表级别由各方事先互相协商。

（3）外交部部长委员会每年在政治协商委员会开会之前举行一次会

议；应任何一成员国的要求，它可以举行特别会议。

（4）外交部部长委员会会议，按照各成员国国名首个俄语字母的顺序，在各成员国首都轮流举行。

（5）会议的主席由会议主办国的外交部部长（或副外长或特派员）担任。

（6）会议的时间和日程，在会议召开前 30 天由主席与联合秘书处的工作人员协商制定。

（7）外交部部长委员会的职责：为政治协商委员会准备外交问题的提案和说明；负责拟定执行政治协商委员会决议的措施；为成员国提出的外交政策方面的问题提供交换意见和信息的机会；按照政治协商委员会在现实国际事务中总的政治路线协调活动；执行政治协商委员会指派的其他任务。

（8）外交部部长委员会应采取成员国外长一致同意的立场，一旦出现意见不统一的情况，持赞成意见的成员国可以做出决议并发表声明，表明此义务仅限于己方承担。

（9）如果需要，外交部部长委员会可以建立工作委员会。

（10）外交部部长委员会会议一般是保密的，如果成员国一致同意，可以举行公开会议。

（11）外交部部长委员会的官方用语为各成员国的语言，工作语言为俄语。

（12）外交部部长委员会的会议费用由会议主办国承担。

三 联合秘书处

联合秘书处的性质和作用如下。

（1）联合秘书处是政治协商委员会和外交部部长委员会的辅助机构。

（2）关于联合秘书处的组成，联合秘书处秘书长由政治协商委员会指任，代表由各成员国委任，工作人员由联合秘书处秘书长在各成员国推荐基础上指派。

（3）如果需要，在政治协商委员休会期间联合秘书处照常发挥职能作用。

（4）联合秘书处的职责：为政治协商委员会和外交部部长委员会会议做准备，在会议期间提供组织和技术上的支持；收集成员国有关华约的提案和其他材料，负责传递文件、发送邀请和编辑会议备忘录；处理华约的文件，提供必要的参考文献；对于成员国，以及其他国家和国际组织，联合秘书处秘书长代表华约组织；执行政治协商委员会和外交部部长委员会交给的所有任务。

（5）联合秘书处的成员应是成员国副外长或大使级的特派员。

（6）在外交部部长委员会和政治协商委员会举行会议之前，或应某一成员国的请求，联合秘书处应举行会议。

（7）联合秘书处会议是保密的。

（8）联合秘书处的官方语言是俄语。

（9）联合秘书处由秘书长领导。

（10）联合秘书处的会议由秘书长安排，至少在会前一周提供会议的日程安排。

（11）联合秘书处的费用由成员国按等比例分担。

（12）联合秘书处秘书长和他的代表应被授权，拥有与所有成员国外交机构同等的权利。

（13）联合秘书处的会议在莫斯科举行。

第二节　军事机构的设立与改革

一　军事机构的沿革

根据《华沙条约》第 5 条，作为华约军事指挥机构，联合武装力量司令部在 1955 年建立，主要任务是负责对华约组织武装力量的领导、训练、装备和调动等。各缔约国派 1 名将军作为常驻代表，苏联国防部第一副部长任总司令，其他成员国的国防部部长或副部长任副总司令。有关联合武装力量司令部的地位，苏联在 1955 年 9 月 7 日提出了一个总条例，[①] 后于 1956 年 1 月在布拉格政治协商委员会会议上获得通过，对联合武装力量总司令、副总司令以及参谋部的职责做了规定。

　　根据条例，华约成员国的联合武装力量由总司令指挥。联合武装力量总司令的职责：①执行政治协商委员会有关联合武装力量的决议；②领导联合武装力量的作战和战斗准备，组织和实施联合武装力量的陆军、海军和参谋部的联合演习；③全面了解由联合武装力量组成的陆军和海军的状态，通过缔约国的政府和国防部采取一切措施保证这些力量的持久备战；④制定并向政治协商委员会提交有关进一步壮大联合武装力量的建议措施。

　　联合武装力量总司令的职责：①评估联合武装力量的战备状态、战略和作战准备，并根据这些评估的结果下达命令和提出建议；②向政治协商委员会和缔约国政府通报涉及其活动的任何问题；③根据需要，与其副手即各自政府军队中的代表定期召开会议，讨论和解决出现的问题。

　　联合武装力量副总司令来自华约各成员国，负责作战和动员准备，同时负责联合武装力量的部队和舰队的作战、战斗及政治准备；负责组成联合武装力量的部队和舰队，按照军需系统要求，补充人员，供应装备、武器和其他战斗器材，同时负责军队的安置和后勤工作。副总司令应该经常向总司令报告受联合武装力量司令部指挥的部队和舰队的战斗状态和动员准备、行动、作战和政治准备。

　　联合武装力量参谋部的组成：①华约成员国总参谋部的常设代表；②负责作战战术和组织动员等事务的机构；③各兵种监督员。

　　联合武装力量参谋部的职责：①全面了解联合武装力量的部队和舰队的状态，并通过华约成员国总参谋部采取保证这些力量长期战备的措施；②制定进一步壮大联合武装力量的计划；③评估联合武装力量的武器系统，以及军队在武器装备和军事技术上的需求。

---

① "Document No. 2: Statute of the Warsaw Treaty United Command, September 7, 1955," Vojtech Mastny and Malcolm Byrne eds., *A Cardboard Castle? An Inside History of the Warsaw Pact, 1955 – 1991*, Central European University Press, 2006, pp. 80 – 82.

参谋长的职责：①与副总司令和华约成员国参谋长讨论自己活动范围内的所有问题；②建立反映联合武装力量部队和舰队状态的情报制度。

联合武装力量参谋部与华约成员国总参谋部合作组织自己的工作。华约成员国总参谋部要依照联合武装力量参谋部制定的制度，经常向该参谋部通报战斗人员构成、战斗动员准备、军备和武器状况，以及战斗和政治准备。与联合武装力量参谋部协调划归联合武装力量司令部指挥的部队、舰队和参谋部的部署。

联合武装力量总司令和参谋长为了保持与副总司令和各成员国总参谋部的联系，可以利用外交信函和成员国提供的其他联系方法。

联合武装力量司令部的早期活动主要是帮助成员国构建军队组织机构和训练体系，为成员国筹备作战战区和建立联合防空系统提供建议。进入60年代后，华约开始加强成员国的军事合作，指挥系统面临着更为复杂的问题，如何协调行动计划、对拥有现代装备和军事技术的军队进行物资供应，以及成员国间如何分配劳动资源和生产军事技术产品等问题，都需要由一个有效的机构来组织管理。

1965年1月华约政治协商委员会在华沙举行会议，鉴于一些华约成员国要求对华约军事指挥系统进行改革，政治协商委员会委托联合武装力量总司令与各成员国国防部部长共同制定方案，目的是改进指挥体系，进行相应的组织建设。

为此，1965年4月20日，匈牙利国防部给匈牙利社会主义工人党中央写了一份报告，谈到联合武装力量的指挥体制存在的问题。第一，华约成员国内军事技术产品生产混乱。报告认为，过去军事技术产品的专业化生产是由经互会下属的军事工业常设委员会来监管的，但是它的意见不具有约束力，因此成员国往往不遵守协议，出现了许多重复性的研究和生产。例如，匈牙利花费很大精力去发展现代雷达设备，但产品却得不到广泛的应用，因为其他华约成员国也在生产类似的设备，由此造成资源的浪费。第二，就华约的军事指挥体系来讲，联合武装力量司令部也不是一个独立的、集体领导的组织。尽管华约由多个成员国组成，但重大事宜的决定通常是由苏联与各成员国以双边协议的方式做出的，联合武装力量司令部扮演的不过是苏联与东欧国家之间在军事方面的调解人或联络人的角色。报告建议成立一个军事委员会,作为集体领导华约成员国军队的军事组织,它将包括各成员国的国防部部长、总参谋长,以及联合武装力量总司令和参谋长。

在各成员国商议的基础上,1966年5月27~28日华约成员国国防部部长在莫斯科举行会议,拟定了一项有关联合武装力量的议案,目的是解决联合武装力量司令部与各成员国军队指挥机构的关系问题,使各成员国拥有更多的平等权利,其主要内容如下。

(1)参与联合武装力量部署的各成员国部队仍然直接服从本国指挥机构。

(2)联合武装力量司令部副总司令将不再由各成员国国防部部长担任,改由各国政府指派的将军担任。

(3)原则上,联合武装力量司令部总司令和副总司令可以来自华约的任何一个成员国。

(4)联合武装力量司令部执行任务时与各国指挥机构协调,它的建议要得到各成员国政府或是政治协商委员会的赞同。

(5)联合武装力量参谋部的建立应包括不同成员国的成员,以保证与各国军队总参谋部的有效联系。

(6)由每个成员国指派的担任联合武装力量司令部副总司令的将军,同时在联合武装力量司令部代表各自国家的军队总参谋部。

(7)建立一个新机构即"技术部",负责协调军事技术研究和发展、军事供给服务和军备系统,它将与经济互助委员会下属的军事工业常设委员会一起工作。

改革方案只涉及和平时期的联合武装力量司令部,对于战时的指挥系统问题,则没有达成一致意见。但有一点是各成员国都认同的,参战的决策、使用核武器和卷入武装冲突都属于各国政治领导机构和政府的权力,只有当政治协商委员会和各国政府授权时,战时指挥系统的具体工作才能启动。

议案还强调,联合武装力量司令部不是要成为各成员国军队的统一领导，即军事行动的实际管理者，而只是一个确保各国参谋部协调行动的机构。

这次国防部部长会议提出的议案为华约军事机构的改革设计了总体框架。经过成员国间多次商议和修改，1968 年 5 月，华沙条约联合武装力量总司令雅库鲍夫斯基将联合武装力量司令部拟定的军事机构改革草案发给各成员国的国防部。草案包括以下几个文件：《华沙条约缔约国联合武装力量条例》《华沙条约缔约国军事委员会条例》《华沙条约缔约国防空防御共同体系条例》《华沙条约缔约国联合武装力量司令部组织原则的说明和技术委员会的组织说明》。

1969 年 3 月 17 日在匈牙利首都布达佩斯召开的华约政治协商委员会上，通过了上述文件以及《和平时期国防部部长委员会条例》，建立了华约国防部部长委员会、华约军事委员会和技术委员会等机构。华约缔约国加强了军事合作，华约的军事联盟性质得到了巩固。

二　国防部部长委员会

根据布达佩斯会议决议成立的华约国防部部长委员会，是华约的一个军事机构，成员是各成员国国防部部长、联合武装力量总司令和总参谋长。委员会的职责：①研究可能为对手的情况，包括对方的战略计划和军事力量的发展趋势；②对与完善成员国的防御能力有关的事项提出建议；③研究有关联合武装力量发展和提高其行动准备的建议；④研究与联合武装力量领导机关活动相关的事宜；⑤研究战区的状况，对战区的准备工作提出建议；⑥讨论需要联合协商的其他军事问题。①

国防部部长委员会有关重要的政治和军事问题的建议，应提交给各成员国政府或华约政治协商委员会，联合讨论做出决议。委员会对国防部部长管辖范围内事项做出的决定，应由各成员国国防部部长和总司令执行。国防部部长委员会每年召开一次或两次会议，由举办国国防部部长担任主

---

① "Document No. 62: New Secret Statute of the Warsaw Pact, March 17, 1969," Vojtech Mastny and Malcolm Byrne eds. , *A Cardboard Castle?* , pp. 323 - 324.

席，负责召集会议。从 1969 年 12 月到 1990 年 6 月，国防部部长委员会共举行了 25 次会议。

三 联合武装力量及联合武装力量司令部的法律地位

1969 年 3 月通过的《和平时期联合武装力量和联合司令部条例》（以下简称《和平时期联合武装力量条例》）[1] 分总则和 7 个部分，对联合武装力量、联合司令部、总司令、副总司令、军事委员会、总参谋长和参谋部的组成和职责做了规定。

联合武装力量以每个国家为单位，由各国政府为联合军事行动提供的各兵种的战术和作战单位、安全分遣队、前线和后勤指挥以及联合武装力量的指挥机构组成。在和平时期，联合武装力量的部队和舰队仍直接由各成员国国防部指挥，其行动受各国法律、法规和工作条例约束。战时联合武装力量的指挥和行动将由特殊条例管辖。

联合司令部为联合武装力量的指挥机构，其成员包括：联合武装力量总司令、总参谋长和第一副司令、成员国国防部部长或参谋长级别官员担任的副司令、防空副司令、空军副司令、海军副司令、负责军械的副司令和技术委员会的负责人。联合司令部下设军事委员会和技术委员会。总司令的联络官经各国政府同意，由各国军队委派。

较最初的条例稍有变化的是，《和平时期联合武装力量条例》规定，联合武装力量总司令在成员国将军中任命，任期为 4 ~ 6 年。总司令依照各成员国的决定和华约政治协商委员会的决议开展活动，经各国国防部，必要时经各国政府同意，总司令组织和实施提高战备动员的措施。总司令对联合司令部各个副手位置的候选人有建议权；对总司令在各成员国军队中的代表有提名权。

华约联合武装力量总司令一直由苏联的元帅和将军担任，并且大部分人的任期都超过条例规定的期限。从 1955 年至 1991 年，联合武装力量总

---

[1] "Document No. 62: New Secret Statute of the Warsaw Pact, March 17, 1969," Vojtech Mastny and Malcolm Byrne eds. , *A Cardboard Castle？* , pp. 324 – 329.

司令依次为伊万·科涅夫（任期 1955～1960 年）、安德烈·格列奇科（任期 1960～1967 年）、伊万·雅库鲍夫斯基（任期 1967～1977 年）、维克托·库利科夫（任期 1977～1989 年），最后一任是彼得·卢舍夫。联合武装力量总参谋部最初设在莫斯科，1971 年迁到了利沃夫，总参谋长由苏联第一副总参谋长担任。

依照《和平时期联合武装力量条例》建立的军事委员会属于咨询机构，处理有关联合武装力量的具体问题。委员会由总司令、参谋长、副总司令、防空部队司令、空军和海军副总司令以及技术委员会主任组成。总司令担任委员会的主席，副总司令由各成员国分别委派一名国防部副部长或总参谋长担任。

1973 年 4 月 24 日，华约公布了华约成员国联合武装力量司令部及其他领导机构法律权能、特许权和豁免权的公约，从法律的角度完善了军事指挥机构的地位。该条约规定：

第一条

1. 联合武装力量司令部由华约成员国的陆、海军将军和军官组成，在执行任务时享有本条约提供的特许权和豁免权。

在联合武装力量司令部工作的司令部所在国派遣人员中，按照本条约规定部分人员享有特许权和豁免权。其范围和人数由联合武装力量司令部与本条约签约国军队司令部协调决定。名单每年由联合武装力量司令部告之签约国司令部。

2. 在本条约中，联合武装力量司令部一词包括其他指挥机构。

3. 联合武装力量司令部所在地是莫斯科市。

第二条

华约成员国联合武装力量司令部在执行所担负的任务时是法人，具有以下法律权能：

（1）签署协约；（2）购置、租赁和充公财物；（3）出席法庭。

第三条

1. 联合武装力量指挥部在各国境内享有本条约规定的特许权和

豁免权。

2. 联合武装力量司令部所在的建筑物、所有财产和文件，即使在个别情况下失去豁免权，也都免受行政和法律的剥夺。

3. 联合武装力量司令部在各成员国都免除各种税收，但要为具体的公共服务支付费用。

4. 联合武装力量司令部为行使其职权所需货物免收海关税。

5. 联合武装力量司令部在各成员国内享受邮政、电报、电话的优惠待遇，享受和成员国军队同样的待遇。

第四条

1. 联合武装力量司令部的主要官员享有下列的特许权和豁免权：

(1) 所有文件免检；(2) 个人行李享有与所在国外交人员同样的待遇；(3) 在各成员国内免征所得税；(4) 不能对其进行拘捕、软禁，享有法律和行政豁免权；(5) 上述第2、3两项适用于联合武装力量司令部人员的家属。

2. 联合武装力量司令部总司令和副总司令除上述特许权和豁免权外，在各国内享有外交人员的特许权和豁免权，并持有外交人员证件。

3. 本条款规定的特许权和豁免权在这些人员执行公务时享有。

联合武装力量司令部总司令与各成员国国防部部长协调，有权剥夺联合武装力量司令部违法人员的豁免权。

4. 联合武装力量司令部的工作人员和家属持有联合武装力量司令部颁发的专门证件，该证件注明了他们享有的特许权和豁免权。司令部的工作人员和家属统一由司令部办理签证。

5. 上述4款不包括在司令部工作的本国公民和家属。

6. 享有本条约规定的特许权和豁免权的人员，必须尊重所在国的法律，不干涉所在国的内政。

第五条

联合武装力量司令部工作人员，在被总司令按照第四条中有关规定剥夺了豁免权后，不论他违反了该国的刑法还是行政法，均要接受该国法律和军事法庭的审判。

本条约的军事法庭在处理案件时与联合武装力量司令部相互协调和帮助，可以提出相互协助的请求。

第六条

1. 本条约适用所有签约国。

2. 保存在苏联。

3. 本条约只要三国批准，从批准之日起生效。其他国家自签约之日起生效。

4. 本条约在解释和执行过程中出现的争议，由签约国通过本国国防部或外交渠道或其他谈判渠道解决。

5. 本条约正式文本一份，由俄文书写，正式文本由苏联政府保存，其他国家保存经过公证的文件副本。

20 世纪 70 年代中期，华约政治和军事机构的建制已基本完成，形成了以政治协商委员会为首、其他专项委员会为辅的协商机制，明确了华约武装力量指挥系统的职能和法律地位。

第三节 成员国的变化及其续约情况

1955 年 5 月 14 日，阿尔巴尼亚、保加利亚、匈牙利、民主德国、波兰、罗马尼亚、苏联和捷克斯洛伐克在《华沙友好合作互助条约》（以下称《华沙条约》）上签字，成为华约的成员国。根据条约第 9 条的规定，凡表示愿意通过参加《华沙条约》来促进爱好和平的国家的共同努力来保障和平和国际安全的国家，不论其社会制度和国家制度，都可以加入华约。但是，除了阿尔巴尼亚于 1968 退出，民主德国于 1990 年退出，直到 1991 年解散，华约也没有接纳任何新的成员。其间，蒙古曾提出加入申请，但没有被接受。

一 蒙古申请加入华约

20 世纪 60 年代初，蒙古人民共和国极力想加强与苏联和东欧国家的合作。首先是在 1962 年 6 月，通过经互会章程的修改而加入了经互会，成为经互会第一个非欧洲成员国。之后，它希望复制此模式加入华约。

1963 年 7 月 10 日，赫鲁晓夫向东欧各国党的领导人提出，蒙古希望加入华约，建议给予考虑并尽快商讨此事。在苏联打过招呼之后，7 月 15 日，蒙古部长会议主席尤睦佳·泽登巴尔致信波兰总理西伦凯维兹，提出加入《华沙条约》的请求。

泽登巴尔在信中说：为了进一步加强蒙古人民共和国与经互会成员国的全面合作，蒙古人民共和国政府十分重视华约，它事实上坚守着所有社会主义国家的成果，完全赞同条约保证各国和平与安全的目标。

考虑到全球许多地方事态的发展，特别是在远东，美帝国主义正准备采取措施用新的大规模杀伤性武器武装日本，由此意识到需要加强蒙古人民共和国的防御能力。因此根据《华沙条约》第 9 条，蒙古人民共和国表达它正式加入《华沙条约》的愿望。

《华沙条约》带有防御性质，并且根据联合国宪章呼吁维护集体安全的重要利益，随着加入华约，蒙古人民共和国将与华约的社会主义兄弟国家一道，严格履行条约提出的所有义务。

蒙古人民共和国政府请波兰人民共和国政府征得华约各国政府的同意，让蒙古人民共和国加入条约。①

针对蒙古希望加入华约的请求，在华约政治协商委员会开会讨论之前，就有成员国表达了不同的意见。罗马尼亚工人党中央于 7 月 18 日召开了政治局会议，罗马尼亚国务委员会副主席毛雷尔对苏联提出修改《华沙条约》第 4 条，把华约扩展到欧洲之外的地区的建议提出了质疑。会上还有人指出，军事援助是双方面的，一旦欧洲有战事发生，蒙古要给予军事援助；反之，蒙古需要军事援助吗？针对谁呢？事实上与蒙古接壤的只有两个国家。②

---

① Letter from Mongolian Head of State（Yumjaagiyn Tsedenbal）to Polish Prime Minister（Józef Cyrankiewicz），15 July 1963，https：//www. php. isn. ethz. ch/lory1. ethz. ch/collections/coll topic4778. html？lng = en&id = 16340&navinfo = 16034，accessed June 15，2009.

② Stenographic Record of the Meeting of the Politburo of the Romanian Workers' Party Central Committee，18 July 1963，https：//www. php. isn. ethz. ch/lory1. ethz. ch/collections/coll topic822e. html？lng = en&id = 16344&navinfo = 16034，accessed June 15，2009.

波兰外长拉帕茨基给波兰统一工人党中央政治局写了一份备忘录，提出反对意见。他认为，此时接受蒙古加入华约，其政治上的影响值得考虑。首先，从社会主义阵营的利益来看，由于中苏分歧的公开，接受蒙古的举动会被亚洲社会主义国家，甚至西方看作是直接针对中国的一个步骤。其次，即使中国认同蒙古强调的它面临着帝国主义威胁这一说法，对华约也是不利的，因为这意味着一旦蒙古遭受帝国主义侵略，华约要为蒙古提供安全保证。但同时，华约并没有给越南、朝鲜和中国等更直接面临美、日侵略危险的国家提供额外保证。最后，华约是欧洲社会主义国家直接反对帝国主义在欧洲活动的条约，接受蒙古加入，将导致《华沙条约》基本条款的改变，华约就可能转变成由社会主义阵营所有国家参加的安全条约。

拉帕茨基在备忘录中还提出，针对中国的特殊情况，如此决定是不现实的。即使改变了条约的性质，与加强它在亚洲的作用相比，更可能削弱它在欧洲的反帝国主义作用。最后，还要考虑到缔约国能否对此达成一致意见：罗马尼亚可能采取反对立场；而阿尔巴尼亚实际上已经与华约分裂，但在名义上还是其中一员，它的反对还是合法的。

另外从蒙古的利益考虑，它的安全在1946年通过与苏联的联盟条约已得到保证；同时还要考虑到，蒙古在亚非国家组织中所确立的地位，蒙古加入军事条约，是否会削弱它在亚非国家组织中拥有的政治信任度以及它的影响。①

1963年7月26日，华沙条约组织政治协商委员会在莫斯科召开会议，就蒙古人民共和国申请加入华约一事，东欧多数国家没有公开表示反对。此时反倒是苏联又提出，华约的扩大会是个威胁信号，同苏联与美、英缔结禁止核试验条约所预示的缓和相矛盾。各成员国在听取苏联的意见之后，权衡利弊，决定不再讨论蒙古加入华约的申请。

---

①　"Document No. 25: Polish Foreign Ministry Memorandum regarding Possible Mongolian Accession to the Warsaw Treaty, July 20, 1963," Vojtech Mastny and Malcolm Byrne eds., *A Cardboard Castle？*, pp. 154 - 156.

二 阿尔巴尼亚退出华约

阿尔巴尼亚地处巴尔干半岛，是华约成员国中最小的一个国家，面积只有 2.8 万平方公里。它濒临亚德里亚海，在地理位置上十分重要，可以说是华约在欧洲南部的一个前哨阵地。

1948 年苏南冲突之前，苏联曾计划在南斯拉夫靠近杜布罗夫尼克的克鲁兹建立潜艇基地，该计划流产后，苏联转向阿尔巴尼亚。为了在军事和政治上对铁托和南斯拉夫施压，苏联选择了阿尔巴尼亚发罗拉的萨赞岛建潜艇基地，以便控制亚得里亚海-地中海区域，对美国在这一地区的舰队形成威胁。根据苏联和阿尔巴尼亚两国协议，苏联在发罗拉驻守一个舰队，在阿尔巴尼亚海军接受培训后，其将接手该基地和潜艇的使用。潜艇基地始建于 1951 年，1952 年春苏联黑海舰队的潜艇开始使用基地。苏联派往发罗拉的有 12 艘潜艇、2 艘航母、12 艘水面舰艇和 24 艘支援舰。在两国关系好的时候，苏联对阿尔巴尼亚的经济援助达 20 亿卢布，1951～1960 年有 3000 多名苏联专家支援阿尔巴尼亚的经济建设，包括对阿尔巴尼亚军事人员的培训。①

1960 年中苏矛盾公开化后，由于阿尔巴尼亚劳动党的立场，苏联与阿尔巴尼亚的关系恶化，苏联单方面撕毁对阿尔巴尼亚的经济援助合同，撤走专家。1961 年围绕发罗拉海军基地的舰艇事件，苏、阿两国关系走向决裂，阿尔巴尼亚被迫停止参加华约的活动。

1961 年 3 月 28 日，华约联合武装力量司令部递交给阿尔巴尼亚一份备忘录，指责在发罗拉的阿尔巴尼亚海军不顾苏联多次抗议，对在海军基地的苏联军人和专家持不友好的态度，加剧了这一海军基地的紧张局势。备忘录说：最近（指 1960 年以来），阿军指挥部加强了战备，动员了这个海军基地的所有力量以及海岸炮兵停止了休假，并且为每个干部配备了

---

① Central Committee of the CPSU to the First Secretary of PZPR (Władysław Gomułka), March 28, 1961, https：//www. php. isn. ethz. ch/lory1. ethz. ch/collections/colltopicfbab. html？lng = en&id = 17893&navinfo = 14465, accessed November 2010.

武器。在萨赞岛增加了巡逻舰巡视，鱼雷艇装载了鱼雷做好了出发的准备，而且开始对海军基地出海口进行昼夜舰艇巡逻。在萨赞岛和卡拉布林海角上增设了新的炮兵连，封锁海军基地。阿方在没有对苏方军事专家通报的情况下，加强了对潜水艇浮动基地和海岸目标的防御。事实上，阿尔巴尼亚军方已使原有的对潜水艇的管理权瘫痪，禁止潜水艇离开港口，限制苏联军人在海岸上的调动。

阿军战士敌视苏联人的情绪加剧，事情发展到了禁止苏联军人登艇值勤。4月29日下午两点半阿方军官率50人登上苏军潜艇C-360，取代了苏联值班军人，阻止苏联军舰在"五一"劳动节离开港口。

双方交涉未果，苏联部长会议第一副主席柯西金致信阿尔巴尼亚人民军，指责阿尔巴尼亚的行动表明，阿方对此军事基地是否被保护漠不关心。为了避免不愉快的事情发生，加剧两国的紧张关系，苏联决定召回在阿的所有潜艇部队、水面部队和船只。华约政治协商委员会对于苏联采取的行动表示赞同，认为这是现实情况下唯一明智的举动，是苏联希望为缓和与阿尔巴尼亚的紧张关系创造条件；同时提出，阿方对制造发罗拉海军基地的紧张局势应承担责任。

苏联驻阿尔巴尼亚大使对在发罗拉海军基地发生的不友好事件提出了抗议，要求阿尔巴尼亚政府对军方反苏联的行为采取措施予以制止。

阿尔巴尼亚政府在给苏方的复信中指出，海军基地是社会主义阵营在地中海的基地，不仅对阿尔巴尼亚而且对整个社会主义阵营有着重要的意义。它是根据阿尔巴尼亚劳动党中央委员会的决定建立的，阿方和苏方也有协议，规定苏联方面应承担维持基地战斗力的义务。苏联单方面撤出破坏了两国间的协议，侵犯了阿尔巴尼亚国家的主权，破坏了马克思主义原则和华约的原则，如果苏联单方面取消对海军基地的保护，这是危险的举动，它应该承担责任。

1961年3月29日，华约政治协商委员会做出决定：政治协商委员会在联合武装力量司令部和阿方之间交换关于海军基地局势的信件之后认为，阿尔巴尼亚方面违反了华约所规定的成员国应承担的义务和遵循的原则。海军基地发生的事情是阿方造成的，大大降低了基地的防御能力，是华约成员国所不能允许的。政治协商委员会注意到霍查在阿尔巴尼亚劳动党会议上说，美国的第六舰队和南斯拉夫、希腊方面要对阿尔巴尼亚进行侵略，但霍查并没有向华约有关方面具体通报这一事实，所以阿方违反了《华沙条约》第3、5条的规定。华约政治协商委员会会议期望阿方尽快对向华约联合武装力量司令部通报。①

虽然阿尔巴尼亚还在强调自己是华约的一员，希望维护社会主义大家庭的团结，但1961年12月形势急转直下，苏联宣布同阿尔巴尼亚断交，停止了对阿尔巴尼亚的一切军事和经济援助，并公开排斥阿尔巴尼亚参加华约的会议和活动。

1966年7月19日，阿尔巴尼亚人民共和国外交部受政府的委托，把一项照会交给华约其他成员国驻地拉那的外交代表。照会谴责苏联政府非法剥夺阿尔巴尼亚政府参加7月4~6日在布加勒斯特举行的华约政治协商委员会会议的合法权利，这一歧视行为破坏了《华沙条约》的条款和精神，并且损害了条约本身的利益和威望。这次会议是完全非法的，它的决定是完全无效的。②

1968年9月12日，华约的军队出兵捷克斯洛伐克之后，阿尔巴尼亚劳动党中央政治局委员、部长会议主席穆罕默德·谢胡在阿尔巴尼亚人民议会会议上谴责了华约的行为，并指出阿尔巴尼亚事实上早已被苏联和其他华约国家排除在华约之外，现在是从法律上退出《华沙条约》的时候了。9月13日，阿尔巴尼亚正式宣布退出华沙条约组织。

三　条约的期限

《华沙条约》于1955年签订，根据条约第11条的规定，条约有效期为20年。如果在期满前一年未有缔约国向波兰提出条约无效声明，条约

---

① 苏联与阿尔巴尼亚的矛盾冲突见 "Document No. 13: The Soviet-Albanian Dispute, March 22 – June 3, 1961," Vojtech Mastny and Malcolm Byrne eds., *A Cardboard Castle?*, pp. 108 – 115。

② 《阿尔巴尼亚政府发出照会揭露苏联修正主义领导集团的大阴谋》，《人民日报》1966年7月28日，第4版。见《人民日报》数据库，2006年9月25日。

将继续生效 10 年，据此，1975 年《华沙条约》自动延长 10 年。1985 年
5 月 14 日条约即将期满，在此之前，4 月 26 日华约各国领导人在波兰首
都华沙就条约延长期限举行正式会谈，决定《华沙条约》再延期 20 年，
同时签署的一项议定书规定续订的条约到 2005 年期满时再顺延 10 年。会
后发表的公报说，华约成员国不打算取得对西方的军事优势，但同时也不
允许西方取得对于华约成员国的军事优势，赞成在尽可能低的水平上确保
均势；并保证，华约成员国将继续采取必要措施使联合武装力量保持在应
有的水平上。但是没到 20 年，华沙条约组织于 1991 年 7 月宣布正式
解散。

第四章

华沙条约组织成员国间的关系与合作

在华沙条约组织内部，苏联占有特殊的领导地位，它在华约主要成员国领土上驻扎有军队，建有导弹基地，是社会主义阵营的主要防御力量。在东西方对峙的态势下，东欧国家不得不依赖于苏联的庇护，但又希望争取更多的自主权。苏联也在有限的范围内调整与华约其他成员国之间的关系。

第一节　苏联应对华约内部危机

一　苏联对波兰事件的反应

1953 年斯大林逝世，苏联国内政治开始松动，这一变化也逐渐影响到东欧国家。在波兰，人们对社会政治上的松动表现得很敏感，清理过去的历史问题、要求社会变革的呼声越来越高。苏共第二十次代表大会上对斯大林个人崇拜的批判引起了人们思想上更大的震动。1956 年 6 月 28 日，波兹南采盖尔斯基机车车辆厂的工人因领导对工人提出的合理要求置之不理，长期受到压抑的不满情绪终于爆发出来。他们走上街头游行，冲击政府机关，最终矛盾激化导致严重的流血事件。

波兹南事件之后，1956 年 10 月波兰统一工人党将召开党的二届八中全会。这次会议的关键问题是政治局成员发生重大变动，其中涉及国防部部长罗科索夫斯基将被撤换。罗科索夫斯基出生在波兰，曾参加苏联红军，二战中成为苏军元帅，担任白俄罗斯第一、第二方面军司令，指挥过苏军的几次重大战役。1949 年被苏联派往波兰担任国防部部长和波兰军队总司令。

苏联得知波兰领导层发生变动之后，立即与华沙取得联系，要求允许苏方代表团前往波兰，举行双方会晤，交流意见。波兰领导人认为苏联代表团暂时不宜来。苏联认为这是波兰要投靠西方反对苏联的征兆，因此不顾波方的劝阻，赶在会议召开前，苏共主要领导人赫鲁晓夫、莫洛托夫、布尔加宁、卡冈诺维奇、米高扬和国防部部长朱可夫，在华约联合武装力量总司令科涅夫元帅和 10 名苏军陆军上将的陪同下，突然飞抵华沙。

波兰统一工人党的二届八中全会由于苏共中央代表团的到来而暂时中断，在把情绪激动的苏联领导人安排到贝尔维德尔宫后，会议按原定议程把哥穆尔卡等人重新选进中央委员会，并授权未经改选的政治局和哥穆尔卡与苏共中央代表团进行对话，双方会谈从 10 月 19 日上午 11 时持续到 20 日凌晨 3 时。

苏共中央代表团强调，波兰应加强与苏联的政治、经济和军事联系。针对波兰提出主权自主，要求苏联不要干涉波兰内部事务、撤走苏联在波兰的顾问、撤换罗科索夫斯基和苏联在波兰军队的其他高级官员，苏联反应十分强烈，认为波兰要摆脱的是值得信赖的、忠于社会主义的革命者，波兰这样做是转向西方反对苏联。会谈期间，苏联的军舰在格但斯克摆起阵势，在波兰边界的苏军集结待命，驻扎在波兰境内的坦克和步兵部队已缓慢向华沙移动。

面对军事威胁，波兰领导人表现出思想上的团结和统一，一方面严词要求苏军立即后撤，另一方面向苏联代表团说明，波兰要建立的是更为民主的社会主义，不是要脱离华沙条约组织，以消除苏联对波兰的怀疑。同时，波兰的内务部队把守着通往首都华沙的主要道路，做好了保卫首都的准备。在双方会谈的贝尔维德尔宫外，华沙市广大群众举行集会和示威游行，支持和声援波兰代表团，准备自卫和抗击苏军的入城。

苏共领导人在得到波兰的保证之后，停止了军事调动，苏共中央代表团返回了莫斯科。波兰统一工人党二届八中全会结束后，罗科索夫斯基没能进入新的政治局，他的国防部部长职务由斯彼哈尔斯基取代。罗科索夫斯基被召回苏联国内，担任苏联国防部副部长兼总监察长等职，直到1968年去世。

波兰地缘政治因素在波兰事件的平息中起着重要作用，对此波兰统一工人党第一书记哥穆尔卡有着清醒的认识。他在1956年11月的一次讲话中谈道："波苏联盟对波兰的现在和未来都是一个关键性问题。我们再一次郑重声明，只要对外关系不足以保证我们国家的安全和完整，我们就认为一定数量的苏联军队驻扎在波兰是适宜的。"他向波兰人民陈述历史教训，提出现实的警告："为了我们自己的、民族的、国家的和社会主义的利益，波兰必须始终不渝地坚决地和无情地反对任何想通过自愿或者强迫方式变波兰领土为军事'东进'的通道的企图，如果那样，波兰自己就不得不付出最大的代价。"[①]

二　苏联出兵匈牙利

1956年10月23日，匈牙利大学生要求举行声援波兰的游行，同时散发传单，提出更换匈牙利党的领导人、苏军撤出匈牙利领土等要求。游行在得到准许之后声势扩大。由于匈牙利政府没能有效地控制局面，示威转变成骚乱，报社和电台被占领，形势急剧变化。

苏联在处理匈牙利事件过程中，其行动分三个阶段：一进，一退，再出兵。第一次出兵是1956年10月24日，苏联内务部部长从苏匈边境报告，根据朱可夫的指示，第128步兵师和第39机械化师于凌晨2时15分穿过匈牙利边界；由苏联驻扎在匈牙利的部队、部署在苏匈边界和苏联在罗匈边界的部队组成5个师，共31550人，配备上千辆坦克、大炮和装甲车，并有战斗机掩护，执行占领城市重要目标和恢复秩序的任务。当天，匈牙利军事委员会发表文告公布了这一消息，电台同时播放刚刚接替赫格居斯出任匈牙利总理的纳吉签署的戒严令和在全国范围内实行军事法庭审

---

① 《我们的选举纲领——瓦·哥穆尔卡1956年11月29日在全国社会政治积极分子会议上的讲话》，中共中央党校科学社会主义教研室国外社会主义问题教研组编《人民波兰资料选辑（1944—1984）》，中共中央党校科学社会主义教研室，1986，第231、238页。

判令，匈牙利武装部队已受命对破坏分子还击。

苏联出兵后，形势的发展和几个方面发生的变化，是苏联和匈牙利两国党的领导人始料未及的：不但没有达到平息事态、恢复秩序的预期目标，反而使苏联陷入进退两难的境地。

苏军的到来在匈牙利普通百姓中产生了消极的影响。事件的发生本来就与反苏情绪的存在有关，苏军的介入被视为对匈牙利民族独立的威胁，同时削弱了匈牙利党和政府的权威。匈牙利人民在是否支持由纳吉组成的新政府问题上出现分歧和动摇。一些工厂成立了各种革命委员会，部分工人参加了抵抗行动。布达佩斯的警察局和一部分匈牙利军队的士兵倒戈，大批武器流向社会，在首都街道上不时发生枪战。

10 月 24 日，受苏共中央的委托，苏共中央主席团成员米高扬和苏共中央书记苏斯洛夫到达匈牙利首都布达佩斯。他们在写给苏共中央的报告中认为，匈牙利劳动人民党第一书记格罗·埃诺夸大了反对派的力量，而低估了自己的实力。报告说，"匈牙利同志，尤其是纳吉赞成更多地使用匈牙利部队、民兵及公安武警部队以减轻苏军的负担，并突出匈牙利在平息暴乱中的作用"。在询问匈牙利党政领导能否控制局势时，他们得到了肯定的答复。而就在 10 月 25 日，匈牙利党的领导班子进行调整，卡达尔接任匈牙利劳动人民党第一书记。

当时正在莫斯科进行苏共中央与波兰统一工人党中央的会谈，同时苏联也邀请中国共产党派代表团到莫斯科参加会谈。苏联对已经发生的波兰事件和正在发生的匈牙利危机进行了反省，并在 10 月 30 日发表了《关于发展和进一步加强苏联同其他社会主义国家的友谊和合作的基础的宣言》，承认苏共在处理社会主义国家关系上的错误，侵害了党际关系平等的原则。谈到苏军在匈牙利的问题，宣言说，"鉴于苏联军队继续留在匈牙利可能导致局势更加紧张，苏联政府已经指示自己的军事司令部，一俟匈牙利政府认为必要，即将苏联军队撤出布达佩斯"，并准备在华约内就苏军驻留匈牙利领土问题进行有关谈判。

事情的转折发生在 10 月 30 日，米高扬和苏斯洛夫从布达佩斯再次向苏共中央报告说，匈牙利的政治形势没有转好而是更加恶化了，拿着武器的叛乱者与政府谈判时宣称，除非苏军撤出匈牙利，否则他们不会放下武器，更令人担心的是匈牙利军队的观望态度。这也印证了苏联克格勃主席谢罗夫在此前两日写给苏共中央的报告里谈到的正在恶化的匈牙利形势。匈牙利劳动人民党的基层组织已经解散，在一些城市，监狱的犯人包括刑事犯被放出来。一些地区还出现枪杀共产党人的事件，匈牙利的形势已经失控。

10月30日当天，苏共中央还收到意大利共产党总书记陶里亚蒂发来的电报，电报指出，匈牙利事件给意大利工人运动和意大利共产党带来严重影响。如果波匈事件危害到苏共二十大确立的苏共中央领导的团结，后果将更为严重。10月31日苏共中央回电，同意陶里亚蒂对匈牙利形势的评估，指出苏联不会容忍事件向反革命转化，强调苏共集体领导的团结，会一致做出正确的决定。

苏共中央做出再次出兵决定后，授权赫鲁晓夫、马林科夫和莫洛托夫向社会主义国家，特别是波兰和南斯拉夫的领导人通报情况。波兰是反对苏联继续出兵的，哥穆尔卡多次提出，愿意为苏联和匈牙利提供会谈场所，但没有被苏联接受。南斯拉夫领导人铁托表示理解苏联再次出兵的决定，他后来解释说，匈牙利局势可预见的发展，是社会主义被彻底埋葬，这是苏联不能容忍的后果。南斯拉夫支持苏联，但不赞成对纳吉的处理，为此两国交涉了一段时间，发生了些摩擦。事实上，不论其他国家有何表态，苏联军队已经行动。

11月1日，匈牙利的纳吉政府就苏军坦克进入索尔诺克——布达佩斯东南的一个城市，约见苏联驻匈牙利大使安德罗波夫。纳吉称，由于苏联政府没有停止军队的前进，也没有做出满意的解释，匈牙利政府当天上午已通过一项声明，终止匈牙利的华沙成员国身份，宣布匈牙利中立，向联合国提出美、中、英、法四大国保证这种中立的请求。安德罗波夫离开后一小时，这项声明立即生效。

当晚，苏联用军用飞机把卡达尔和匈牙利内务部部长明尼赫接到莫斯科，已然决定放弃纳吉政府。11月4日，卡达尔在索尔诺克宣布成立匈牙利临时工农革命政府，纳吉政府的重要成员到南斯拉夫驻匈使馆政治避难。得到苏联支持的卡达尔政府重新控制了局面，巩固政权的斗争持续了一年多，并于 1958 年 6 月对纳吉等人作出了死刑判决。

三　1968 年出兵捷克斯洛伐克

1968 年 1 月，杜布切克取代诺沃提尼当选为捷克斯洛伐克共产党中央委员会第一书记，结束了诺沃提尼因循守旧的时代。根据捷共中央一月全会的精神，捷共制定了《捷克斯洛伐克通向社会主义的道路》的改革纲领，提出改革官僚体制，充分发挥社会主义民主，保障公民更充分的自由，形成具有人道面貌的社会主义。由此引发了捷克斯洛伐克的社会动荡，媒体出现了不少抨击现状的报道。随后，出现群众集会，大学生打着反政府、反苏标语的游行时有发生。捷共党内对于新出现的变化也产生了激烈的争论。

就在捷共领导人更迭的过程中，1968 年 2 月底发生了少将军官谢纳伊叛逃事件。作为捷共中央国防委员会书记、捷共中央武装部副部长，他的叛逃肯定会泄露捷克斯洛伐克和华约的不少军事机密，为此华约联合武装力量总司令雅库鲍夫斯基特意前往布拉格了解情况。不久西方媒体报道说，苏联军队正在民主德国的德累斯顿附近集结，苏联的坦克和步兵运输车正从民主德国北部地区往南调动。

随着捷共改革纲领的制定，杜布切克还提出发展对苏关系的原则和完善华约组织结构的主张。要在平等、互利、互不干涉内政的基础上发展同苏联以及东欧各国的全面合作，要求完善华约的组织结构，改进华约联合武装力量司令部的活动。

捷克斯洛伐克政治形势的变化让苏联和东欧盟友们十分关切。3 月 23 日，华约成员国首脑会议在德累斯顿举行，苏联领导人勃列日涅夫质疑捷克斯洛伐克党和政府控制局势的能力，任凭媒体大肆攻击党和社会主义制度。[①] 波兰领导人哥穆尔卡随后与雅库鲍夫斯基在华沙会谈时，表示非常

---

① 叶书宗：《苏军入侵捷克斯洛伐克》，沈志华主编《冷战时期苏联与东欧的关系》，北京大学出版社，2006，第 186 页。

担心捷克斯洛伐克的民主改革会影响到波兰，以及捷克斯洛伐克军队的涣散会影响捷与联邦德国边境的安全。[①]

1968 年 5 月 8~9 日，苏、保、匈、波、民主德国领导人在莫斯科会晤，讨论捷克斯洛伐克局势。同时，苏共中央政治局授权乌克兰第一书记谢列斯特与捷共党内以瓦西尔·比拉克为首的"健康力量"秘密接触。是否对捷克斯洛伐克实施干涉，此时苏共中央尚未下决心。

1968 年 5 月 17 日，由以苏联国防部部长格列奇科为首的 8 名苏联高级将领组成的代表团突然抵达布拉格。苏联代表团以共同防御联邦德国入侵为由，提出向捷方派驻苏军 1 个师的请求，遭到捷方的拒绝。苏联又提出要举行由华约联合武装力量司令部组织、有少数参谋人员参加的演习，以检验现代战争条件下军队的协同和指挥机关的战斗准备状况，捷方表示了同意。

塔斯社宣布了 6 月华约将在波、捷两国举行联合军演的消息，同时以华约联合武装力量参谋长、苏联将军卡扎科夫为首的华约联合武装力量司令部的代表和苏联一支联络部队先期抵达捷克斯洛伐克。5 月底，苏军车队以参加演习的名义从乌克兰的乌日霍罗德开进捷克斯洛伐克，对正在举行的捷共中央全会中的改革派施压。

6 月 18 日，雅库鲍夫斯基抵达捷克斯洛伐克，指挥华约在捷领土上举行的代号为"舒马瓦"（捷克斯洛伐克著名的风景区）的军事演习，由于苏联坦克和飞机的加入，演习比原来预想的规模扩大了，演习过程中气氛非常紧张。

7 月初华约提出在华沙召开的商讨捷国内局势的会议邀请，捷共中央拒绝参加并认为此举是对捷内部事务的非法干涉。在没有捷共代表参加的情况下，7 月 14 日和 15 日苏联、波兰、民主德国、匈牙利和保加利亚五国领导人在华沙会晤，通过了一封给捷共中央的联名信。信中说，捷克斯洛伐克国内极右势力活跃，捷共正失掉对局势的控制，捷克斯洛伐克有脱

---

① "Document No. 48: Record of Gomułka-Iakubovskii Conversation in Warsaw, April 19, 1968," Vojtech Mastny and Malcolm Byrne eds., *A Cardboard Castle?*, pp. 262 - 263.

离社会主义大家庭的危险。联名信提出四点要求：①动员一切保卫手段反击极右势力；②取缔一切反社会主义的政治组织；③控制报刊、电台和电视；④加强捷共队伍在马列主义原则基础上的团结。联名信称，保卫捷克斯洛伐克不仅是捷共的事情，也是华约成员国的共同事业，华约对捷克斯洛伐克的局势不能漠然视之。

1968年8月3日，在布拉迪斯拉发举行了华约成员国首脑联席会议，除了罗马尼亚和阿尔巴尼亚，华约成员国领导人悉数出席。会议声明中提出，"各国党要创造性地解决今后社会主义发展的问题，并要考虑民族的特点和条件"；同时强调，"对各国人民付出英勇努力和忘我劳动所取得的成果加以支援和保护，是所有社会主义国家共同的国际主义义务"。

正是在这次会议期间，以捷克斯洛伐克共产党中央委员瓦西尔·比拉克为首的几位领导写的信，被转交给勃列日涅夫，这成为苏联决定出兵的重要依据之一。信中说，捷克斯洛伐克的民主进程正逐渐脱离捷共中央的控制。右翼势力控制了报刊、电台和电视，对公众施加影响，以致公众对敌对分子所从事的政治活动无动于衷。这些势力正在挑起反共产主义和反苏心理。信中提到，捷共现任党的领导人犯了一系列错误，在意识形态和政治上已经不能抵御右翼势力对社会主义的进攻，社会主义陷入危险之中。因此，信中呼吁苏联党和政府采取一切措施，帮助捷克斯洛伐克摆脱迫在眉睫的危险。[①]

1968年8月19日，苏共中央举行非常全会，讨论捷克斯洛伐克局势，会上决定对捷克斯洛伐克进行军事干涉。8月21日，塔斯社发表声明说，应捷克斯洛伐克党和国家活动家提出的请求，华约成员国苏联、波兰、民主德国、保加利亚、匈牙利的军队25万人已进入捷克斯洛伐克，采取这一行动完全符合兄弟社会主义国家之间缔结的同盟条约所规定的各国有单独和集体自卫的权利的条款。

---

① Mark Kramer, "A Letter to Brezhnev: The Czech Hardliners' 'Request' for Soviet Intervention, August 1968," *Cold War International History Project Bulletin*, Issue 2, 1992, p. 35.

当天，华约 5 个成员国党的中央委员会致信罗马尼亚共产党中央，表明它们的干涉行动是根据捷克斯洛伐克共产党中央委员会主席团和捷克斯洛伐克政府中大多数人的请求做出的，从而证明其行动的合法性。

第二节　成员国关系的调整

一　驻东欧国家苏军法律地位的确定

1956 年波匈事件后，苏军在东欧国家驻军的法律依据成为双方商讨的重点，此举也是为了平息东欧国内百姓对驻扎苏军任意调动、不尊重所在国主权行为的不满。1956 年 12 月 17 日，苏联和波兰签订了《关于暂驻波兰的苏军的法律地位的条约》，① 对驻扎苏军的行动准则、物权等相关事宜予以法律上的界定。

条约规定：苏军暂时驻扎在波兰，决不损害波兰国家的主权，并不得干涉波兰的内政；苏军到驻地以外的每次调动必须征求波兰政府或其授权的主管机关的同意；苏军在驻地以外进行的操练或演习，必须向波兰政府或其授权的主管机关报批，并根据同波兰主管机关商定的计划进行。

驻扎苏军、军队组成人员及其家属必须尊重或遵守波兰人民共和国的法令。军队组成人员指苏联军队的军人、在驻波兰的苏联部队中工作和具有苏联国籍的文职人员。苏军组成人员或其家属在波兰境内犯罪或犯有过错的案件，一般适用波兰法律，并由波兰法院、检察院和有权追究罪行与过错的波兰其他机关处理；如果犯罪或犯有过错案件仅涉及苏军组成人员或其家属，或为职务犯罪或犯有过错，应由苏联法院和其他机关按照苏联的法律受理。

对驻扎苏军的物权，例如苏军使用兵营、机场、练兵场、带有各种设

① 《苏联和波兰关于暂驻波兰的苏军的法律地位的条约》（1956 年 12 月 17 日），《国际条约集（1956—1957）》，世界知识出版社，1962，第 262～268 页。

备和设置的打靶场、建筑物、交通运输工具、邮电设备、电力、公用事业和商业服务的程序和条件，将由缔约双方主管机关另以协议规定。

如果苏军在驻地增设房屋、机场、公路、桥梁、固定的无线电装备，包括其频率和马力的规定在内，必须经波兰主管机关同意；此规定同样适用于在苏军驻地以外为苏军组成人员提供日常生活服务的固定处所。"驻地"是指划归苏联军队使用的地区，包括部队驻扎地连同练兵场、射击场、打靶场及部队使用的其他设备。

对于苏联军队和军需品通过波兰领土时的交通路线、期限、程序和过境费用的支付条件，以及在波兰境内的军事运输，将另行协议处理；条约各项规定，特别是有关司法管辖和赔偿责任的规定，都应适用于在波兰领土过境的苏联军队。

条约还规定，为了妥善处理有关苏联军队在波兰驻留的问题，两国政府各派出办理苏军驻波兰事务的代表。同时成立苏、波两国联合委员会，负责解释条约所规定的协议和适用有关的各项问题。联合委员会由缔约双方各派代表三人组成，应根据联合委员会制定的规则办事，联合委员会的地址设在华沙。若联合委员会不能解决所受理的问题，应通过外交途径尽快解决。

1957 年 3～5 月，苏联还分别与民主德国、罗马尼亚和匈牙利签订了类似的条约，对苏联在这些国家的驻军作了法律规定，从而规范了苏联在东欧国家驻军的法律地位。同时，苏联强调，苏军的驻扎是由于美国和北约在社会主义国家附近驻扎了大批军队和保持了许多军事基地，威胁着社会主义国家的安全，苏联军队的暂时驻扎对防御可能的侵略是必要的。

二 苏联军队和专家撤出罗马尼亚

1958 年 5 月，在莫斯科举行了华约政治协商委员会会议，在会后发表的华沙条约缔约国的宣言中公布了苏联军队和苏联专家撤出罗马尼亚的消息。苏联和罗马尼亚商讨撤军问题是在 1958 年 4 月，当时罗马尼亚代表团刚刚结束了对亚洲各国的访问。在访问中国时，中、罗双方曾发表联合声明，呼吁用集体安全体系取代在欧洲和亚洲的各军事集团，取消在别国领土建立军事基地和撤出在别国领土上驻扎的军队。罗马尼亚代表团在回国途经莫斯科时，和苏联领导人进行了会谈。

　　1958 年 4 月 17 日，赫鲁晓夫代表苏共中央写信给罗马尼亚工人党第一书记格奥尔基·乔治乌－德治，信中谈道，战后苏军在罗马尼亚的驻扎是符合罗马尼亚和双方共同事业的利益的。而目前国际形势发生了变化，社会主义国家爱好和平的政策使得国际形势的缓和有了可能。鉴于罗马尼亚已经拥有可靠的武装力量，苏军不必继续留在罗马尼亚。另外，帝国主义集团利用苏军仍然驻扎在罗马尼亚的事实，进行反苏宣传和诋毁罗马尼亚，苏联因而希望尽快与罗马尼亚在撤军问题上达成一致。① 4 月 26 日，乔治乌－德治回信赞同苏联的建议。

　　有关苏联专家问题，苏、罗两国在 1957 年初就交换过意见，之后一部分苏联顾问回到国内。1958 年 9 月苏联又重提这个问题，显然两国在苏联专家的撤与留问题上仍存在矛盾。苏联在给罗马尼亚工人党中央的信中，表面上是说苏联担心在罗马尼亚的苏联顾问和专家在某种程度上会妨碍罗马尼亚本国科研队伍的发展，但又不得不承认，苏联的一些专家并不熟悉罗马尼亚的政治形势和民族特性，发生了一些误解，而不利于苏、罗两国关系。因此，苏联提出召回所有在罗马尼亚的苏联顾问和专家。

　　罗马尼亚是华约成员国中唯一让苏联主动撤出军队和专家的国家。20 世纪 60 年代中期以后，罗马尼亚坚持自己相对独立的外交政策，主张维护国家的独立自主和主权完整，不赞成把华约发展成为超越国家的政治军事组织，也不允许华约成员国的军队在它的领土上举行华约的军事演习。

---

　　① Letter addressed by N. S. Khruschev, First Secretary of the CC of the CPSU to the CC of the RWP Concerning the Withdrawal of Soviet Troops from the Romanian Territory, April 17, 1958, Cold War International History Project Virtual Archive CWIHP Virtual Archive：Collection：The Warsaw Pact.

三 勃列日涅夫提出"有限主权论"

1968 年以苏联为首的华约成员国的军队出兵捷克斯洛伐克之后，华约联合武装力量总司令雅库鲍夫斯基和参谋长什捷缅科到保加利亚、民主德国、波兰、匈牙利、捷克斯洛伐克、罗马尼亚六国巡视，同上述国家领导人讨论华沙条约缔约国武装部队留驻捷克斯洛伐克等问题。由于罗马尼亚拒绝并反对对捷克斯洛伐克的武装干涉，所以新闻只报道说，雅库鲍夫斯基等人同罗马尼亚领导人讨论了与《华沙条约》有关的共同感兴趣的问题。

10 月 16 日，苏联同捷克斯洛伐克签署《关于苏军暂时留驻捷克斯洛伐克境内条件的条约》。依照该条约，除苏军外，参与出兵的东欧国家的军队将撤离；捷克斯洛伐克提供苏军留驻的一切设施，承担苏联驻军的一切费用；苏联驻军编制人员及其家属进入、留驻或离开捷克斯洛伐克时，免于护照或签证的检查；对于通过捷克斯洛伐克国境的苏军人员和一切军用物资，包括为苏军提供的商业、生活服务用的物资不征税，不受海关检查和边境检查。① 苏军对捷克斯洛伐克的占领因此被合法化。10 月 21 日匈牙利先撤离了部分军队，11 月初全部匈牙利、波兰和保加利亚部队以及苏联大部分部队撤出了捷克斯洛伐克。

为了给华约出兵捷克斯洛伐克提供理论支持，同年 11 月，勃列日涅夫借参加波兰统一工人党第五次代表大会之机，进一步阐述了社会主义国家主权不能背离社会主义和世界革命运动的利益的原则，就是后来所说的勃列日涅夫有关社会主义国家的"有限主权论"。他说，世界上存在社会主义建设的普遍规律，背离了这一普遍规律就可能离开社会主义本身。而当某一社会主义国家国内和国外反对社会主义的势力试图使这个国家的发展转向复辟资本主义的时候，当出现危及这个国家的社会主义事业的时候，危及整个社会主义大家庭安全的时候，这就不仅仅是这一国家的人民的问题，而是所有社会主义国家共同的问题和关心的事

---

① 张文武等主编《东欧概览》，中国社会科学出版社，1991，第 662 页。

情了。[①] 这一理论对华约成员国间的关系有着深刻的影响，直到 20 年后的戈尔巴乔夫时期，苏联才放弃了"有限主权论"，不再对东欧国家内部发生的重大变化加以干涉。

第三节 成员国的军事合作

华约建立了联合武装力量司令部，但在华约内并不存在一支独立于各成员国主权的联合武装力量。华沙条约组织的军事力量通过苏联与东欧各国军事整体实力来体现，其中苏联作为华约的核心，它的军事实力在华约中起着主导作用，其他东欧成员国的军队在二次大战之后也经历了一个重建和发展的过程。军事实力的提升使得华约成为一个有影响力且不容忽视的军事实体，发挥着制衡北约、与其对抗的作用。

一 成员国军事力量的发展

二战结束后，保加利亚、匈牙利和罗马尼亚的军力受到和约的限制，其他东欧国家的军队也处于恢复重建阶段，在军队建制、干部队伍以及军事装备上，都需要苏联的帮助。朝鲜战争爆发后，1951 年 1 月 9～12 日苏联和东欧国家党政首脑在莫斯科召开了秘密军事会议，苏联希望在美国和其他西方国家没有挑起新的世界大战之前，东欧人民民主国家能够加快军队建设，增强军事力量。按照苏联的构想，东欧国家军队人员的水平以和平时期和战时来准备：波兰在和平时期人员应达到 35 万人，战时达到 90 万人；捷克斯洛伐克和罗马尼亚人员均分别为 25 万人、70 万人；匈牙利为 15 万人、35 万人；保加利亚为 14 万人和 35 万人。[②] 显然，东欧国家没有实现这一目标。

---

① 《勃列日涅夫言论》（第四集），上海人民出版社编译室编译，上海人民出版社，1974，第 186 页。

② Romanian Evidence on the Secret Moscow's Military Meeting, 9－12.01.1951, Published: C. Cristescu, Bucharest, 1995; V. Mastny, Washington, 1999.

20 世纪 50 年代中期，联邦德国加入北约促使苏联和东欧采取应对措施，成立华约，但东西双方并没有发生直接的武力冲突，世界形势总体趋于缓和。因此，在华约成立后，苏联把它作为宣传和平思想和政策的政治舞台。在战略思想上，把东欧置于苏联的核力量和战略火箭力量的保护之下，推出裁军措施等，表明苏联要与美国和西方国家发展和平共处的外交关系。

赫鲁晓夫实行的与西方缓和的外交政策在 20 世纪 60 年代初遇到了挑战。1960 年 5 月 1 日，苏联的防空导弹打下来美国的一架 U-2 侦察机，美国毫不掩饰地承认它一直在对苏联的导弹基地进行侦察，U-2 飞机事件迫使苏联搁置了与美国和谈的计划。同时，赫鲁晓夫希望通过核威慑来防止战争、与西方资本主义国家和平共处的政策也受到质疑，苏联军方的强硬派希望提升社会主义阵营的整体实力应对未来的战争威胁。其中的代表人物是时任华约联合武装力量总司令安德烈·格列奇科。格列奇科 16 岁时就加入了苏联红军，经历过十月革命后的国内战争和伟大的卫国战争，1960～1967 年接替科涅夫出任华约联合武装力量总司令，1967 年马利诺夫斯基去世后，格列奇科接任苏联国防部部长。

1961 年 3 月 28～29 日华约成员国在莫斯科召开了政治协商委员会会议，格列奇科在会上讲话时说，未来的战争将是两个阵营间的世界大战，双方都将使用原子弹和导弹。他强调用现代技术改进武器、完善军队组织结构，提高部队战备能力的必要性。[①] 会议做出了关于华约军队现代化建设的秘密决议，把华约的军事力量现代化建设提上日程。决议认为，为了降低生产的材料消耗，华约成员国有必要进一步加强军工生产的专业化和合作，利用现有的条件创造机会提高军事装备的出口能力，为此政治协商委员会做出如下决定。

（1）批准 1962～1965 年军事装备生产和相互供应份额的建议草案。

---

① Wanda Jarząbek, *PRL w politycznych strukturach Układu Warszawskiego w latach 1955－1980*, Warszawa: Instytut Studiów Politycznych, Polskiej Akademii Nauk, 2008, s. 24.

该草案起草时已考虑到联合武装力量司令部提出的需求，并且经济互助委员会此前召开的由成员国国家计划委员会的代表及华约各成员国参谋长参加的国防工业会议对该草案进行了审议。

（2）责成经互会成员国国家计划委员会和华约成员国的国防部部长，与联合武装力量司令部一起，在两个月的时间里，根据建议草案决定生产军事装备和相互供应的份额，并将结果报告给各成员国政府。1962 年和下一年的军事装备相互供应的份额，通过华约成员国的双边协议确定。这里考虑到了军队组织的变化和采用新型军事装备。

（3）组织 1962～1965 年军事装备的生产，要考虑到华约成员国进一步发展军备生产所缺部件和材料的需要，如真空半导体设备、防热合金、钢筋及其他。

（4）为了完成这些任务，要提高现有军事装备的生产能力并使生产合理化，更合理地使用资源。如果有必要的话，要保证国家的经济计划拥有最低限度的专款用来提高现有的国防工业能力，或是吸收民用生产设施转入军工生产。

政治协商委员会认为，加强华约成员国国防能力的最重要任务之一，是提高各国经济的应急准备能力，特别是战争时期的军事装备生产能力。它要求华约联合武装力量司令部和经互会国防工业委员会与成员国国防部和国家计划委员会一道，加强调整华约成员国的经济应急计划，特别是要找出那些可能降低应急预案的"瓶颈"并采取措施，在和平时期解决这些问题。[1]

华约成员国的军事现代化一方面强调的是资金的投入，提升军备的自动化和机械化，另一方面强调的是军队人员素质的提高。到 1960 年，苏联和东欧各国国防费用占国家预算支出的比例分别是：苏联 13%，捷克斯洛伐克 9.1%，波兰 7.8%，罗马尼亚 6.3%，保加利亚 5.8%，匈牙利

---

①　"Document No. 14: Political Consultative Committee Resolution on the Restructuring and Modernization of Warsaw Pact Force, March 29, 1961," Vojtech Mastny and Malcolm Byrne eds., *A Cardboard Castle?*, pp. 116 – 117.

4%，民主德国2%。① 波兰领导人哥穆尔卡在莫斯科会议上说，波兰将在
1961～1965年增加10亿兹罗提的军费开支用于购买军事装备，与原计划
相比，增加1亿新卢布用于武器进口，② 即波兰1961～1965年的军事开支
比前五年增长80%，武器进口增长130%。他说，波兰的陆军已经完全成
为摩托化和机械化部队，每个士兵机械化程度达到机动时速30公里。部
队具有高中文凭以及受过普通和军事高等教育的军官从30%增加到70%，
受过高等或中等技术教育的军官占职业军官总人数的19.2%，是1955年
的5倍。③

华约注重成员国整体军事实力的提升，具有了作为军事集团与北约相
抗衡的实力基础，进而成为北约不可忽视的对手。1965年美国对华约的
一份评估报告中说，通过建立新的军事关系，苏联提高了东欧国家的军事
实力，华约作为军事组织其实力得到了加强，已经从一个纸面意义上的组
织转变成为苏联的欧洲政策及军事计划的重要因素。④

二 军事管理体系及战区防御

华约组织成员国的军事管理体系为党政军一体模式，基本是按照苏联
的军事管理模式建立起来的。

苏联的国防部为武装力量的指挥机构，包括国防部部长、三个第一副
部长，其中两个第一副部长分别担任苏联军队总参谋长、华约组织武装力
量总司令；还有主管监察、后勤、民防、工程、武器装备的副部长，陆海
空三军总司令以及防空部队总司令等11个副部长。国防部部长由最高苏
维埃任命，同时向苏共中央和国防委员会负责。国防部部长统管陆、海、
空三军。20世纪80年代初，苏军有陆、海、空、防空和战略火箭部队5

---

① Wanda Jarz ąbek，*PRL w politycznych strukturach Układu Warszawskiego w latach 1955 – 1980*，s. 25.

② 按照1961年1月苏联货币卢布对美元的汇价为1美元兑0.9卢布。

③ Speech by the First Secretary of PZPR（Władysław Gomułka），29 Mar 1961，2010年11月，http：//www. php. isn. ethz. ch/lory1. ethz. ch/collections/colltopic80b1. html？lng = en&id = 17896&navinfo = 14465。

④ "Eastern Europe and the Warsaw Pact，" National Intelligence Estimate，No. 12 – 65.

个主要兵种，有 16 个军区、10 个防空区、4 个海军舰队，以及驻扎在国外的 4 个集团军。国防部第一副部长和其他副部长负责制定政策、计划、协作和管理。

苏联陆军战区分 16 个军区，包括：①总部设在列宁格勒的列宁格勒军区；②总部设在里加的波罗的海军区；③总部设在明斯克的白俄罗斯军区；④总部设在利沃夫的喀尔巴阡军区；⑤总部设在敖德萨的敖德萨军区；⑥总部设在基辅的基辅军区；⑦总部设在莫斯科的莫斯科军区；⑧总部设在库比雪夫的伏尔加军区；⑨总部设在罗斯托夫的北高加索军区；⑩总部设在底比里斯的南高加索军区；⑪总部设在塔什干的土耳其斯坦军区；⑫总部设在斯维尔德洛夫斯克的乌拉尔军区；⑬总部设在阿拉木图的中亚军区；⑭总部设在新西伯利亚的西伯利亚军区；⑮总部设在赤塔的后贝加尔军区；⑯总部设在哈巴罗夫斯克（伯力）的远东军区。① 兵力主要分布在西部和西南部，西部边境从波罗的海到黑海沿岸所设的军区占军区总数的 1/3，欧洲区域是其战略防御的重点。

苏联海军拥有 4 支舰队，从巴伦支海到黑海有 3 支舰队：①北方舰队，装备有巡航导弹、反潜巡洋舰、远程巡逻潜艇等，海军基地和司令部设在北莫尔斯克；②波罗的海舰队，从舰艇数量到人员配备是苏联海军中规模最大的一支舰队，海军航空部队基地设在加里宁格勒，其外海的波罗的斯克设舰队海岸基地和司令部；③黑海舰队，负责驻守苏联通向地中海的要道，司令部在塞瓦斯托波尔。第 4 支舰队是在远东的太平洋舰队，它是执行苏联远洋海军战略的重要力量。其最强盛时，有明斯克号和新罗西斯克号两艘航母列编，总部设在符拉迪沃斯托克（海参崴）。1965 年 5 月 7 日纪念反法西斯战争胜利 20 周年之际，4 支舰队均被授予红旗勋章。作为海上军事大国，苏联舰艇出没于世界各个海域，特别是在古巴、越南的金兰湾、非洲和近东都有它的基地和据点。在 20 世纪 80 年代，它的核潜艇建造技术处于世界领先位置。

---

① 参见 William J. Lewis, *The Warsaw Pact：Arms，Doctrine，and Strategy*, Cambridge, Mass.：McGraw Hall Publication Co.，1982，p. 25。

苏联空军由作为战略手段的中、远程轰炸机组，战斗机、战斗－轰炸机和轻型轰炸机组以及负责军事运输的机组组成，是保卫苏联本土和华约成员国领土安全的重要力量。苏联研制的米格系列的战斗机携带空对空导弹、空对地导弹，具有巨大的威慑作用，是制衡北约的重要力量。

在构建国家军事安全体系过程中，苏联特别重视防空防御体系的建设，要在第一时间发现接近本国领土的敌人。50 年代初苏联就把自己研制的雷达系统提供给东欧国家布防。苏联防空系统的 16 个防空区，10 个在苏联本土，6 个在其他华约国家。1955 年前后，苏联环绕莫斯科部署了地对空导弹，1957 ~ 1960 年苏联全境和其他华约国家都部署了短程防空萨姆－2（SAM：surface to air missile）地对空导弹，同时建立起一套由预警系统、上千架截击机和精巧的防御体系组成的战略防空网络。

根据《华约缔约国防空防御共同体系条例》的规定，华约成员国所有防空防御部队共同组成防空共同体系。在执行共同的作战任务时，华约联合武装力量使用统一的作战计划，采用同一类型的作战技术手段，配备共同的雷达和通信系统，集中指挥共同的作战行动，用所有力量和手段击退敌人的第一次打击。苏联的防空部队主要部署在拉脱维亚、立陶宛、白俄罗斯、乌克兰和摩尔达维亚。东欧国家配备了早期预警系统和地面雷达控制系统，装备防空炮兵、地对空导弹，以及米格－19、米格－21 飞机，用于空中拦截。

1980 年 3 月 18 日通过的《联合武装力量战时条例》把战场设定在华约成员国的西部和西南部，作战指挥权将直属于联合武装力量司令部。除了防空的协同作战，还将组织联合波罗的海舰队，由苏联波罗的海舰队、民主德国的人民海军和波兰的海军组成；组建联合黑海舰队，由苏联黑海舰队、保加利亚和罗马尼亚的海军组成。两支联合舰队的指挥分别由苏联的两支舰队司令担任。条例还提到，在西部和西南部战场的司令部的预算投入比例，按照 1969 年 3 月 19 日通过的条例在华约成员国间分配，其中在西部战区，民主德国占 16.2%，波兰占 23.1%，苏联占 44.5%，捷克斯洛伐克占 16.2%；在西南部战区，保加利亚占 16.9%，匈牙利占

14.3%，罗马尼亚占24.1%，苏联占44.5%。① 所幸的是，这个条例没有得到机会实施。

三　驻扎在东欧国家的苏军及华约内的武器贸易

驻德苏军是苏联驻外兵员最多、作战能力最强的集团军群。1945年6月10日，苏联在占领的德国区域内组建了苏联驻德国军队，总部设在波茨坦。1952年，苏联驻德军队总司令部迁到韦恩斯多夫，第一任总司令是朱可夫元帅。驻德苏军集团军群长期保持90%以上的兵员和全员的武器装备。到20世纪80年代初，驻民主德国的苏军为5个集团军，有20个师的配备，包括10个装甲师、10个摩托化步兵师。1979年10月，苏联领导人勃列日涅夫宣布单方面从民主德国撤出2万人和1000辆坦克的计划。驻波兰苏军为北集团军，约5万人，包括2个坦克师，配备T－54/55坦克、T－62坦克和装甲步兵战车以及1个拥有350架飞机的战术空军基础设施。驻匈牙利苏军为南集团军，包括2个摩托化步兵师、2个装甲师，主要部署在匈牙利西部。② 还有留驻捷克斯洛伐克的苏军。

苏联与东欧国家的武器贸易有专门的计价标准。1958年5月28日，苏联部长会议第565～276号决议对供给华约成员国的特种器械计价做出如下规定：从1959年开始，建立统一供给计价原则。苏联供给保加利亚、匈牙利、民主德国、波兰和罗马尼亚的武器和军械，其价值的1/3以商品流转额支付，2/3以信贷的方式在10年期内偿付。③ 仅从得到的部分数据看，有些军械苏联无偿提供给东欧国家；有些是在华约成员国进行专业化军工生产的情况下，苏联从东欧国家采购部分军工产品；还有东欧成员国间的军备贸易（见表4－1、表4－2、表4－3）。

---

① "Document No. 86: Statute of the Unified Command in War Time, March 18, 1980," Vojtech Mastny and Malcolm Byrne eds., *A Cardboard Castle?*, pp. 427–434.

② 参见 William J. Lewis, *The Warsaw Pact: Arms, Doctrine, and Strategy*, pp. 181, 197, 207。

③ "Information on Weapons Supplies and Payment in the Warsaw Pact, Mar 1961," https://www.php.isn.ethz.ch/lory1.ethz.ch/collections/colltopicede2.html? lng = en&id = 16695 &navinfo = 16161.

表 4 - 1　1961～1965 年华约成员国（不包括苏联）间的

军械贸易额（按 1961 年价格）

单位：百万卢布

国家	出口	进口
保加利亚	18.2	50.1
匈牙利	39.5	48.4
民主德国	62.8	无报表
波兰	142.9	82.8
罗马尼亚	13.3	7.0
捷克斯洛伐克	18.9	14.1
总计	295.6	202.4（缺民主德国）

资料来源： "Information on Weapons Supplies and Payment in the Warsaw Pact, Mar 1961," https：//www. php. isn. ethz. ch/lory1. ethz. ch/collections/colltopicede2. html? lng = en&id = 16695 &navinfo = 16161。

表 4 - 2　苏联无偿提供给华约成员国的军械价值（按当时市价）

单位：百万卢布

国家	价值	无偿供给的年份
阿尔巴尼亚	235.2	1945～1960
保加利亚	138.9	1956～1960
匈牙利	1.2	1957～1958
民主德国	20.7	1958～1960
波兰	0.2	1959～1960
罗马尼亚	51.5	1957～1959
捷克斯洛伐克	0.2	1959
总计	447.9	

资料来源： "Information on Weapons Supplies and Payment in the Warsaw Pact, Mar 1961," https：//www. php. isn. ethz. ch/lory1. ethz. ch/collections/colltopicede2. html? lng = en&id = 16695& navinfo = 16161。

表 4 - 3 苏联向华约成员国采购的军备量（按 1961 年价格）

单位：百万卢布

国家	1961 ~ 1965 年 苏联预订	1961 ~ 1965 年 实际购买	各年份购买量				
			1961 年	1962 年	1963 年	1964 年	1965 年
波兰	495.6	337.3	43.0	58.6	69.2	80.5	86.0
捷克斯洛伐克	353.0	127.1	24.4	28.7	18.3	24.1	31.6

资料来源： "Information on Weapons Supplies and Payment in the Warsaw Pact, Mar 1961," https：//www. php. isn. ethz. ch/lory1. ethz. ch/collections/colltopicede2. html? lng = en&id = 16695& navinfo = 16161。

苏联 1961 ~ 1965 年的采购计划包括从波兰订购 1790 架安 - 2 轻型双翼运输机。安 - 2 运输机能承载 12 人，1947 年由苏联飞机设计师安东诺夫设计试飞成功。1960 年以后，苏联不再生产该型运输机，转由波兰生产，苏联再从波兰进口。此外苏联还从波兰订购了 567 架米 - 1（Ми-1）直升飞机、1720 门 AT-C 牵引炮、21 艘布设航标船、9 艘水文船、20 艘海上客运快艇以及飞机零部件等。

苏联从捷克斯洛伐克订购了 700 架喷气式教练机。当时苏联正在研制同类型的教学训练机雅克 - 30，试飞的效果及外形比捷克斯洛伐克的要好，但是出于政治上的考虑，苏联还是决定采用捷克斯洛伐克生产的喷气式教练机，另外还订购了 250 架 3 - 326 飞机、Л - 200 飞机、Л - 13 滑翔机以及飞机发动机和备用零件；1961 ~ 1965 年，苏联每年计划进口其他成员国生产的军械，根据需要而定。

第五章

华沙条约组织的外交策略和对外行动

华沙条约组织的建立，为苏联与东欧国家之间的协商与交流增添了一个渠道。但是由于苏联在整个社会主义阵营中所处的绝对领导地位，苏联与东欧国家间的协商相当有限，特别是在华约成立初期，赫鲁晓夫把华约当作苏联与西方谈判的一个筹码，华约难以发挥其震慑对手的作用。北约在华约成立之后的战略分析中，考虑的仍是苏联的军事实力，而不是华约的整体实力。在1956年波兰和匈牙利事件之后，北约甚至做出"有些欧洲的苏联卫星国的部队可能不可靠"的判断。[①] 与西方期待的相反，苏联与东欧国家的关系经过调整之后进入了相对平稳的发展时期，华约的作用也越来越受到重视。

第一节　谋求欧洲和平的努力

华约成立之后，一方面，通过召开华约政治协商委员会会议，并在会后发表联合声明，表明苏联及其他成员国在对外政策中的统一立场，另一方面，利用国际组织和首脑会议，宣传苏联及华约其他成员国的政治主张。作为区域性的政治联盟，华约自成立到20世纪60年代中期，它的主要政治目标是呼吁缓和欧洲紧张局势，建立欧洲集体安全体系。正是以华约的政治和军事实力为依托，苏联作为华约政治主张的代言人，发起和平攻势，希望实现与西方的平等对话。

---

① 《北大西洋理事会对北约军事当局的指示》（1956年12月13日），《北约是什么——北约重要历史文献选编之三、之四》，刘得手等编译，世界知识出版社，2015，第296页。

一 欧洲集体安全条约草案

1955 年 7 月 18 日，苏、美、英、法四国首脑会议在日内瓦召开。自波茨坦会议后 10 年，四国首脑再次聚首，苏联对此非常重视，赫鲁晓夫和部长会议主席布尔加宁一起赴会。会上布尔加宁代表苏联表示，希望参加《北大西洋公约》和西欧联盟的国家同参加《华沙条约》的国家之间缔结一项条约。其原则是，双方保证不使用武装力量来互相对峙；在发生可能对欧洲和平构成威胁的任何分歧或争论时互相进行协商。最终目的是建立欧洲集体安全体系。

苏联代表团对此显然是有备而来，向四国首脑会议提交了《保障欧洲集体安全的全欧条约草案》。草案共列 15 项条款，除了强调不得使用武力，应当用和平方法解决缔约国之间可能发生的一切争端外，主要内容还包括：所有欧洲国家，以及美国，不管它们的社会制度如何，只要它们承认条约中陈述的宗旨，并且承担条约中规定的义务，都可以参加这个条约；在执行条约规定的建立欧洲集体安全体系的措施的第一阶段（2～3 年），缔约国不解除根据现有条约和协定承担的义务，以及条约期限为 50 年等条款。也就是说，苏联提出北约与华约成员国间缔结条约并不以解除两个条约组织为前提，而是在一定期限内继续承担各自的义务。苏联在提案中还特别指出，条约的目的是使所有欧洲国家一起努力来保障欧洲的集体安全，而不是组织某些欧洲国家反对其他一些欧洲国家，从而引起国际摩擦和紧张关系并且加重互不信任。

美、英、法认为，德国应该通过自由选举实现统一，德国的分裂是欧洲不稳定的一个根本因素；不认同苏联提出的在德国实现统一前可以承认两个德国并存的主张，德国问题的解决应和欧洲安全直接联系在一起。而且按照西方的设想，统一后的德国要参加北大西洋公约组织和西欧联盟。这实际上是和苏联努力的方向背道而驰的，苏联提出的欧洲集体安全的全欧条约自然也就不可能达成。

但是，苏联还是采取比较主动的外交措施，1955 年 9 月开始与联邦德国进行建交谈判，达成了两国建立大使级外交关系的文件，之后又在 9

月 20 日与民主德国签署两国关系条约。德国的分裂既是现实，两个军事集团的存在也不可避免。苏联在苏共二十大之后调整对外政策的战略目标，希望达成东西方的和平共处。华沙条约组织的成员国波兰也积极提出维护中欧和平的外交倡议。

二 拉帕茨基计划

针对北大西洋公约组织理事会决定在北约成员国的领土上配置核武器和火箭武器，以及美国要向联邦德国军队提供核武器，甚至让联邦德国有可能生产这类武器，1958 年 2 月 14 日，波兰外交部部长拉帕茨基接见了苏联、美国、英国、法国、捷克斯洛伐克、民主德国、丹麦、比利时和加拿大等国家驻华沙的外交使节，递交了波兰政府关于在中欧建立无核区的备忘录，即"拉帕茨基计划"。①

备忘录说，建议中的中欧无核区应该包括波兰、捷克斯洛伐克、德意志民主共和国和德意志联邦共和国的领土。因建立无核区而产生的义务应以下述原则为依据：①包括在这一地区内的各国保证不生产、不积聚、不输入，也不允许别国在本国领土上配置所有类型的核武器，并且不建立也不允许别国在本国领土上设置包括火箭发射台在内的为核武器服务的设备和装置；②法国、美国、英国和苏联四国承担义务，保证不用核武器来武装它们驻扎在无核区各国的军队，不在本地区各国领土上贮存和建立包括火箭发射台在内的为核武器服务的设备和装置，不得在任何形势下以任何方式把核武器和为核武器服务的设备和装置交给本地区的政府或其他机构；③拥有核武器的国家应承担义务，不使用这种武器来对付本地区的领土和本地区领土上的任何目标，这样，这些国家就承担了尊重这个地区作为无原子武器地区的地位和不得对它使用核武器的义务；④在本地区任何国家领土上驻扎有军队的其他国家也应当承担和法、美、英、苏四国同样的义务，至于履行这些义务的方法和方式可以详细协商。

---

① 参见《波兰政府向苏、美、英、法等国提出建议着手谈判建立中欧无原子武器区》，《人民日报》1958 年 2 月 19 日，第 3 版。见《人民日报》数据库，2006 年 9 月 19 日。

备忘录说，为了保证上述各条所包括的义务的效力及其履行，有关国家应保证在本地区领土上建立广泛有效的监督系统，并且服从监督。这个系统应既包括地面监督，也包括空中监督，还要建立有关的监督岗，它们拥有可以保证检查有效进行的权力和活动条件。履行监督的方式和细节可以根据迄今在这方面获得的经验和各国在裁军谈判过程中所提出的方案加以协商，其形式和范围要能适用于本地区的领土。

为了对上述义务的履行情况进行监督，应当建立相应的监督机构。例如，北大西洋公约组织和华沙条约组织可以派代表（也可以个人名义）参加这个机构。没有参加欧洲任何一个军事集团的国家的公民代表也可以参加这个机构。监督机构的成立、活动方式和报告制度可以进一步协商。

备忘录还谈到拟定加入无核区的各国履行义务的方式问题。备忘录说，签订相应的国际条约，是拟定加入无核区的各国履行义务最简单的方式。但是，为了避免某些国家可能认为这样解决问题过于复杂，波兰政府建议还可以采取以下三种方式：①以四个单方面宣言形式拟定这些义务，这种宣言具有国际义务性质并交由各方协商选出的保存国保存；②以联合文件或单方面宣言形式拟定大国义务；③以单方面宣言形式拟定在无核区驻有武装部队的其他国家的义务。

备忘录最后说，根据上述建议，波兰政府建议着手举行谈判，以便进一步详细研究建立无核区的计划，以及与此有关的文件、保证和履行所承担的义务的方法。波兰政府确信，接受在中欧建立无核区的建议，将有利于就适当地限制常规军备和缩减驻扎在无核区各国境内的外国军队的人数达成协议。

三　华约与北约互不侵犯公约草案

1958 年 5 月 24 日，华约缔约国在莫斯科召开了华约政治协商委员会会议。会后发表的联合声明中提出，建议签订华约缔约国和北约缔约国之间互不侵犯的公约。在解释这一公约的目的时，声明说，华约缔约国主张取消所有军事同盟和军事集团，因为这些集团的存在使各国之间的关系走向尖锐化并在各国之间造成长期的军事冲突的威胁。但是鉴于西方国家不准备解散它们所建立的军事集团，并以建立欧洲和世界其他地区的有效的具体安全体系来代替，因此，华约缔约国认为必须采取迫切的措施来解决两个主要集团之间所形成的纠纷和防止它们之间的矛盾变成军事冲突，双方在公约中要保证：①相互不使用武力和武力威胁；②互不干涉内政；③只用和平的方法，本着谅解和公正的精神，通过各有关方面举行谈判的途径来解决彼此之间可能产生的争执问题；④在欧洲形成可能威胁和平的局势时，相互进行协商。会议拟定了华约与北约互不侵犯公约草案，① 同时决定将该公约草案递交北大西洋公约组织参加国的政府。

　　华约缔约国呼吁北约接受缔结互不侵犯公约的建议，并且认为，双方缔结互不侵犯公约，将是两个军事集团的成员国由对立向相互信任与和平合作发展转变的一个良好开端。新战争只可能是这两个集团之间冲突的后果，如果由世界上拥有最发达的军事工业的 23 个国家组成的这两个军事集团不互相进攻，战争就能够避免。此外，互不侵犯的义务是一种有效的遏制手段，有利于反对侵略的力量的团结。华约缔约国表示，准备随时派出代表同北大西洋公约组织国家的代表就互不侵犯公约建议中的问题交换意见。②

四　裁军措施

　　1955 年 8 月，在华约刚成立不久，赫鲁晓夫就宣布苏联单方面裁减军队 64 万人。在西方人看来，这是苏联做出的一种姿态，并不影响苏联的军事实力。实际上，赫鲁晓夫要对军队结构进行改革，他还敦促华约成员国削减军队，要求波兰和捷克斯洛伐克缩减军队的编制，用 5年的时间实现军队现代化。保加利亚也按照要求做了军队调整。1955年 9 月 29 日，保加利亚共产党中央政治局做出决议，决定和平时期保

---

①　"Document No. 8: Draft of a Warsaw Pact-NATO Nonaggression Treaty, May 24, 1958," Vojtech Mastny and Malcolm Byrne eds., *A Cardboard Castle?*, pp. 95 – 96.

②　参见《各国代表团长在华沙条约缔约国政协会议上表示继续为缓和国际紧张局势而斗争》，《人民日报》1958 年 5 月 29 日，第 5 版。见《人民日报》数据库，2006 年 9 月19 日。

加利亚人民军到 1955 年底前至少裁减 3 万人，其中 8000 名军官，减少内务部队 7000 人，其中 1069 名军官，裁军不会削弱作战能力和作战准备；合并军事院校；减少服兵役的期限：步兵编队和步兵部队、坦克和装甲部队、空军机务和工程兵服役期为 2 年，海军、空军和防空防御部队服役期为 3 年。①

为了表示谋求和平的诚意，苏联于 1958 年 1 月在联合国裁军小组委员会解散之后，再次宣布单方面裁减军队 30 万人。同年 5 月，莫斯科举行华约政治协商委员会会议，在提出两个军事集团缔结互不侵犯公约的同时，宣布除了苏联要裁减 30 万军队之外，华约其他成员国也裁减军队 119000 人，其中包括罗马尼亚 55000 人，保加利亚 23000 人，波兰 20000 人，捷克斯洛伐克 20000 人，阿尔巴尼亚 1000 人。

1959 年 12 月，赫鲁晓夫再次向苏共中央主席团提出裁军 100 万 ~ 150 万人的建议。他认为，苏联现在的经济发展状况相当好，在导弹建设上也处于非常有利的地位，拥有服务于各种军事目的的火箭。当苏联拥有原子弹和氢弹，以及能发射到全球各个角落的火箭，可把那些攻击苏联的国家从地球上抹掉的时候，哪个欧洲国家或者国家集团还敢攻击苏联？由此，苏联没有必要为保持一支庞大的军队而削弱自己的经济潜力。苏联不是准备打进攻战，而是防御，苏联所拥有的核武器足以保卫祖国和自己的盟友。但是，尽管 1960 年 1 月召开的最高苏维埃代表大会通过了这一裁军方案，但由于后来爆发了柏林危机，苏联未实施裁减百万军队的计划。

对于缔结两个军事集团互不侵犯公约的建议，以及苏联与东欧国家采取的裁军措施，西方没有给予认真对待，并认为这不过是苏联集团发起的宣传攻势。同时美国毫不掩饰地说，它不会接受一项禁止美国在必要时使用武力来保卫其在柏林权利的协议。美国认为，苏联提出的互不侵犯公约将使欧洲分成两个集团，而美国希望保持同欧洲所有国家发展其关系的可能性。

---

① 保共中央政治局关于裁军的决议，参见 Decision "B" No. 12 of CC BCP Politburo of 29. 09. 1955, CDA, Fond 1 – Б, Opis 64, File 217, p. 1. translated by Jordan Baev。

第二节　从危机到缓和

一　柏林墙的修建

1961 年 3 月，华约政治协商委员会会议讨论了民主德国的公民逃往联邦德国的问题。德国分裂后，民主德国的主权地位在相当长的一段时间内没有得到西方国家的承认，联邦德国始终没有放弃统一德国的目标。民主德国的首都在柏林，仅是在苏联占领区的东柏林。西柏林虽远离东、西两德边界线，但民主德国居民可以在西柏林拥有联邦德国的公民权，因此西柏林成为民主德国居民逃往西方的主要通道。1958 年 11 月，苏联向美、英、法三国提出 6 个月内达成对德和约的要求，否则苏联在柏林的权力将移交给民主德国，从而引发第二次柏林危机。由于担心民主德国、联邦德国之间的边界可能被关闭，逃亡到西方的民主德国人越来越多，其中不乏科技人才、教师、医生、工程师等。1959 年有 14.3 万人逃往联邦德国，1960 年有近 20 万人。据估计，从 1949 年到 1961 年，从边境逃往联邦德国的居民约有 260 万人。人才与劳动力的流失给民主德国的经济发展造成很大困难。① 因此在莫斯科召开的华约政治协商委员会会议上，民主德国统一社会党第一书记乌布利希提出，要关闭通往西柏林的通道。

为了尽快解决德国和柏林问题，赫鲁晓夫约见刚刚出任美国总统的肯尼迪，并于 6 月初在维也纳举行会谈。赫鲁晓夫希望在 1961 年底前签订对德和约，使柏林成为非军事化的自由城市，如果西方反对，苏联将单独和德意志民主共和国签订和约。然而，这次苏、美两国首脑会谈没有取得任何成果，相反，双方各自开始增加军费，摆出要较

---

① 童欣：《1961 年贺龙访问民主德国——两国关系恶化中的关键一环》，李丹慧主编《冷战国际史研究 17》，世界知识出版社，2014，第 107 页；马细谱主编《战后东欧——改革与危机》，中国劳动出版社，1991，第 419 页。

量一番的架势。

如此态势使得华约其他成员国也多次召开中央紧急会议，讨论可能出现的后果及需要采取的措施。7 月 25 日，捷克斯洛伐克共产党政治局会议决定：9 月 1 日前完成防空师指挥所的建设及所有设备的准备工作；10 月 30 日前完成保卫与联邦德国边界相关的防御；吁请苏联国防部部长援助，加快输送 T - 54 作战坦克的备用部件。波兰、民主德国和匈牙利也都进行了相应的军事动员。

1961 年 8 月 3 ~ 5 日，应民主德国领导人乌布利希的要求，华约成员国领导人在莫斯科召开紧急会议，讨论封锁柏林边界问题，"对东柏林与柏林西区以及联邦德国的边界按一般主权国家边界实行检查"。8 月 12 日，民主德国部长会议通过决议：有效地控制尚处于开放状态的边界，并由乌布利希以国防委员会主席的名义签署采取边境安全措施的军事命令。8 月 13 日凌晨，民主德国国家人民军和警察预备队开始行动，封锁了与西柏林的边界线，6 个小时之后，东西柏林间 43 公里的边界就被铁丝网和临时路障隔开，随后进行构筑水泥墙的工作。修建后的柏林墙总长 160 多公里，高近 4 米，靠近民主德国一侧设立了禁区，并有哨兵在瞭望塔上站岗。民主德国公民需要有特别许可证才能过境前往西柏林，进入东柏林的西柏林市民要出示个人身份证。

同一天，华约缔约国就柏林墙的修建发表联合声明，一致表示支持民主德国的举动。声明说，华约缔约国政府多年来一直为争取对德媾和而努力。这个问题早已成熟，不容再拖延。苏联政府在华约各成员国的完全赞同和支持下，曾经向参加反对希特勒德国战争的各国政府建议：同两个德国缔结和约，并在此基础上解决西柏林问题，办法是赋予西柏林以非军事化自由城市地位。这个建议考虑到战后时期在德国和欧洲实际形成的局势，其目的不是反对谁的利益，只是消除第二次世界大战的残迹和加强普遍和平。

声明指责说，西方国家政府迄今对于通过有关国家的谈判协商解决这个问题没有表现出诚意。此外，对社会主义国家的和平建议，西方国家的回答是加紧备战，并以武力相威胁。北大西洋公约组织国家的很多官方人士扬言，要增加本国武装部队的人数，并讨论局部军事动员的计划。北大西洋公约组织的某些成员国甚至还公布了对德意志民主共和国进行军事进攻的计划。侵略势力趁没有和约之机，加紧联邦德国的军国主义化。加速建立联邦国防军，并给它装备以最新型的武器。西方国家的政府千方百计地支持武装联邦德国，粗暴地践踏有关铲除德国军国主义和防止它以任何形式复活的极重要的国际协定。西方国家不仅不努力使西柏林的局势正常化，反而继续加紧利用它作为对德意志民主共和国和社会主义大家庭的其他所有国家进行破坏活动的中心，经常往德意志民主共和国派遣自己的间谍，进行种种破坏活动，甚至招募间谍，煽动敌对分子在德意志民主共和国内组织怠工和破坏秩序的活动。为了对德意志民主共和国和其他社会主义国家进行这种破坏活动，还设立了特别基金。联邦德国总理阿登纳不久前曾要求北大西洋公约组织各国政府增加这项基金。

　　声明指出，值得注意的是，最近，在苏联、德意志民主共和国和其他社会主义国家提出立即对德媾和的建议以后，来自西柏林的破坏活动越发加紧了。这种破坏活动不仅给德意志民主共和国造成损失，也损害了社会主义阵营其他国家的利益。面对德意志联邦共和国及其北大西洋公约组织盟国反动势力的侵略图谋，华约缔约国不能不采取必要措施，来保障它们的安全，首先是德意志民主共和国的安全，以保卫德国人民的利益。华约缔约国政府同时认为有必要强调指出，一旦对德媾和实现，并在此基础上解决了有待解决的问题，那么，这些措施就没有必要存在。

　　苏联《真理报》8 月 28 日发表社论评柏林局势说，在西柏林形成了极端危险的、充满严重后果的局面。西方国家把它变成了对德意志民主共和国和其他社会主义国家进行破坏活动的中心，变成间谍、颠覆和挑衅的温床。社会主义国家对于联邦德国正在动员一切力量准备第三次世界大战不能熟视无睹，对于由此在西柏林发生的一切不能漠然视之。华约缔约国建议德意志民主共和国人民议院、政府和全体劳动人民，在西柏林边界上建立一种能够可靠地堵塞对社会主义阵营国家进行破坏活动的道路的秩序。这是理智和正义对战争势力的胜利，是和平解决德国问题、坚持和平道路的重要步骤。

二 古巴导弹危机

1960 年 2 月 4 日，苏联部长会议副主席阿纳斯塔斯·米高扬率苏联代表团访问古巴，与古巴进行贸易谈判，苏联开始加强与古巴的政治和经济合作。同年 3 月美国支持古巴侨民反抗古巴领导人菲德尔·卡斯特罗，行动失败后又炸毁了停在古巴港口的军火船，为此卡斯特罗请求苏联提供武器。1960 年 6 月 9 日和 16 日，苏联通知美国政府其准备向古巴提供包括军事援助在内的必要帮助。

1960 年 11 月，古巴派出切·格瓦拉率领的政府代表团访问莫斯科，古巴与苏联双方达成军事援助协议。苏联将为古巴提供先进的火炮、迫击炮和装甲车，同时向古巴派遣以 A. 杰缅季耶夫将军为首的专家小组，指导古巴人掌握苏联武器的使用方法，训练军事专业人员。[①]

1961 年 8 月 4 日，苏联和古巴签订了军事条约，苏联向古巴提供价值 4850 万美元的军事装备，古巴支付 600 万美元的现金；9 月 30 日又签订了一个军备条约，苏联向古巴提供价值 1.4955 亿美元的武器装备，其中 6755 万美元由现金支付，其余的由苏联提供给古巴的期限为 10 年、年息为 2% 的贷款支付。苏联提供的武器装备包括轻武器、迫击炮、火炮、坦克、装甲运输车、通信器材、无线电台、米格 - 15 歼击机、伊尔 - 28 轰炸机、运输机、直升机以及鱼雷快艇和反潜舰艇。

1962 年 5 月，苏联国防会议讨论了在古巴部署苏联军队和导弹装备的可能性，国防部在写给赫鲁晓夫的报告中说，苏联国防部依照指示，拟在古巴部署的军事力量主要包括以下几项：①在古巴岛部署苏联的一个集团军，包括各个兵种，由苏军在古巴的总司令领导下的联合参谋部指挥；②向古巴派遣第 43 导弹师，由 5 个导弹团组成，配备 24 个 R - 12、16 个 R - 14 共 40 个导弹发射架，以及 60 枚导弹。苏联军队和导弹师可以在 7 月初以两个梯队从苏联派出；③为了古巴的空中防御和保护在古巴的苏联

---

① 〔俄〕鲁·格·皮霍亚：《苏联政权史（1945～1991）》，徐锦栋等译，东方出版社，2006，第 229 页。

集团军，派出 2 个防空师，包括 6 个导弹防空团、6 个技术营，以及 1 个由米格 -21 和 F -13 战斗机组成的空军师。2 个防空师分别在 7 月和 8 月派出。另外还派出保护古巴海岸和可能遭受攻击的基地的火箭部队、导弹巡逻艇、负责技术部队安全的摩托化步兵团，以及和驻军配套的医院、弹药库和面包厂，等等。整个计划派出 4.4 万名作战人员、1300 名工人和文职人员，需要 70~80 艘苏联舰船来运送部队和作战装备。

在讨论这项计划时，时任苏联驻古巴大使 A. A. 阿列克谢耶夫后来回忆说，没有一个苏联领导人对此计划表示过反对，几乎所有人都认为，苏联在古巴部署导弹使苏美两国变得势均力敌。但是，如果此举被美国发现了，苏联该怎么办？葛罗米柯提出了这种可能性，却没有任何人拿出应急方案。[①]

苏联于 1962 年 7 月、8 月开始实施在古巴部署导弹的计划，10 月初已经完成了 P -12 导弹的部署，威力更大的 P -14 导弹及其核弹头正在运往古巴。但在计划实施过程尚未被美国发现时，苏联一直否认有向古巴输送进攻性地对地导弹的行动，并在美国总统肯尼迪 9 月 4 日发表讲话，警告采取此类军事步骤的严重后果后，苏联于 9 月 11 日公开声称，没有必要将核导弹运输到苏联以外的任何国家，当然也没必要运输到古巴。[②]

当 10 月 16 日美国 U -2 侦察机拍下的苏联在古巴部署导弹的照片放到肯尼迪总统的桌上时，其震惊的程度可想而知。根据照片，美方的军事专家估计，在发现的若干导弹基地上，射程超过 1000 英里（约大于 1600 公里）的导弹至少有 16 枚，也可能多达 32 枚，他警告说，苏联在古巴部署的导弹可在一个星期内进入待命状态。之后美国情报界估计，一旦发射，几分钟后便会有 8000 万美国人丧生。[③] 美国立即召集由国务卿、国防部部长、中央情报局局长、美国总统国家安全事务助理等政界和军界要人组成的国家安全委员会执行委员会，紧急召开会议讨论对策。当时美方

---

① 〔俄〕鲁·格·皮霍亚：《苏联政权史（1945~1991）》，第 232 页。
② 〔美〕罗伯特·肯尼迪：《十三天：古巴导弹危机回忆录》，贾令仪、贾文渊译，北京大学出版社，2016，第 5 页。
③ 〔美〕罗伯特·肯尼迪：《十三天：古巴导弹危机回忆录》，第 12 页。

形成了两种意见，一种意见是执行委员会大多数人的意见，主张对古巴实行隔离和封锁，设置海上封锁线，迫使苏联中止部署计划；另一种意见来自美国参谋长联席会议的报告，认为封锁不能有效清除导弹，甚至不能阻止建造导弹基地，主张对古巴导弹基地进行空中突袭。

10月17日，苏联外长葛罗米柯依照此前的约定赴白宫拜见肯尼迪。美方并没有透露已知苏联在古巴部署导弹一事，所以双方未就此事当面交换意见。葛罗米柯代表苏联领导人表明苏联在美国与古巴关系问题上的立场，他表示，美国应当停止对古巴的威胁，并且说苏联向古巴提供的援助仅仅是农耕设施，以及小批防御性武器，而非进攻性武器。听到苏联仍在否认正在进行的军事计划，肯尼迪只是感到不快，并未当面戳穿。

在做出最后反应之前，美国已要求它驻扎在全世界的军队处于戒备状态，并且四个空军中队已待命空袭。就在事发后的那个周末，在确认了军事打击也不可能彻底实现消除导弹的目标后，肯尼迪选择了实行封锁的方案，毕竟这距离直接军事行动还有一定缓和的余地。10月22日，美国总统肯尼迪发表电视演说，指责苏联在古巴部署导弹给美国带来巨大威胁，美国必须予以回击，宣布对古巴实行海上封锁。同时肯尼迪致信赫鲁晓夫说，"不希望您或者其他任何一个思维健全的人把核时代的世界推向战争"。

在此之前，苏联实施了如此大规模的军事行动计划，却没有向华约成员国透露一点信息。直到肯尼迪讲话后的第二天，才由华约联合武装力量司令格列奇科向华约成员国在莫斯科的代表通报了古巴形势，同时命令华约进入戒备状态。苏联政府发表声明表示如果苏联舰船遭到拦截，苏联将进行最猛烈的回击。得到消息和通报后，东欧各国政府纷纷发表声明，表示支持苏联政府的声明，抗议美国对古巴的侵略行动。赫鲁晓夫在10月23日给肯尼迪的电报中持强硬立场，表示不理会美国的威胁，苏联驶往古巴的船只也不会遵守封锁令。

美国宣布的隔离封锁措施在10月24日上午10时生效，美国在距离古巴海岸500海里处设置了隔离线。苏联驶往古巴的船只在禁令生效的半小时后停在了隔离线边缘，有的已经转向。但是在古巴的导弹基地建设还在进行。10 月 26 日赫鲁晓夫在答复肯尼迪的电文中，承认苏联导弹运往了古巴，但强调其仅仅是用于防御目的。12 个小时之后，又发去了赫鲁晓夫致肯尼迪的一封信，表示苏方将撤回在古巴的导弹，同时要求美国做出不入侵古巴、不干涉古巴内政的保证；还要求美国撤出在土耳其的导弹。

10 月 28 日，赫鲁晓夫再次致信肯尼迪宣布，苏联政府在原先下令停止部署武器的基础上，又下令拆除进攻性武器，将其进行包装运回苏联。[①] 11 月 21 日，华约联合警戒正式解除。

三 实现与联邦德国关系的正常化

20 世纪 60 年代初，东西方之间发生的重重危机化解后，防止冲突、缓和紧张关系仍是东、西双方的现实目标。苏联借华约在打促进欧洲缓和的牌，联邦德国也在寻求外交政策上的调整，突破东西两个德国的关系、其与苏联及其他东欧国家关系的僵局。20 世纪 60 年代末联邦德国推行"新东方政策"，其核心就是承认战后欧洲的现状，包括领土问题，同样包括承认两德分立，民主德国为主权国家。联邦德国总理维利·勃兰特可以说是"新东方政策"的代表人物。

1961 年 8 月爆发修建柏林墙危机时，勃兰特任西柏林市市长。面对危机的结果他已然认识到柏林墙预示着德国分裂的事实难以改变，是时候调整政策，改变与东方的关系。1968 年 3 月，时任联邦德国外长的勃兰特在社会民主党纽伦堡大会上，首次提出要承认波兰西部的奥得河—尼斯河边界线，以争取实现与波兰的和解。1969 年 10 月 22 日，德国社会民主党和自由民主党联合组阁，勃兰特出任联邦德国总理，进一步推进了"新东方政策"的落实。

德国问题是华约成立的一个关键因素，面对联邦德国政策的调整，苏联与华约的其他成员国也期待实现与其关系的正常化。不过，罗马尼亚步子走得稍微快了点，1967 年 1 月它与联邦德国建立了外交关系，没有顾

① 〔俄〕鲁·格·皮霍亚：《苏联政权史（1945～1991）》，第 248 页。

及华约的协调行动，为此受到了苏联领导人勃列日涅夫的批评。1968 年捷克斯洛伐克事件使得华约在国际上的形象大为受损，因此 1969 年 3 月在布达佩斯举行华约政治协商委员会会议时，华约打出缓和欧洲国家关系的牌，建议召开欧洲安全会议。

勃兰特政府与苏联和东欧国家积极接触，实现了与东方关系正常化的政治目标。1970 年 8 月 7 日，联邦德国在与苏联签约之前，照会美、英、法三国，表明联邦德国与苏联条约不影响西方三国加上苏联四国对整个德国和柏林的权利及义务。1970 年 8 月 12 日联邦德国与苏联在莫斯科签订条约，承诺在处理相互关系时，将只用和平手段解决它们之间的争端。条约强调，承认欧洲各国的现存边界，其中包括构成波兰人民共和国西部边界的奥得河—尼斯河边界，以及联邦德国和民主德国之间的边界。[①]

同年 12 月 7 日，联邦德国总理勃兰特和外长谢尔与波兰总理西伦凯维兹及外长英德里霍夫斯基在华沙签订两国关系正常化的基础条约。条约说，第二次世界大战使波兰成为第一个受害者，战争已经结束 25 年了，应该给两国已经成长起来的新的一代一个和平的未来。条约第一条，联邦德国与波兰一致认为，1945 年 8 月 2 日波茨坦会议决议第九部分所规定的现存边界线走向，从波罗的海沿岸的斯维内明德（今波兰希维诺乌伊希切）西，沿奥得河至劳齐茨的尼斯河入口处，再沿劳齐茨的尼斯河到捷克斯洛伐克边界，是波兰人民共和国的西部国界。双方声明，现存边界线现在和将来均不可侵犯；双方之间无任何领土要求，将来也不提出领土要求；双方保证只用和平手段解决它们之间的争端，在相互关系中，不以武力威胁或使用武力；双方将在此条约的基础上实现两国关系完全正常化，并扩大在经济、科技、文化和其他领域的合作。[②] 波兰与联邦德国两国关系条约的草签，可以看作战后国家间关系实现民族和解的范本，特别是勃兰特在访问波兰期间，在华沙犹太区起义纪念碑前下跪，悼念被德国纳粹杀害的死难者，代表了德国对战争罪的认识和反省，赢得了民心。

[①] 《联邦德国东方政策文件集》，龚荷花等译，中国对外翻译出版公司，1987，第 8 页。

[②] 《联邦德国东方政策文件集》，第 14 页。

在两国关系的基础上，波兰和联邦德国还就留在波兰的德意志人的家庭团聚、涉及两国劳工的养老金和事故保险等问题达成协定，解决混血家庭、分离家庭直系亲属的团聚，以及工作与退休养老在不同国家的养老金问题。1971 年至 1975 年有 6.5 万人获准去联邦德国和民主德国长期居留。波兰还表示，在此后的四年还将有 12 万~12.5 万人的出境申请获得批准。1975 年 8 月 2 日，两国还签署财政贷款协定，联邦德国向波兰提供 10 亿德意志马克且年息 2.5% 、为期三年的财政贷款，促进两国经济合作的发展。[①]

1970 年 12 月 2 日华约政治协商委员会柏林会议发表"关于加强欧洲安全、发展和平合作问题的声明"，声明说，苏联和德意志联邦共和国条约的缔结以及波兰和德意志联邦共和国条约的草签具有重大国际意义。声明承认由于第二次世界大战和战后发展所形成的欧洲现状，承认欧洲国家目前边界的不可侵犯性，遵守只用和平手段来解决争端的原则而不诉诸武力或以使用武力相威胁，所有这一切对于欧洲和平的命运，对于欧洲人民的和平未来都具有重大意义。上述两项条约的生效将符合所有国家和各国人民的切身利益。

1972 年 12 月 21 日，联邦德国与民主德国签署两国关系的基础条约，强调从"历史的实际出发"，在不损害两国对原则问题包括对民族问题的不同观点的情况下达成协议：发展两国正常睦邻关系；以和平手段解决争端，承认现存边界不可侵犯；尊重双方在内政和外交事务上的独立和自主。对于两德统一问题，联邦德国在致民主德国的政府信中，提出联邦德国的政治目标仍然是在欧洲和平状态中德意志人民通过自由的自决重获国家统一。同时在国籍问题上双方保留了分歧，联邦德国认为条约没有解决国籍问题，民主德国则声明，条约将便利国籍问题的解决。1973 年 9 月 18 日，两国同时加入联合国。

捷克斯洛伐克与联邦德国双边关系条约于 1973 年 12 月 11 日在布拉格签订。条约承认 1938 年的慕尼黑协定是德国国家社会党政权在威

---

①　《联邦德国东方政策文件集》，第 27~29 页。

胁使用武力的情况下强加给捷克斯洛伐克的，是无效的。但条约强调，关于慕尼黑协定的声明不构成捷克斯洛伐克及其自然人和法人提出物质要求的法律基础。在签署两国关系条约的同时，捷克斯洛伐克发表声明，表示将根据本国法律和法令，善意地处理境内德意志族的捷克斯洛伐克公民希望移居联邦德国的申请。对于 1938 ~ 1945 年的刑事犯罪行为，捷克斯洛伐克根据纽伦堡国际军事法庭宪章第 6 条第 1 款和第 2 款，对犯有战争罪或违反人道罪行为不因时间推移而不追究。签约的当天，两国建立外交关系。保加利亚、匈牙利也在同一天与联邦德国建立外交关系。①

四　欧洲安全与合作会议的召开

早在 1954 年为抵制联邦德国加入北约，苏联就倡议召开全欧安全会议，包括后来华约的成立会议，都是以欧洲安全会议的名义召开的。到了 20 世纪 60 年代中期以后，欧洲出现了缓和的局势，苏联和东欧国家再次倡议召开全欧安全会议。华约政治协商委员会 1966 年布加勒斯特会议发表声明，呼吁召开全欧洲安全会议，承认欧洲各国的领土现状，采取措施解散北约和华约两个军事集团，以全欧贸易联盟代替欧共体，鼓励欧洲大陆的科学、技术和文化合作。1969 年 3 月 17 日，华约政治协商委员会在布达佩斯举行的会议上再次呼吁召开欧洲安全与合作会议（简称"欧安会"），指出：召开这样一次会议存在着现实的可能性，通过私下接触和了解，欧洲国家没有一个国家的政府反对召开全欧安全会议；而且自二战后，全欧国家没有聚到一起，尽管有一系列的问题要在谈判桌上进行研究。

会议声明，华约成员国反对世界由于分成军事集团、军备竞赛造成的分裂，以及对人民和安全的威胁。在尊重平等、独立和国家主权基础上，加强经济、政治和文化联系，以防止新的军事冲突，对于欧洲各国人民是至关重要的问题。

---

① 《联邦德国东方政策文件集》，第 37 ~ 42、179 ~ 184 页。

声明还重申，欧洲现存边界的不可侵犯性，包括奥得河—尼斯河边界线、民主德国和联邦德国的边界，是欧洲安全的基本需要，同样是对民主德国和联邦德国存在的承认。①

　　与过去的华约政治协商委员会的会议声明不同，布达佩斯会议在提出召开欧安会时，不提解散两个军事集团，也不提美国是否参加的问题，等于对会议的召开没有设立前提条件，实际上是苏联接受了如果没有美国的参与，讨论欧洲安全问题就是没有意义的这一现实。这也就为之后的欧安会的召开开辟了道路。

　　在 1973 年正式举行欧安会之前，华约与北约商讨过程中涉及民主德国尚未得到西方的承认能否参会，这个问题在 1972 年底，由于两德基础关系条约的签订而得到了解决。对于会议的举办地，双方都认可在中立国举行。在经过多次协商之后，欧洲安全与合作会议召开。1973 年 7 月 3 ~ 7 日，在赫尔辛基举行了第一阶段的外长级会议，由 33 个欧洲国家及美国和加拿大的代表参加，基本确定会议包括 "三个篮子"，即欧洲的安全问题、东西方的经济合作问题以及人员往来和文化交流问题。② 1973 年 9 月 18 日至 1975 年 7 月 21 日，在日内瓦举行了第二阶段的会议，为会议参加国委任的代表和专家级会议。会议历时近两年，就会议各项议事日程进行逐项研究和商谈。1975 年 7 月 30 日至 8 月 1 日，在赫尔辛基举行了第三阶段的会议，为参加国首脑会议，会议最终签署了欧洲安全与合作会议最后文件，又称《赫尔辛基协议》。③ 欧洲安全与合作会议不是以两个对立的军事集团为主导而是由整个欧洲国家参与的会议，讨论的是政治层面而非军事方面的问题，它虽然

---

①　"Document No. 63：Appeal for a European Security Conference, March 17, 1969," Vojtech Mastny and Malcolm Byrne eds., *A Cardboard Castle？*, pp. 330 – 331.

②　关于欧安会会议日程有一种说法为 "三个篮子"，见 Vojtech Mastny, *Helsinki, Human Rights, and European Security*, Durham：Duke University Press, 1986, pp. 6 ~ 7；另有一种说法为 "四个篮子"，除欧洲安全、经济合作与人员和文化交流之外还有续会及会议之后的举措问题，见陈乐民《战后西欧国际关系（1945—1984）—附：东欧巨变和欧洲重建（1989—1990）》，三联书店，2014，第 332 ~ 334 页。

③　《赫尔辛基协议》见《联邦德国东方政策文件集》，第 101 ~ 166 页。

不具有条约性质的约束力，但在政治、经济和文化及环境等多个方面为东西方的交流与合作奠基了基础，也正是从欧安会之后，东欧国家开始向西方借外债、引进资本，其经济影响以及其他方面的影响都很深远。

第三节　华沙条约组织的对外援助

20 世纪 70 年代中期以后，随着苏联和东欧国家与联邦德国的关系实现正常化，欧洲安全与合作会议有了积极的成果，华约和北约两大集团对抗的矛盾似乎缓和了，但是天下并未太平。战后民族解放运动的发展，使得两大阵营对第三世界国家的争夺变得不可避免。美、苏两个超级大国实施全球争霸战略，苏联也加强对拉美、非洲以及东南亚的势力渗透，扩大经济和军事援助，华约被视为苏联推行其扩张政策的工具。

一　苏联加强对第三世界的支援

苏联与拉美国家的政治往来，主要是苏共代表团与拉美国家共产党领导人之间的互访。在拉美国家中，当时只有哥伦比亚、古巴、墨西哥和委内瑞拉四国的共产党的活动是合法的。于是，苏联积极促进与禁止共产党活动的国家玻利维亚、巴西、乌拉圭的外交、贸易和技术合作关系，通过大量的媒体报道支持尼加拉瓜的民族解放运动。但是，拉美地区作为美国的后院是极其敏感的地区，苏联不会贸然发展与拉美国家的军事关系，因此除了古巴之外苏联只与秘鲁签订有军事援助协议。

根据美国中央情报局的分析报告，1955～1978 年，苏联接受了来自亚非拉发展中国家的 44000 多名军事受训者。还有近 6000 名军人前往东欧国家培训。有些受训者先在波兰接受海军培训，而后由捷克斯洛伐克提供飞行、电子、通信技术的培训。受训的军事人员情况见表 5-1，其中北非主要指阿尔及利亚、利比亚，撒哈拉以南的非洲包括安哥拉、埃塞俄比亚、几内亚、尼日利亚、索马里、坦桑尼亚等；东南亚有缅甸、老挝、印度尼西亚和柬埔寨；南亚包括阿富汗、孟加拉国、印度等；拉美是秘鲁；埃及、伊朗、伊拉克、北也门、南也门和叙利亚则纳入中东地区。

这些培训大多与苏联和东欧国家卖给亚非拉发展中国家的军事设备和武器有关，所以苏联和东欧国家的技术人员和顾问同时被派往这些国家。据估计，仅1978年就有12000多名苏联和东欧国家军事技术人员被派往这些发展中国家。苏联还为这些国家援建军工企业、维修设施。如在印度修建了米格－21战斗直升机生产工厂，苏联方面为此提供财政和技术援助。有关苏联向亚非拉发展中国家提供武器的情况，以及苏联和东欧向这些国家派出军事技术人员的情况见表5－2、表5－3。苏联向中东地区的国家提供的武器最多，其中埃及、叙利亚、伊拉克在1967～1976年得到的武器援助排在受援国的前三位，达17亿多美元到23亿多美元不等。在对印度输出武器的国家中，苏联所占份额最大，见表5－4。派出的军事技术人员主要集中在利比亚、埃塞俄比亚、伊拉克、叙利亚等国。

1979年10月25日，苏联与也门民主人民共和国（又称南也门，民主也门）签订一项为期20年的友好合作条约。该条约被西方认为是华约成立以来与发展中国家关系中最令人瞩目的条约之一。苏联承诺在3年内把南也门原有的2500人的军队增加一倍，并配备最新的武器系统，包括地对地导弹。苏联还答应每年给南也门7.5亿美元的援助，帮助它建立经济企业和实现有保证的石油供应。在苏联的监督下，将推行一个广泛的勘探计划，以在南也门沿岸勘探石油。

西方评论说，从条约签订之时起，南也门武装部队实际上已经被纳入指挥部设在布达佩斯的华约南翼部队。一旦发生紧急情况，南也门的武装部队及其基地将置于华约的指挥之下。南也门将成为苏联特种部队的一个发射台或转运站，把原部署在塔什干和保加利亚基地的伞兵部队部署在此，可以保证在48小时内空运到中东的任何一个目标地区。

表 5 - 1 1955～1978 年在苏联和东欧受训的发展中国家的军事人员

单位：人

地区	苏联	东欧	地区	苏联	东欧
北非	3385	335	东(南)亚	7590	1710
撒哈拉以南的非洲	10035	1065	南亚	6425	370
拉美	725	—	中东	15630	2485

资料来源：US Central Intelligence Agency, "Communist Aid Activities in Non-Communist Less Developed Countries, 1978," Washington, D. C., September 1979, pp. 4, 5, 转引自 Robert H. Donaldson, *The Soviet Union in the Third World: Success and Failure*, London：Westview Press, 1981, p. 405, 摘编。

表 5 - 2 1955～1978 年苏联向发展中国家提供武器（协议/交付）的金额

单位：百万美元

地区	苏联	地区	苏联
北非	4965/3875	东(南)亚	890/880
撒哈拉以南的非洲	3900/2750	南亚	4290/3375
拉美	650/630	中东	14960/13800

资料来源：US Central Intelligence Agency, "Communist Aid Activities in Non-Communist Less Developed Countries, 1978," p. 3, 转引自 Robert H. Donaldson, *The Soviet Union in the Third World: Success and Failure*, p. 393。

表 5 - 3 1978 年苏联和东欧派往不结盟和发展中国家的军事技术人员

单位：人

地区	人数	地区	人数
北非	2760	南亚	850
撒哈拉以南的非洲	3815	中东	4495
拉美	150		

资料来源：US Central Intelligence Agency, "Communist Aid Activities in Non-Communist Less Developed Countries, 1978," p. 4, 转引自 Robert H. Donaldson, *The Soviet Union in the Third World: Success and Failure*, p. 407, 摘编。

表 5 - 4 1967～1976 年东西方对印度的武器输出比较

单位：百万美元

国家	武器输出金额	国家	武器输出金额
苏联	1365	波兰	45
英国	75	法国	41
捷克斯洛伐克	55	美国	40

资料来源：*World Military Expenditures and Arms Transfer*，Arms Control and Disarmament Agency，Washington D. C.，1978，p. 158。

二 保加利亚对亚非拉的援助

1956 年保加利亚第一次给越南民主共和国以经济援助。1965～1971年，保加利亚政府做出 17 次秘密决议，向越南提供军事、财政和经济援助。1971 年 8 月 21 日，越南总理范文同致信保加利亚总理斯坦科·托多罗夫，请求 750 万卢布的无偿经济援助，以及额外的 1.5 万支步枪、1300枚反坦克手榴弹和大量弹药。1973 年 7 月越南总理范文同计划访问索非亚前夕，保加利亚共产党中央政治局通过 440 号秘密决议，向越南无偿提供 700 万卢布的军事援助。1965～1975 年，保加利亚政府共提供给越南总数为 6000 万卢布的信贷。

1974～1976 年，保加利亚还向老挝提供了价值 65 万保加利亚列弗的新军事设备。20 世纪 80 年代，保加利亚增加了对柬埔寨和阿富汗的经济和军事援助。1979～1986 年，保加利亚向阿富汗提供了价值 3100 万美元的信贷，以及近 150 万美元无偿的军事和技术援助。

20 世纪 60 年代初，保加利亚与不少非洲国家建立了军事联系，有上百名非洲军人在保加利亚的军事学院受训。1961 年保加利亚曾通过埃及向刚果（布）运送武器，对刚果（布）的军事援助达 50 万美元，并为其军队提供军事培训。1976～1983 年，保加利亚与安哥拉和莫桑比克签订军事援助议定书。例如，1982 年，保加利亚无偿提供给莫桑比克价值 75万保加利亚列弗的枪械，包括 1000 支自动步枪、50 挺 "RPD - 44" 型机关枪、1000 支 "TT" 自动手枪、500 支卡宾枪、2000 发炮弹等。1981

年，莫桑比克国家安全部的 50 名军人到保加利亚内务部特别高等院校接受培训。保加利亚在 1980 年与埃塞俄比亚签订友好合作条约，其中包括军事领域的合作。

1961 年，保加利亚向古巴提供超过 800 万美元的武器和信贷，还通过古巴向拉美左翼游击组织输送了 3.5 万支老式德国卡宾枪。1979 年，尼加拉瓜桑迪尼斯塔革命之后，保加利亚共产党中央政治局做出一项秘密决议，向尼加拉瓜提供特别的军事和其他援助，总值达 200 万美元。1980 年和 1981 年，保加利亚又与尼加拉瓜签订三个信贷协议，共计 1850 万美元。1982 年，保加利亚政府做出秘密决定，向尼加拉瓜无偿援助价值 37.4 万保加利亚列弗的武器和军事设备，包括 25 挺 MG－34 轻机枪、2000 挺手提机关枪、300 支 M－27 左轮手枪、1000 套军装和其他军事装备。从 20 世纪 70 年代末到 80 年代末，保加利亚一直保持对尼加拉瓜经济和外交政策上的支持。

除此之外，1981～1984 年，保加利亚为萨尔瓦多民族解放阵线提供了价值 85.4 万保加利亚列弗的步兵装备、医药和服装。1980 年，保加利亚祖国阵线通过古巴向危地马拉民族革命阵线提供了医药、食品和价值 8 万保加利亚列弗的 150 顶帐篷。1982～1984 年保加利亚向洪都拉斯左派游击队送去 1.5 万美元的特别援助。[①]

---

① Jordan Baev ed., "East-East Arms Trade: Bulgarian Arms Delivery to Third World Countries, 1950－1989," http://www.php.isn.ethz.ch/lory1.ethz.ch/collections/colltopicb50a.html? lng＝en&id＝23065, September 18, 2006.

第六章

华约与北约的军备控制和裁军谈判

华约与它的对手北约之间并未发生直接的军事冲突，但双方都在相互制约，从来没有停止过军备竞赛。不过在扩充军备的同时，两大军事集团特别是苏、美两国之间，就军备控制和裁军问题进行了长时间、艰难的谈判。20世纪50年代中期至60年代中期，华约与北约的裁军谈判更多的只是口头上相互试探，没有取得实质性进展。20世纪60年代后期至80年代初期，两大集团在限制战略武器和欧洲裁军问题上进行了广泛讨论，取得了一定成果。之后，80年代初至90年代初，随着苏联、东欧国家内部的逐步变化，华约与北约的对抗势头明显减弱，苏联和华约其他成员国在一些重大问题上做出妥协，使裁军谈判取得突破，达成了一系列裁军条约和协议。

第一节　华约与北约面对面的谈判

一　十国裁军委员会的出台

第二次世界大战结束后的15年间，有关军备控制和裁军问题的讨论，主要是在联合国框架内进行的，主要谈判对手是美、苏两国。1946年1月，联大会议通过决议成立原子能委员会，由安理会常任和非常任理事国组成，讨论从军备中取消原子武器和监督原子能保证和平利用问题。美国最初垄断着原子弹，因此主张先管制原子武器，然后再逐渐禁止原子武器。苏联为了打破美国在原子武器方面的垄断地位，针锋相对地坚持先禁止，后管制；同时也不同意就地进行核查。美、苏两国的立场对立使原子能委员会内的谈判不久便陷入僵局。

1947 年 2 月，根据苏联的建议，在联合国框架内又设立了常规军备委员会。在这个委员会的讨论中，苏联主张必须对一切武器和兵力进行全面裁减，原子武器应放在第一位。美国则主张把常规武器和原子武器分开讨论，并强调要同等裁减常规武器和军队。1952 年 2 月，在原子能委员会和常规军备委员会合并的基础上成立了新的裁军委员会，由安理会管辖，一并讨论原子武器和常规武器的裁减问题。但以苏联为首的一方和以美国为首的一方仍然坚持原有立场。

为寻找谈判出路，1954 年 4 月联大通过决议，在目前的裁军委员会下，设立小组委员会，由美国、苏联、英国、法国和加拿大五国组成。在小组委员会中，西方国家提出分阶段裁军方案，并坚持相互核查；美国要求各国都应"开放天空"。苏联提出局部裁军和停止核试验。由于小组委员会在诸多问题上意见相左，谈判很难正常进行。1957 年，苏联以在小组委员会中处于不平等地位为由退出该委员会。由此，联合国框架内的裁军谈判中断。正是在这种情况下，华约和北约之间的直接裁军谈判开始走上前台。

1959 年，美、苏、英、法四国外长会议决定，华约 5 个成员国苏、捷、保、波、罗和北约 5 个成员国美、英、法、加、意组成十国裁军委员会。这是两大军事集团第一次组成的直接裁军谈判机构，它独立于联合国之外，但又同联合国保持着密切联系，向联合国裁军委员会提供报告。1960 年 3 月，十国裁军委员会在日内瓦召开会议，双方讨论的焦点仍然集中在是先实施国家监督再进行裁军，还是相反。1969 年，该委员会改名为裁军委员会会议。但由于 10 国分属对立的两个集团，调和与妥协的可能性受到集团整体利益的制约和限制；同时，它们之间缺少独立于两大集团之外的缓冲因素，谈判很容易陷入僵局。针对这种情况，1978 年讨论裁军问题的特别联大决定改组裁军委员会会议，扩大其成员，成立新的裁军谈判委员会，参加委员会的国家从 10 国扩大到 18 国，后来又扩大到 26 国，一些非华约和北约成员国加入其中。中国自 1980 年起成为裁军谈判委员会成员。不过，美、苏两国的立场、态度依然主导着裁军谈判的方向。该委员会自 1984 年起改名为裁军谈判会议。

二　核不扩散条约的签署

1962 年的古巴导弹危机，使全世界第一次体验到人类如此接近核战争所带来的紧张与恐惧。一手导演了这场危机的苏、美两国，在认识到核战争的现实威胁的同时，更加体会到掌控核武器的重要性，核武器只有由尽可能少的国家掌握，才能更有效地把局势控制在不迈过核门槛的范围内。20 世纪 60 年代，如何禁止核试验和控制核武器的扩散，成为军备控制谈判的首要内容。

1963 年 8 月，美、苏、英三国签署了《禁止在大气层、外层空间和水下进行核武器试验条约》，即《部分核禁试条约》。① 根据该条约，有核国家禁止在大气层、外层空间和水下进行核试验，但不包括地下核试验；而无核国家禁止一切核试验，这就等于堵死了无核国家获得核武器的道路。可见，这一条约实际上对有核国家没有限制，而是进一步加强了它们的核垄断地位。客观上，《部分核禁试条约》的实施，减少了核物质对大气层、水源和外层空间的污染，对保护人类生存环境有益；同时，条约给无核国家进行核试验设置了障碍，有利于从试验层面防止核扩散。作为核时代三个核大国签署的第一个限制核军备竞赛的条约，世界上多数国家对此还是给予了积极评价。华约成员国都参加了这一条约。

除了从试验层面防止核扩散外，美、苏两国以及两大军事集团还试图限制核武器或核装置成品的扩散。1965 年 8 月，美国提出防止核扩散条约草案，要求禁止有核国家直接或通过军事同盟间接将核武器出让给任何无核国家，禁止有核国家采取其他方式增加拥有独立使用核武器权利的国家和组织的数目等。

---

① 参见《禁止在大气层、外层空间和水下进行核武器试验条约》，《国际条约集（1963—1965）》，商务印书馆，1976，第 206～208 页。

苏联认为美国的提案实际上没有禁止北约成员国与美国共享核安排，也就是说，美国和北约当时推行的"欧洲多边核力量计划"并不在核不扩散条约的限制之列。特别是它为联邦德国分享对核武器的控制留下了可能，这实际上与核不扩散条约很难相容。因此，苏联提出核不扩散条约草案中应特别强调，禁止有核国家准许给无核国家或国家集团以"拥有、控制或使用核武器的权利"，禁止把对核武器及其设置地点和使用的控制权交给不拥有核武器国家的武装力量单位或个别成员。显然，苏联认为欧洲多边核力量计划以及试图让联邦德国以某种形式获得核武器，对苏联本身和华约成员国的安全构成了巨大威胁。

波兰针对美国的提案指出，核不扩散条约应该绝对和全面禁止一切形式的核扩散，应冻结一切国家目前实际获取核武器的状态，包括使用这种武器的训练和计划。罗马尼亚建议，为了使无核国家有安全保障，应该由有核国家承诺永不向那些保证永不获得核武器的签字国使用或威胁使用核武器；通过安理会的监督，来保证在本国领土上有核武器的核不扩散条约缔约国不获得对此种武器的控制权。

经过协商和在吸收相关国家意见基础上的不断修正，1968 年 7 月，《不扩散核武器条约》在伦敦、莫斯科和华盛顿同时签署。条约规定：每个拥有核武器的缔约国承诺，不直接或间接向任何接受国转让核武器或其他核爆炸装置或对这种武器和爆炸装置的控制权，不得以任何方式使无核国家取得核武器或其他核爆炸装置。条约也对无核国家提出了要求。同时，条约规定各国享有为和平目的的研究、生产和使用原子能的不可剥夺的权利。[1]

尽管核不扩散条约在规定权利与义务方面还有不对等现象，特别是对无核国家的权利与义务不对等，因此有失公允，但它成为国际法规，还是得到世界大多数国家的认可，保证了核武器没有出现广泛的扩散；同时，也为和平利用原子能提供了依据。

---

[1] 参见《不扩散核武器条约》（1968 年 7 月 1 日），《国际条约集（1966—1968）》，商务印书馆，1978，第 623 ~ 628 页。

第二节 欧洲常规裁军谈判

以苏联为首的华约不仅在世界范围内的裁军和核不扩散等问题上发挥了重要作用，当涉及欧洲地区的裁军时，其影响和作用更加明显。如果说，华约中除了苏联之外其他国家尚无核武器，它们在涉及核武器的谈判中只是重要的"列席者"的话，那么在涉及常规武器谈判时，由于华约成员国的常规军事力量已经成为裁军谈判的直接对象，华约各成员国都是谈判桌上不可或缺的一方。

欧洲常规裁军谈判主要围绕两场谈判展开：一是关于中欧共同减少部队和军备及有关措施的谈判，简称"中欧裁军谈判"；二是欧洲常规武装力量谈判。前者主要涉及裁减中欧地区两大军事集团的武装力量和军备问题，后者主要涉及缩减北约和华约两大军事集团从大西洋到乌拉尔地区整个欧洲大陆的武器装备问题。

一 中欧裁军谈判

20 世纪 60 年代中后期，美国在越南战争中越陷越深，亟须收缩兵力。西欧国家经济发展速度放缓，维持庞大军费开支遇到困难。北约内部这时也出现分裂，1966 年法国宣布退出北约军事机构。这些都使在欧洲常规军事力量对比上并不占优势的北约集团，需要借助裁军减轻负担，并同时打算消除华约的常规军事优势。

苏联在赫鲁晓夫下台后，对外方针进行了调整，谋求东西方之间的缓和成为苏联新的战略目标。1966 年 3 月，勃列日涅夫在苏共第二十三次代表大会上提出，苏联准备解决欧洲安全问题，建议召开欧洲国家会议讨论欧洲军事局势和裁减军备。7 月，华约政治协商委员会会议提出建议，召开欧洲国家参加的欧洲安全与合作会议。

面对苏联和华约的和平攻势，北约逐渐改变了对策。1967 年 12 月，北约部长理事会确定了对苏联和华约政策是"防务加缓和"，其中展开对话和支持裁军谈判，乃是北约新政策的重要内容。1968 年 6 月，北约部长理事会正式提出，把北约和华约两大集团相互均衡裁减军队，作为召开欧洲安全与合作会议的条件之一。对此，苏联和华约提出应先召开欧安会，取得必要信任后，在欧安会框架内设立的机构中讨论均衡地裁减军队问题。双方就欧安会和中欧裁军会议谁先谁后问题进行了一番讨价还价，在 1972 年 5 月美国总统尼克松访问苏联期间，美、苏双方达成协议，将欧安会和中欧裁军会议平行举行。同年 12 月，北约向华约发出了举行中欧裁军预备会议的建议。

在预备会议上，首先提出参加谈判的国家问题，最后确定参加正式谈判的有 11 个国家，它们是华约成员国苏联、民主德国、波兰、捷克斯洛伐克，北约成员国美国、英国、联邦德国、加拿大、比利时、荷兰和卢森堡；另外，保加利亚、罗马尼亚、匈牙利、土耳其、希腊、意大利、丹麦、挪威 8 个国家作为观察员参加会议。预备会议确定这次谈判会议的正式名称是"关于中欧共同裁减军队和军备以及相关措施的谈判"。裁减军队和军备涉及的中欧地理范围，包括联邦德国、荷兰、比利时、卢森堡、民主德国、波兰、捷克斯洛伐克 7 个国家的领土。

中欧裁军会议从 1973 年 10 月 30 日在维也纳开始举行，断断续续，直到 1989 年 3 月被欧洲常规武装力量谈判取代，持续了 15 年多的时间。其间，举行了 37 轮谈判，召开了 493 次会议，华约方面提出了 7 个方案，北约方面提出了 5 个方案。在谈判中，华约和北约在一系列问题上存在严重分歧。

1. 裁减的原则和军队数量问题

东西方提出了不同的裁减原则。北约坚持"均衡"裁减原则，即按比例裁减，之所以坚持这一点，是因为美国和北约一直认为华约和北约在中欧的常规军事力量对比上，华约占有优势，特别是地面部队和坦克部队，华约对北约的优势更为明显。一直作为北约官方依据的伦敦战略研究所的数据表明，[①] 华约驻扎在中欧地区的兵力为 114.7 万人，其中包括

---

① 伦敦战略研究所创立于 1958 年 11 月，后改名伦敦国际战略研究所。其主要年刊《军事力量对比》（*The Military Balance*）手册，发布有关全球军事力量和防御经济的最新数据，作为安全决策、分析和战略研究的权威资料而被广泛引用。

53.7万名苏联官兵。北约在中欧的地面作战部队人数为77万人，其中包括19.9万名美国官兵。相应地，华沙条约组织集中在这里的主战坦克为15500辆，北约的主战坦克为6880辆。

在维也纳举行的会谈中，英国提出，东西方在中欧的地面部队应有一个共同的最高限额。现在这个地区的苏联及其盟国的部队比西方的部队要多。英国认为，作为讨论起点的是这样的事实：第一，中欧是个战略上具有极大重要性的地区，而现在的力量对比是悬殊的，是有利于东方的；第二，必须制定办法来防止违反协议和使协议得到履行；第三，会谈不应损害对盟国的义务或共同市场的发展。美国则认为，苏联把它在中欧的装甲力量大大减少，是符合防御目的的，并将对促进欧洲的稳定做出重大贡献。华约缔约国在欧洲的现役地面部队比西方联盟要多得多。同时，缩减军事力量协定还必须考虑到苏联比美国靠近中欧，驻在本国领土上的苏军可以随时越过波兰平原直达这个地区的心脏。而美国同这个地区之间则隔着一个大西洋。1973年美国和北约提出的第一个裁军方案就体现出上述思想，因此美国建议首先把美、苏两国在中欧的驻军各裁减15%，分别是2.9万人和6.8万人；之后再裁减相关国家的部队，最后达到两大集团在中欧的陆军同为70万人的最高限额。

苏联和华约其他各国认为，华约和北约在中欧的军事力量大致相当，裁减的原则应该是对等裁减，即按照同等的百分比裁减同等数量的部队。这样，裁减的结果才不破坏中欧和整个欧洲业已形成的力量对比。这应该作为会谈的宗旨，如果有人要破坏这个原则，那么，这个问题将成为纠纷的起因和争论不休的对象。苏联在1973年提出的方案中建议：到1975年，双方各裁减2万人；1976年各裁减5%，1977年各裁减10%；并要对执行情况进行严格监督。①

北约认为，华约提出的对等裁减方案实际上维持了华约在中欧的军事优势，北约认定华约兵力在主战坦克数量上占优，并且苏联对中欧地区的

---

① 参见夏义善《苏联外交六十五年纪事　勃列日涅夫时期（1964—1982）》，世界知识出版社，1987，第433页。

军力支援，有地理之便，是美军所不能比的。因此北约坚持均衡裁减原则，提出两个阶段裁减方案，第一阶段美国撤走 2.9 万名美国士兵，同时苏联从中欧撤回 6.8 万人，其中包括一个拥有 1700 辆坦克的坦克部队；第二阶段则是限定双方在中欧地区各保存 70 万人的军队，意味着北约裁减 4.8 万人，华约裁减 15.7 万人。① 华约驻维也纳的代表把西方的这一方案斥为是不现实的。

由于东西方在"均衡"裁减还是"对等"裁减原则上的分歧，围绕着双方谁的军备占优的问题争论不休，谈判从一开始就停滞不前。

苏联和华约否认西方关于华约兵力在中欧占优势的说法，反复申明两大军事集团的常规力量在中欧已经形成了大体上的均势。针对北约提出的数字，苏联于 1976 年 6 月公布了华约在中欧的驻军数字，截止到 1971 年 1 月，华约在中欧的军事力量，包括民主德国、捷克斯洛伐克、波兰和驻在这里的苏军，共计 96.5 万人，其中地面部队 80.5 万人，空军 16 万人。② 苏联建议，第一阶段按 2%～3% 的同等比例裁减美、苏两国在中欧的武装力量，之后在第二阶段也按同等比例裁减其他相关国家的军事力量。1978 年苏联提出了裁减的具体数字：第一阶段苏联裁军 3 万人、1000 辆坦克和其他技术兵器，美国减少 1.4 万人、1000 枚战术核弹头和 90 件运载工具；第二阶段其他相关国家按同等比例裁减。两大集团在中欧的总兵力最高限额为：陆军 70 万人，空军 20 万人。这一总兵力最高限额在苏联此后的建议中基本保持不变。③

对于苏联和华约公布的在中欧军事力量数字，美国和北约很难认可和接受。之后，双方一直在驻中欧军事力量的数字认定上纠缠不清。在 1984 年 3 月 16 日至 4 月 19 日的第 32 轮会谈中，华约代表指责北约挑起

---

① 陈乐民：《战后西欧国际关系（1945—1984）—附：东欧巨变和欧洲重建（1989—1990）》，第 331 页。

② 参见夏义善《苏联外交六十五年纪事 勃列日涅夫时期（1964—1982）》，第 575 页。

③ 有关苏联的各项建议见王羊主编《美苏军备竞赛与控制研究》，军事科学出版社，1993，第 119～120 页。双方的建议另参见《关于在中欧共同裁减部队和进步以及有关措施的谈判》（中欧裁军谈判），《世界知识年鉴（1989/90）》，世界知识出版社，1990，第 1022～1023 页。

谁有多少部队的辩论，缺乏在平等和彼此可以接受的基础上达成协议的政治愿望，致使谈判停滞不前，并且暗示如果西方不让步，华约将考虑中断谈判。

对此，北约提出一揽子建议。不再要求裁减前就中欧地区所有部队的人数取得一致看法，只要求双方交换部分地面部队的数字，但华约提供的数字要能为北约所接受，制订一个为期5年的裁军计划，其第一步是：要求美、苏分别裁减1.3万人和3万人，双方保证不再增加地面部队；改进核查程序，采取更完善的监督措施。北约宣称，此建议是西方立场的重大改变，在军队人数问题上采取了新的灵活态度，只要求先就战斗部队的大概总人数达成协议，空军及美、苏以外其他国家的部队人数将在5年裁军过程中解决，以打破会议僵局；同时要求加强核查措施，坚持派观察员监督撤军，以作为对军队人数问题让步的补偿。

苏联和华约对此没有做出积极响应，而是坚持原来的主张。1986年，苏联提出新方案，把裁军的范围扩大到从大西洋到乌拉尔的整个欧洲国家的驻军，并且还是坚持对等原则，要求1~2年内两大军事集团各裁减10万~15万人，至1990年双方的陆军和空军将减少25%。最终，双方在裁减原则上仍无法达成一致。

2. 裁减范围问题

这里的裁减范围指的是武器装备的种类和范围，即什么样的武器装备应该列入中欧常规裁军谈判之列。苏联和华约考虑到美国和北约在战术核武器及空军方面占有一定优势，从谈判伊始就强调既要裁减常规武装力量，也要裁减核力量；既要包括陆军部队，也要包括空军部队。其理由是，在中欧地区存在着强大的核武库的情况下，只裁减地面部队和常规武器装备，无助于危险局势的彻底消除。与常规武器相比，核武器的大量存在是一个经常性的真正威胁。因此苏联和华约的代表在前面提到的1978年6月的建议中，就明确要求美国在中欧地区减少1000枚战术核弹头和90件运载工具；在1986年6月的方案中，也提出双方削减射程在1000公里以内的中近程核武器。

美国和北约方面极力反对把核武器列入裁减对象，认为这会使谈判过于复杂化。实际上，美国和北约都认为苏联的建议别有用心。按照它们的计算，在裁军所涉及的中欧地区，苏联驻扎了10个导弹旅，共120个导弹发射装置；美国人拥有3个潘兴式导弹营，每个营36个发射装置，共108个发射装置。如果按照苏联的要求，美国在中欧的核武器力量将大大削弱。美国一度同意接受苏联和华约提出的1976年方案，但其前提是苏军必须从这里撤走1个坦克集团军约6.8万人和1700辆坦克。这种交换的意图很明显，就是要消除对方在这一地区的装甲力量优势，对此苏联难以接受。于是，裁减核武器问题也就不了了之了。

3. 核查与监督问题

不管常规武器还是核武器的裁减，都需要建立核查与监督机制，否则在缺乏信任的两大对立军事集团之间，任何裁军协议的执行都很容易落空而成为一纸空文。华约和北约双方都认为有必要建立一套具体的规定和办法对裁军进行结案和检查，但在具体方式上一直难以达成协议。

华约在1983年6月建议，建立3~4个观察哨，自愿邀请观察员监督重要的撤军行动，双方不得干预对方的监督技术手段。美国则建议进行定期核查，以保证商定的部队削减得到遵守。苏联和华约认为美国的建议远远超出了中欧范围，已经涵盖了苏联领土的欧洲部分，所以表示反对。在具体的核查方式上，双方也没有达成共识。

1988年9月裁军谈判仍无实质性进展，会议于1989年2月2日宣布中欧裁军谈判全部结束，并发表了《最后声明》，承认15年的裁军谈判未取得成果。

上述这些尽管不是两大集团在中欧裁军问题上的全部分歧，却是其中最为关键的。在这些分歧的背后，实际上表明，两大军事集团都把谈判视为削弱对方、保证己方军事优势的一种手段，这是典型的冷战思维的结果。虽然这场谈判没有成功，但这是华约国家第一次直接作为谈判的参加者与北约集团国家面对面地谈判裁军问题，它们的谈判主体地位得到了突出反映，它们在谈判中保持密切磋商，给外界一个协调一致的政治形象。

二 欧洲常规武装力量谈判

欧洲常规武装力量谈判是中欧裁军谈判的继续和发展。1985 年，戈尔巴乔夫在苏联上台执政，推行改革。在外交上提出"外交新思维"，倡导"全人类利益"，苏联和东欧国家与美国等西方国家的关系出现转变。苏联为了尽快达成裁军协议，卸掉军备重负，为国内改革进程创造较好条件，把打破欧洲常规裁军的僵局作为重要目标之一。

1986 年 6 月，华约向北约提议重新举行全欧常规裁军谈判以取代中欧裁军谈判，北约表示赞同。1987 年 2 月 17 日，在欧安会的授权下，北约和华约 23 个国家的代表开始举行全欧常规武装力量谈判的预备性会议。预备会议于 1989 年 1 月结束，双方同意新的谈判名称为"欧洲常规武装力量谈判"，谈判的目标是通过实现常规武装力量（包括较低水平的常规武器和军备）的稳定和可靠的平衡，来加强欧洲的稳定和安全，使北约和华约只保有用于防御的武装力量，最终使双方都不具备发动突然袭击和大规模进攻的能力。这次裁减和限制的范围及适用地区，由中欧裁军谈判时的"中欧地区"扩大到从大西洋到乌拉尔地区的欧洲与会国的整个陆上领土，包括与会国的所有欧洲岛屿，以及苏联亚洲部分的高加索地区和土耳其的大部分地区。参加的谈判国家包括北约和华约的全部成员国，它们的常规武装力量及军备，包括陆、空军常规力量及军备，以及除常规力量外还具备其他作战能力的常规武器，即"双用途武器"，都属于裁减的对象。核武器、化学武器和海军不在这次谈判之列。

1989 年 3 月，北约和华约关于裁减欧洲常规武装力量的谈判在维也纳正式开始。华约提出的方案主张分阶段裁军，先是将双方的"对稳定最具破坏性的武器"进行较大幅度的削减，以使双方这些武器实现"均衡"；之后再将双方武装力量人数削减 25%（约 50 万人）；最后，确定北约和华约常规力量及军备的最高限额，使双方兵力成为纯防御性的武装力量。

北约的方案中提出了具体的量化指标，要求美、苏两国驻欧军队削减为 27.5 万人，双方的作战飞机将比北约现有力量减少 15%；裁减后的北约和华约分别应保有的最高限额是：坦克 2 万辆，火炮 1.65 万门，装甲车 2.8 万辆；裁减区内的不同地区应有不同的最高限额，对欧洲中部前沿地区须规定更严格的最高限额；应有"硬性"核查措施，包括现场核查及给核查人员更大的行动自由等；同时应每年互通彼此军队人数、驻地和装备情况等情报。

对比上述两种方案不难看出，双方裁减的大方向和基本原则是接近的，但分歧也十分明显。例如在裁减范围中，什么是所谓的"进攻性武器"，双方的认定并不相同。北约从"夺取和控制领土"的能力角度出发，认定裁减的重点将放在坦克、装甲运兵车和火炮上，而这显然是华约的强项。而华约则从"对稳定最具破坏性的武器"方面来认定，认为这样的武器应包括歼击机、坦克、作战直升机、装甲运兵车和装甲战车及火炮，实际上是指向了北约的空中力量。北约要求将从大西洋到乌拉尔地区整个欧洲裁减区的全部陆基作战飞机裁减 15% 以上；但华约表示反对，它主张裁减应以"进攻型"或"攻击型"战斗机为对象，而不应把华约用于防御的防空部队的陆基截击机包含在削减之列。

再如，和中欧裁军谈判遇到的问题一样，如何确定彼此的真正军事力量，也是两大集团关注的焦点。北约和华约在谈判中公布的军力数字与对方掌握或者相信的数字差距颇大。北约材料表明，华约现有总兵力、坦克、火炮、作战飞机等都比北约多；而华约掌握的北约的上述几项数字比北约自己提供的数字要多得多。另外，要不要包括库存武器，华约的方案中，就把英国、美国等预先储存在欧洲的近 6000 辆坦克和火炮、装甲车等武器算在裁减之列。到底哪些数字是真实的，一时无法做出判断，这样就影响了谈判的进程。同时，这也关联到另一个重要问题，即怎样计算裁减武器的数量，并让对方相信这种裁减是公平的。

削减欧洲常规武装力量谈判在苏联和华约采取了积极灵活的立场后有了实质性进展。苏联和华约接受了北约"非对称裁减"的原则，并同意以更大幅度和规模削减坦克、火炮和装甲车等北约眼中的"进攻性武器"，把两大集团的坦克和装甲车分别限定在 2 万辆和 2.8 万辆。这样一来，华约将裁减的坦克数量为北约的 10 倍以上。苏联和华约还采取一些主动性行动推动裁军的进程。1988 年 12 月，苏联宣布两年内将单方面裁军 50 万人，次年波兰、民主德国、捷克斯洛伐克、匈牙利和保加利亚也相继宣布单方面裁军 7 万人，裁减坦克 1900 辆、飞机 130 多架，还有装甲车、火炮等武器装备。1989 年 5 月，苏联决定单方面从东欧撤回 500 枚短程导弹。这样，北约和华约的谈判代表在坦克、装甲车和作战直升机的限额上取得了一致。

到 1989 年底，双方在坦克、火炮、装甲车、作战飞机和直升机等裁减问题上已取得相当进展。到 1990 年 5 月，双方除了在作战飞机和作战直升机的最高限额上尚存分歧外，已就裁减和规定限额的 5 种常规武器中的坦克、火炮和装甲车的定义和裁减、限额的问题基本达成协议。同年 9 月民主德国、联邦德国和美国、苏联、英国、法国（即所谓的“2 + 4”）六国签署了《关于最终解决德国问题的条约》，① 规定统一后的德国不得生产、拥有核武器和化学武器，并在 3～4 年内将德国的军队减至 37 万人，这是西方对苏联安全做出的保障。苏联进一步解除了裁军的顾虑。10 月 3 日，美、苏两国外长贝克和谢瓦尔德纳泽在纽约会晤时，最终商定了双方火炮和直升机的最高限额，从而为签署裁减欧洲常规武装力量条约扫除了最后一个障碍。

1990 年 11 月 19 日，北约和华约 22 个谈判国（德国统一，民主德国不复存在）的代表在巴黎欧安会首脑会议上签署了《欧洲常规武装力量条约》。② 条约由序言、正文 23 条和 8 个议定书附件组成，主要内容如下。

（1）北约和华约各方在欧洲从大西洋到乌拉尔地区的地理范围内，五大常规武器装备的最高限额为：坦克 2 万辆，装甲车 9 万辆，火炮 2 万门，作战飞机 6800 架，攻击型直升机 9000 架。同时还规定其中 3 种武器在正规部队的限额：各方作战坦克 1.55 万辆，火炮 1.7 万门，装甲车

①　参见李琮主编《世界经济百科词典》，经济科学出版社，1994，第 482 页。
②　参见牟长林《裁军领域的又一大突破——〈欧洲常规武装力量条约〉》，《世界知识》1990 年第 24 期。

2.73 万辆。任何一个缔约国拥有的上述 5 种武器的任何一种均不得超过
该集团此种武器总限额的 2/3。

（2）四个裁减区域正规部队军备的限额为：中欧区，包括德国、比
利时、荷兰、卢森堡、波兰、捷克和斯洛伐克、匈牙利，每一方正规部队
总数不得超过坦克 7500 辆、火炮 5000 门、装甲车 11250 辆；中欧扩大
区，除中欧区各缔约国外，还有英国、法国、意大利、丹麦以及苏联的波
罗的海、白俄罗斯、喀尔巴阡和基辅四个军区，两大集团各拥有正规部队
的武器总数不得超过坦克 1.03 万辆、火炮 9100 门、装甲车 1.92 万辆；
欧洲侧翼区，包括罗马尼亚、保加利亚、土耳其、希腊、挪威、冰岛及部
分苏联领土——敖德萨、列宁格勒、北高加索和外高加索四个军区，各方
正规部队的武器总数不得超过作战坦克 4700 辆、火炮 6000 门、装甲车
5900 辆；大西洋—乌拉尔区，除包括中欧扩大区外还有西班牙、葡萄牙
以及苏联的莫斯科、伏尔加河沿岸—乌拉尔两个军区，双方各自的正规部
队的武器总数不得超过坦克 1.18 万辆、火炮 1.1 万门、装甲车 2.14
万辆。

（3）在监督核查的措施上，为了保障和监督对本条约条款的遵守，
每个缔约国应当根据交换情报议定书通报和交换有关它受本条约约束的常
规武器和技术兵器的情况。每个缔约国对自己提供的情报负责，并根据核
查议定书无条件地接受核查。同时对监督核查做了具体规定。

（4）制定了削减和销毁的办法，削减分三个阶段进行，不迟于条约
生效后 40 个月完成。

《欧洲常规武装力量条约》是两大军事集团裁军史上一个较为重要的
成果，是不对等原则在华约和北约裁军谈判中的成功运用，也与苏联东欧
集团的政治变动密切联系在一起。它对欧洲各国的军事和军备政策调整，
对推动世界军控和裁军进程都有积极影响。当然，条约只是对武器的数量
而没有对质量进行限制，没有切实解决武器的重新部署和转移问题，因而
留下了很多隐患。在华约解散和苏联解体后，很多东欧国家倒向西方，对
俄罗斯来说，维持该条约的地缘政治基础已经不复存在，俄罗斯开始重新
评估这个条约的意义与影响。

第三节　限制和裁减欧洲中程核武器谈判

在裁减欧洲常规武装力量的同时，苏联、美国以及北约集团中其他拥有核武器的国家，还就限制和裁减欧洲的核武器展开了旷日持久的谈判。

自 1977 年开始，苏联在欧洲本土开始部署 SS－20 中程导弹，该导弹用固体燃料推动，便于运输，射程为 3000 英里（约 4828 公里），可携带 3 枚弹头，整个西欧都在其有效射程之内。1977 年 2 月 14 日英国《每日电讯报》就此写道，这使苏联"在西欧拥有压倒一切的战场核优势，并能在北约盟国中引起纠纷"。报道说，针对苏联的部署行动，北约高级官员考虑到三种可能性：第一，试图说服他们的政府发起华约国家同北约的欧洲成员国之间的限制核武器会谈；第二，竭尽全力在英国和法国已研制和控制的设施基础上搞一个欧洲的战场武器的核武库；第三，要求尽快在西欧部署美国的新的巡航导弹。① 这种考虑在 1979 年 12 月于布鲁塞尔举行的北约外长和国防部部长特别会议上，最终促成了著名的"双重决定"，即建议美苏就限制欧洲中程核武器问题举行谈判，如果美苏不能在 1983 年底以前达成协议，美国将从 1983 年底开始在西欧部署 572 枚陆基中程导弹。

1980 年年中，苏联表示愿意就限制欧洲中程核武器进行谈判。同年 10 月，美苏开始就此举行预备性会谈。1981 年 11 月 30 日，美、苏终于同意在日内瓦举行正式谈判。截止到 1983 年 11 月，美苏共举行 16 轮会谈。

为对付美国和北约的"双重决定"，苏联提出了所谓的"冻结方案"，即部署在欧洲的北约国家和苏联的中程导弹核武器，包括美国在这一地区的前沿基地上的核武器，在数量上和质量上停留在现有水平上。苏联建议的目的在于阻止美国在西欧部署新的中程导弹，维护其在中程核力量方面

---

① 《霍林沃思报道：〈俄国最新式的核导弹威胁着欧洲〉》，新华社《参考消息》1977 年 2 月 21 日，第 2 版。

的优势。美国和北约的方案被称为"零点方案",其内容是,如果苏联全部拆除部署在欧洲的 SS-20、SS-4、SS-5 中程导弹,美国将放弃在西欧部署中程导弹的计划,使双方在欧洲的中程导弹均为零。苏联认为这是美国企图以一纸尚在酝酿中的计划换取苏联单方面的实际裁减,而且不包括英、法的核力量和美"前沿基地系统",而美国在欧洲的前沿部署的核力量矛头直接指向苏联,给苏联造成了极为严重的威胁。

对此,苏联提出了"分阶段裁减方案",北约和苏联作为对等双方分阶段裁减中程导弹。之后又提出"同等裁减"建议,表示如果美国不在西欧部署新的中程导弹,苏联愿意将部署在欧洲的中程导弹减少到 162 枚,这个数目正好等于英国和法国的中程导弹之和。美国立即表示,英、法的核力量不在美苏谈判之列。而苏联则重申,在中导问题上的原则立场是双方平等和同等安全。美国接着提出一个"逐步削减"方案,首先把欧洲的中程导弹与全球的中程导弹挂钩,称如果苏联同意在全球范围内对中程导弹实行削减和限制,美国可以不要求在欧洲部署的中程导弹与苏在全球部署的中程导弹数量相等。之后,还有所谓的"林中散步"方案,这是 1982 年 7 月美、苏谈判代表团团长在森林中散步时由美方团长尼采非正式提出的。其内容是美放弃部署潘兴 II 式导弹(108 枚),并把计划部署在西欧的陆基巡航导弹减少到 75 枚;苏联必须大量拆除 SS-20 导弹,使导弹总数减为 75 枚,双方在欧洲部署的中程导弹相等。苏联在亚洲部署的 SS-20 导弹冻结为 90 枚。但此方案遭到苏、美两国政府否决。

美、苏双方在激烈的"方案战"中迎来了 1983 年,这是美国原定开始在欧洲部署新型中程导弹的期限。对欧洲来说,这也是关键的一年。1983 年 1 月,华约政治协商委员会会议发表《政治宣言》,倡议在华约和北约之间签订《互不使用武力和保持和平关系的条约》。苏联表示准备参加关于建立欧洲无核区的谈判,谋求实现"真正的零点方案"。9 月 26 日,美国里根政府做出让步,同意将其前沿基地武器(中程轰炸机)统统列入谈判的范围,但坚持对美、苏在全球范围内部署的中程导弹弹头规定最高限额。10 月 26 日苏联领导人安德罗波夫发表谈话称,如果美国无限期推迟在西欧部署中程导弹计划,苏联会将在欧洲的中程导弹缩减到

140 枚。按照 1 枚导弹可携带 3 颗核弹头计算，苏联的 420 颗核弹头数量仍然远远高于英、法的 290 颗，双方的方案差异依然很大。

谈判无望的情况下，美国着手实施"双重方案"中的部署计划。1983 年 11 月 14 日，美国第一批陆基巡航导弹运抵英国的格林汉康茫空军基地。这批交运的导弹共 41 枚，其中 16 枚巡航导弹运抵英国，16 枚巡航导弹部署在意大利西西里岛，9 枚潘兴 II 式导弹在联邦德国部署。此后到 1988 年，美国在欧洲的北约盟国境内共部署了 464 枚巡航导弹，在联邦德国更换了 108 枚潘兴 II 式导弹。

苏联和华约采取一系列措施对抗美国的行动。1983 年 10 月中旬，华约国家在索非亚举行了外长会议；20 日又举行了华约国家国防部部长委员会特别会议，研究对抗北约部署中程导弹的措施。3 天后苏联宣布，准备在民主德国和捷克斯洛伐克部署新的战役战术导弹系统。11 月中旬，苏联把 36 枚 SS-21 导弹（射程为 120 公里）运抵民主德国。在美国导弹运抵西欧之后，苏联于 11 月 23 日宣布退出欧洲中程导弹谈判。

这次关于裁减欧洲中程核武器的谈判失败，是因为双方在裁减的核武器种类、计算方法和涵盖范围等一系列问题上存在分歧。

在核武器的种类上，美国主张裁减射程在 1000~5000 公里的中程导弹，这样，苏联已部署的 SS-20、SS-4、SS-5 等导弹尽数被包括在内，而美国的潘兴 II 式和陆基巡航导弹虽然也在其中，但这是还没有部署的。苏联对此深感不公，反对把已部署的和准备部署的导弹混为一谈，放在一起裁减，主张裁减所有中程核武器，即部署在欧洲的陆基中程导弹、潜地导弹和可运载核弹的各种战术飞机，以及包括美"前沿基地系统"在内的欧洲战区核武器。美国和北约则认为这些武器系统是为抵消苏联和华约常规武装力量优势的，裁减这些武器系统就要涉及常规武装力量平衡的问题。

在计算方法上，首先遇到的问题是，英、法的核力量是否列入计算范围。苏联把英、法核力量视为西方在欧洲中程核力量的组成部分，并且它们的打击目标是"瞄准苏联和其他社会主义国家的"，因此理所应当包括在谈判的限额之内。美国反对把英、法包括在内，认为英、法核力量是保卫本土用的,而且英、法都是主权国家,美国无权代表它们进行谈判。英、法也坚决反对把它们的核力量列入谈判范围。但苏联明确提出它的原则是,苏联在欧洲保留的导弹数量只等于英国和法国现有的导弹数量,一枚也不多,而如果英国和法国的导弹能进一步减少,那么它们减少多少,苏联也就再减多少。

在涵盖范围上,美国认为苏联的 SS–20 导弹射程远、机动性强,即使转移到苏联的亚洲地区也会对欧洲构成威胁,因此削减的武器必须就地销毁,不得转移;并据此把裁减欧洲中程核武器扩大为涵盖全球范围的中程核武器,要求苏联把欧、亚结合起来考虑。苏联认为美苏谈判仅限于部署在欧洲的中程核武器,不应涉及亚洲,包括把裁下来的中程核武器转移到亚洲,也不是这次谈判涉及的问题。问题的实质是双方都想维持核威慑力量,而又想削弱对方对自己的威胁。

虽然限制和裁减欧洲中程导弹的谈判没有取得实质性成果,但苏美双方于 1987 年 12 月 8 日签署了《美苏消除两国中程和中短程导弹条约》(简称《中导条约》),[①] 可以看作欧洲中程导弹的谈判在另一个层次上取得的成果。该条约共 17 条,主要内容有:消除所有双方达成协议的中程导弹和发射装置,以及有关的一切辅助设施和设备;最迟在本条约生效 3 年以后,任何一方都不再拥有这种中程导弹、发射装置、辅助设施和辅助设备;在条约生效 18 个月后,任何一方都不再有中短程导弹、发射装置及辅助设施;本条约生效后,任何一方都不再生产或试验任何中程导弹和中短程导弹。为了监督条约执行情况,每一方都拥有就地检查的权利;各方每年进行 20 次检查,搜查被禁止的武器,此种检查为期 3 年;以后每年检查 15 次,为期 5 年;再到期后每年检查 10 次,为期 15 年;双方将不承担可能与本条约条款相抵触的国际义务,不采取任何可能与本条约相抵触的国际行动。根据《中导条约》,美国须销毁中程导弹 689 枚,中近

---

① 该条约英文文本见美国国务院网站:"Treaty between the United States of America and the Union of Soviet Socialist Republics on the Elimination of Their Intermediate-Range and Shorter-Range Missiles (INF Treaty)," https://2009–2017. state. gov/t/avc/trty/102360. htm。

程导弹 170 枚，共 859 枚导弹，要销毁的核弹头为 1320 枚；苏联须销毁中程导弹 826 枚，中近程导弹 926 枚，共 1752 枚导弹，销毁的核弹头约 2500 枚。这在两国的核武库中约占 4%。到 1991 年 5 月，属于《中导条约》规定范围内的中程和中短程导弹业已全部销毁。

《中导条约》的签署及其执行在核裁军史上占有重要地位，它是战后第一次销毁一个类别核武器的条约，有着十分重大的意义。它表明当时的美、苏两个超级大国已经走上了实际裁减军备的道路，并迈出了可喜的第一步。毫无疑问，该条约受益最大的还是欧洲，它减轻了中程核武器对欧洲的巨大压力，从而推动了裁减欧洲常规兵力的谈判取得突破。同时，有关严格的核查规定，为解决以往美、苏军备控制和裁军中的最大难题探寻到了一条出路，给国际社会以后的裁军实践提供了切实可行的样板。当然，《中导条约》规定消除的核武器仅占美、苏核武库的 4%，人类面临的核威胁远没有消失。

对于这样一个经过漫长谈判取得的成果，国际社会给予了怎样的评价呢？《中导条约》在美国社会得到了广泛的支持，美国参众两院都以压倒优势的票数通过了该条约。但也有些政治家对《中导条约》心存疑虑，美国前国务卿基辛格说："对《中导条约》我是持批评态度的，因为我认为它是个不平等条约。它没有消除苏联对欧洲或对美国的威胁。相反，它减少了从欧洲反击侵略的能力。"西欧国家领导人和舆论界普遍认为，《中导条约》给西欧带来希望，也带来了忧虑。英国首相撒切尔夫人说，签署《中导条约》对大家都是个好消息，但她同时认为，"英国独立的核威慑对我们的安全是至关重要的，保留英国独立的核威慑是十分必要的"。联邦德国总理科尔认为，美、苏签署《中导条约》只是走向拥有较少武器的世界的第一步。伦敦国际战略研究所所长海斯潘格认为，"从西欧来说，《中导条约》可能带来的消极影响是，接着可能要谈消除短程导弹的问题，而这些导弹对北约的灵活反应战略却是至关重要的，这将使西欧感到不安"。①

---

① 叶进、李长久：《里根》，浙江人民出版社，1997，第 222～223 页。

华约方面，苏联最高苏维埃主席团一致批准了《中导条约》，东欧各国领导人也分别发表声明、谈话或致信两国首脑，对《中导条约》表示欢迎。民主德国领导人昂纳克发表声明说，在核时代，并不是武器越多越安全，消除所有的中程核武器正是这一信念带来的第一个实际成果。昂纳克认为，这一条约的实施将为采取进一步的裁军措施，如削减50%的战略进攻导弹、消除战术核武器、建立无核武器区和无化学武器区、大幅度裁减常规军备和兵力等创造更好的前提条件。波兰国务委员会主席雅鲁泽尔斯基致信里根和戈尔巴乔夫，对《中导条约》的签署表示欢迎，希望这一条约能缓和各方关系和促进各方信任，加强各国，尤其是欧洲各国和各国人民之间的平等合作。捷克斯洛伐克共产党中央主席团和捷克斯洛伐克政府联合发表的声明认为，这一历史性条约是理智和政治责任感的胜利。

华约的东欧成员国与北约的英、法不同，没有一个国家拥有独立的核武器，但是在它们领土上部署了苏联的核导弹，这使得它们同样面临核战争的威胁，并且是处在一个没有控制核武器的主动权却可能成为核战场这样被动的境地。裁军与军控的谈判直接关系到它们的利益，因此它们并不是简单地充当苏联与西方国家核谈判的"观察员"，而是苏联在谈判桌上强有力的声援团。只不过在20世纪末政治形势发生变化之后，这些国家倒向了谈判的对手，寻求美国和西方的军事保护。

第七章

华沙条约组织走向瓦解

20 世纪 80 年代初，苏联的强权政治达到了顶峰，成为世界上的一个超级大国；但由于在 1979 年入侵阿富汗后陷入其中难以脱身，它也开始走向衰退。1982 年 11 月，勃列日涅夫去世，标志着苏联历史上一个扩张霸权时代的结束，他留给继任者的是一个已经被军备竞赛拖得筋疲力尽的外强中干大国。1985 年戈尔巴乔夫上台后，他试图摆脱经济重负，却始终走不出困境，因而转向政治上的改革，同时对外寻求与西方的全面和解。他提出"全人类的价值高于一切"的新外交政治思维，认为"核战争不可能成为达到政治、经济、意识形态及任何目的的手段"，从根本上抛弃了苏联传统的战略思想，在国际政治舞台上轰动一时。而从现实结果来看，他的"新思维"是一把双刃剑，一方面缓和了国际紧张局势，使两个超级大国走向和谈；另一方面迎合了西方的价值观，使苏联放弃了自己的战略与安全体系，最终导致与东欧盟友关系的结束、华约的解散和苏联的解体。

第一节　东欧政治局势的动荡

一　波兰 1980 年危机与剧变

1980～1981 年的波兰危机是东欧剧变的前兆。1980 年 7 月初，波兰工人罢工要求提高工资以抵消突然宣布的肉价上涨，而到了 8 月，波兰最大的造船厂——格但斯克造船厂出现了上万名工人罢工。与前几次危机不同的是，由造船厂工人组成的团结工会逐渐形成了一股政治势力，在其登记合法化后，数百万知识分子甚至波兰统一工人党党员也加入其中，其成为全国性的政治组织，最终引起了波兰政局的根本改变，但在当时没有人能预见到几年后的这种结果。

波兰在苏联西部防线中处于关键地位，波兰内部的风吹草动苏联肯定非常敏感。波兰工人的罢工逐渐蔓延到全国后，苏联塔斯社 8 月 25 日、27 日连发两篇社论，措辞强硬地指责无政府主义者和反社会主义分子试图利用这一事件达到敌对的政治目的。8 月 25 日，苏共中央政治局指派苏斯洛夫领导的由克格勃主席安德罗波夫、外长葛罗米柯和国防部部长乌斯季诺夫等人参加的一个特别委员会研究对策。苏斯洛夫建议说，最好是用政治的而不是军事的手段解决，他提醒苏共中央政治局的委员们，1970年哥穆尔卡就是用军队镇压罢工的工人，导致了他个人的下台和党的威信损失。苏联对波兰进行军事干涉的决定始终没有做出。①

在华约内部，东欧成员国对波兰的形势极为紧张。波兰驻布拉格大使发回的密电说，在布拉格的大使馆收到了抗议信，认为团结工会是反社会主义势力。民主德国领导人昂纳克在 1980 年 10 月 14 日发表讲话说，德意志民主共和国不能对波兰的命运漠不关心，主张采取"集体措施"帮助波兰克服危机。11 月 26 日，昂纳克写信给勃列日涅夫，要求召开华约成员国党的领导人会议，讨论波兰形势的发展。为了防止团结工会的影响，民主德国紧急限制与波兰之间的旅行往来，封闭与波兰的所有边境。昂纳克还命令民主德国军队和边防军做好战斗准备，准备参加华约可能采取的联合行动。② 勃列日涅夫似乎赞同这种观点，认为波兰与捷克斯洛伐克 1968 年的形势相似，最终需要外力解决。

1980 年 12 月 5 日，华约成员国首脑会议在莫斯科召开，会议认为以

---

① 参见 Mark Kramer，"Poland，1980 – 1981：Soviet Policy During the Polish Crisis，" *Cold War International History Project Bulletin*，Issue 5，1995，pp. 121 – 122。

② 1980 年 11 月 26 日昂纳克给苏共中央总书记勃列日涅夫的信，参见 Mark Kramer，"The Warsaw Pact and the Polish Crisis of 1980 – 1981：Honeck's Call for Military Intervention，" Cold War International History Project Bulletin，Issue 5，1995，p. 124。

卡尼亚为首的波兰统一工人党中央放弃了对国家政权的掌握，把它拱手让给了团结工会。无论是苏联，还是华约其他国家对此都是不能容忍的。勃列日涅夫指出，波兰事件将对整个社会主义阵营和世界共产主义运动造成严重损害，甚至有可能对世界力量对比造成负面影响，并且已经严重损害了兄弟国家的利益。社会主义友邦和波兰的盟友不会对波兰的命运置之不理。①

　　同时西方国家散布传闻，说对波兰的入侵将在 12 月 8 日进行，因为华约将在 12 月 8 ～ 21 日举行代号为"联盟"的军事演习。雅鲁泽尔斯基回忆说，华约联合武装力量总司令库利科夫曾在 12 月 3 日要求他允许联盟军队在 12 月 8 日零时进入波兰，但他拒绝了。预计的干涉并没有发生，出席首脑会议的波兰统一工人党第一书记卡尼亚保证说，波兰党能够恢复并用政治手段打败反对力量，并警告说外来的干涉会带来流血冲突，迫使华约其他成员国领导人相信波兰领导人能解决好自己的问题。会议结束后发表的一份公报则强调，波兰过去是、现在是、将来仍然是一个社会主义国家，表明了华约其他成员国不许波兰脱离社会主义轨道的立场。

　　对波兰干涉的威胁始终存在。1981 年 12 月 1 ～ 4 日，乌斯季诺夫主持召开华约成员国国防部部长委员会第 14 次会议。他提出一个宣言草案，"鉴于反社会主义势力展开破坏活动"，有必要采取"相应措施保障社会主义大家庭的安全"。这实际上等于说要入侵波兰，只是由于匈牙利和罗马尼亚的反对，宣言被迫做了修改。12 月 7 日，华约联合武装力量总司令库利科夫再次来到华沙，并带来了整个参谋部的人。12 月 9 日，雅鲁泽尔斯基在波兰国防部召开军事会议，再次强调"作为伙伴和盟友，作为华约成员国，波兰越来越失去信任，正面临着严重的难于预测后果的威胁"。②

　　1981 年 12 月 13 日，波兰救国军事委员会主席雅鲁泽尔斯基宣布波兰进入战时状态。但持续一年半的战时状态没能解决根本问题。80 年代

---

　　①　有关这次会议的速记稿，参见 Łukasza Kamińskiego, *Przed i po 13 grudnia. Państwa bloku wschodniego wobec kryzysu w PRL 1980 - 1982*, t. 1, s. 234 - 280。

　　②　刘彦顺：《波兰历史的弄潮儿：雅鲁泽尔斯基》，世界知识出版社，2016，第 144、146 ～ 147 页。

末，在又一波工人罢工浪潮的不断冲击下，波兰政府已无力推行经济改革方案，只能选择与团结工会谈判的方式，平息社会矛盾与动荡。1989 年 2 月到 4 月波兰统一工人党代表与团结工会代表举行了圆桌会谈，之后，6 月波兰举行了议会选举，反对派取得了民众的支持。1989 年 8 月，由以马佐维耶茨基为首的团结工会组成战后 40 多年来波兰第一个非共产党政府。波兰的事态发展给苏联和东欧其他国家带来极大的震动。苏联并未干涉发生在波兰的政治进程，多次表示这是波兰内部的事务，苏联已然放弃了"有限主权论"，尊重波兰人自己的选择。

在团结工会政府上台后，马佐维耶茨基也明确表示波兰不脱离社会主义阵营，他在议会发表施政演说时提出，当前波兰糟糕的经济状况是政府面临的最大问题。谈到对外政策时，马佐维耶茨基表示希望人们理解波兰为恢复经济所做的一切，并表示波兰政府渴望维护同苏联的睦邻友好关系，理解《华沙条约》所产生的义务的意义。他向华约所有成员国郑重宣布，波兰政府将信守这一条约。同时波兰政府支持苏联的改革，希望改善"同苏联的睦邻友好关系"，并且期望西方各国，特别是美国，进一步加强与波兰的"全面合作"。①

波兰统一工人党领导人拉科夫斯基在团结工会当政后不久对苏联进行了一次访问，他向戈尔巴乔夫介绍了波兰国会选举和新政府组成后的国内局势。双方表示十分重视两国关系的前景，认为有共同的命运和共同的地理战略利益作为基础，两国关系不会因政治上的暂时考虑而动摇，而且苏联与波兰在《华沙条约》框架内的协作，是欧洲和平与稳定的一个重要组成部分。双方主张进一步加强两党、两国和两国人民之间的联系，寻找新的合作途径和形式。

二　匈牙利开放边界

匈牙利的变化步伐也迈得相当快。1989 年 1 月，有人提出应重新评

---

① 《马佐维耶茨基谈波兰内外政策》，《人民日报》1989 年 8 月 26 日，第 3 版，见《人民日报》数据库，2006 年 9 月 25 日。

价 1956 年事件问题，并且要重新安葬纳吉等人。匈牙利政府提出，尽快举行自由选举，撤销国家对经济的一切干涉，实行市场经济。

受到匈牙利改革的影响，并且得知匈牙利拆除了与奥地利边境之间的铁栅栏，有不少民主德国人涌向布达佩斯，希望通过奥匈边境，经奥地利转道去联邦德国。1989 年夏天，数以千计的民主德国难民露宿在匈牙利的公园或寄宿在教堂和避难所。在此期间，匈牙利与联邦德国保持密切联系，并向其保证：滞留在匈牙利的民主德国公民的问题是两个德国之间的问题；匈牙利政府将用人道主义的办法去解决这个问题；不把这些流亡者送回民主德国。1989 年 9 月 10 日，匈牙利外交部部长宣布：匈牙利边境哨卡将允许任何不愿回国的民主德国公民经匈牙利检查站前往西方。

民主德国强烈地指责匈牙利开放边界的举动，说它破坏了两国相互遣返对方公民的协议。虽然如此，民主德国领导人显然没有意识到问题的严重性，匈牙利开放边界等于打开了通向西方的缺口，不久就证明了柏林墙已经失去意义。

三　重评 1968 年事件

1989 年是苏联等五国出兵捷克斯洛伐克 21 周年，在华约内部出现了对 1968 年事件重新评价的不同声音。匈牙利党和政府、波兰议会公开发表声明，谴责 1968 年对捷克斯洛伐克的入侵。匈牙利社会主义工人党政治执委会发表声明说，匈牙利社会主义工人党现在的领导人不赞同 1968 年对捷克斯洛伐克进行的军事干涉。匈牙利政府总理内梅特在匈牙利宪法节上也表示，匈牙利政府希望华约缔约国从制度上建立保障，使 1968 年对捷克斯洛伐克进行军事干涉的事件不再重演。

波兰由团结工会控制的参议院发表声明谴责说，1968 年 8 月华约军队入侵捷克斯洛伐克是对一个国家人民的自主权的侵犯，对波兰人民军参与这次入侵表示遗憾，认为这违背了波兰人民的意愿。

保加利亚和民主德国仍把 1968 年出兵之举称为国际主义的援助。民主德国认为，改变对事件的评价脱离了 1968 年全世界范围内阶级斗争的具体条件，必须对违背当时历史条件的评价予以驳斥。

苏联作为当年出兵捷克斯洛伐克的决策者，在匈、波两国谴责 1968 年事件的情况下，对此事反应十分谨慎。苏联外交部新闻发言人认为，脱离当时的政治背景和国际背景是不可能正确理解这一事件的。对事件采取的行动在很大程度上是由当时两大军事政治集团的对抗状态所决定的。

针对波、匈两国的立场，捷共中央主席团一开始还指责匈、波两国的声明，但是不久情况就发生了变化。1989 年 11 月 17 日，为纪念 1939 年 11 月 17 日捷克斯洛伐克大学生反法西斯暴行事件 50 周年，布拉格大学生举行纪念集会，结果集会发展成有几万人参加的反对当局的示威游行。捷克斯洛伐克的局势迅速变化，捷政府进行了重大改组。12 月 3 日，改组后的政府发表声明称，1968 年华沙条约组织五国出兵捷克斯洛伐克，破坏了主权国家之间的关系准则。捷政府已委派阿达麦茨总理向苏联政府说明这一立场。同时还建议苏联政府就有关苏军驻捷条约问题开始谈判。

1989 年 12 月 4 日，华约成员国领导人在莫斯科举行会议，会议中的一项日程是参会的保加利亚、匈牙利、民主德国、波兰和苏联五国领导人发表联合声明，宣布 1968 年出兵捷克斯洛伐克是对一个主权国家内政的干涉，应当谴责这一行动。苏联政府还单独发表声明，承认"当时作出出兵的决定是错误的"。①

四　两德统一

受匈牙利开放边界的影响，捷克斯洛伐克作为移民到西方的中转站也受到冲击，它的西部与民主德国、联邦德国接壤，民主德国公民从捷克斯洛伐克比从匈牙利更易于前往联邦德国。1989 年 9 月有 3000 多名来自民主德国的非法入境者在捷被抓，迫使民主德国不得不加强边界管控，暂时关闭了与捷克斯洛伐克的边界。迫于群众的压力，11 月初，两国边界重

---

① 《戈尔巴乔夫向华约通报苏美首脑会晤情况　华约五国声明 68 年出兵捷是对主权国家内政的干涉》，《人民日报》1989 年 12 月 6 日，第 4 版，见《人民日报》数据库，2006 年 9 月 25 日。

新开放后，再次引发了出走浪潮。一周内，民主德国公民经捷克斯洛伐克到联邦德国的就有 5 万多人，要求自由往来的呼声愈来愈高。1989 年 11 月 9 日，在政府做出私人出国旅游可获得不加任何附加条件的批准后，上百万名民主德国公民在短短几天内经过境站前往西柏林，柏林墙形同虚设。两德的隔离被打破后，走向统一的进程已不可避免。

1989 年 11 月初，苏联还希望民主德国的新领导人克伦茨能够把握住局势，有关统一的问题能够分阶段完成，尽可能长久地保住民主德国，但是事态的发展却越来越快。

1990 年 2 月，华约与北约外长在加拿大渥太华举行"开放天空"会议，讨论制定一项非武装侦察机可以在参与国领土上飞行的国际方案。在会议期间，苏联外长与美、英、法外长达成建立"六国小组"的协议，由东西两德与苏、美、英、法组成"2 + 4"会议，就德国统一问题举行谈判。2 月 13 日即协议达成的当天，两个德国的领导人就开始在波恩进行了关于组建金融和外汇联盟问题的谈判。在谈判之后，民主德国总理莫德罗宣布两个国家要很快统一。6 月 24 日民主德国人民议院提前批准了匆忙起草的关于和联邦德国结成经济、外汇和社会联盟的国家条约草案，该条约在 7 月 1 日生效。

统一后的德国承认现有边界，首先是和波兰的边界；重新统一后在民主德国领土上不准部署北约军队，苏联部队从德国领土上撤出，联邦德国方面从财政上协助撤军。1990 年 9 月 12 日苏、美、英、法与联邦德国和民主德国在莫斯科签订《关于最终解决德国问题的条约》，对上述问题以国际法的形式予以确认。10 月 3 日，两个德国正式统一。

戈尔巴乔夫对两德统一过程回顾后认为，苏联当时的举动是适宜的，没有动用部署在民主德国领土上的苏联部队，尽一切可能让各种进程沿着和平的轨道发展，不损害苏联、两个德国至关重要的利益，也不损害欧洲的和平。①

---

① 〔俄〕米哈伊尔·戈尔巴乔夫：《对过去和未来的思考》，徐葵等译，新华出版社，2002，第 252～253 页。

对于东欧其他国家正在发生的变化，1989 年 11 月 20 日，齐奥塞斯库在罗共十四大上所作的报告中强调指出，共产党不能放弃其革命责任，也不能把自己的历史使命转让给别的政治力量。如果那样做的话，实际上就等于放弃作为一个革命党与实现社会主义和共产主义的纲领和义务。在谈到罗马尼亚与华约的关系时，他重申，罗马尼亚决心加强同社会主义国家军队的合作，积极参与华约的活动，直至这一组织和北大西洋公约组织同时解散为止。[①] 但就在一个月后，罗马尼亚政局突变，蒂米什瓦拉的示威引发了全国性的抗议活动，军队最终倒戈，罗马尼亚救国阵线委员会接管了一切权力。12 月 25 日，罗马尼亚特别军事法庭对齐奥塞斯库夫妇执行死刑判决，这是东欧国家剧变中最血腥的一幕。

20 世纪 80 年代末，发生在东欧国家的政治剧变是欧洲地缘政治变化的开始，作为区域性的政治、军事合作组织，华沙条约组织必然面临着重新定位和调整。它最终走向解体与东欧国家的政治、经济演变趋势是一致的，华沙条约组织内部的离心力并没有给苏联以调整空间，或者说苏联本身也放弃了并且无力阻止这一离心倾向。随之就是华沙条约组织的解散，以及最后苏联的解体。

第二节　华沙条约组织的解散

一　苏联对外政策的调整

1985 年 3 月，戈尔巴乔夫当选为苏共中央总书记，当时正值华约成立 30 周年，戈尔巴乔夫作为苏联领导人第一次出席华约的会议就面临《华沙条约》是否续约的问题。按照 1955 年签署的《华沙条约》的规定，条约有效期限为 20 年；由于没有任何成员国发布条约无效的声明，1975

---

① 《齐奥塞斯库在罗共十四大上作报告时强调加强党的领导作用》，《人民日报》1989 年 11 月 22 日，第 4 版，见《人民日报》数据库，2006 年 9 月 25 日。

年又自动延长有效期 10 年，届时期满。4 月 26 日，华约成员国首脑会议在华沙举行，经过正式会谈，成员国领导人签署了一项议定书，决定《华沙条约》再延期 20 年到 2005 年，之后可再延长 10 年。会后发表的公报说，华约成员国不打算取得对西方的军事优势，但同时也不允许西方取得对华约成员国的军事优势，华约成员国赞成在尽可能低的水平上确保均势。

《华沙条约》的续约表明，华约成员国仍将华约视为能与北约相抗衡、维护欧洲和平的力量。由于中欧裁军谈判正陷于停滞，华约成员国提出保持军事力量上的均势，是不愿承担挑起军备竞赛的责任；同时新上任的戈尔巴乔夫即将与美国总统里根举行苏、美两国首脑会谈，需要相对缓和的气氛。戈尔巴乔夫认为，苏联军队进入阿富汗之后，整个世界的局势极为紧张，在苏、美两国首脑会谈中断了六年之后，有必要恢复两国领导人之间的对话。1985 年 11 月 19～21 日，苏美两国领导人在日内瓦举行会谈，并在会后的联合声明中宣布"永远不要诉诸核战争：战争不会有胜利者"。[①]

苏联调整外交政策的一个重大举措是从阿富汗撤军。受国内舆论的压力，1985 年 10 月戈尔巴乔夫在政治局会议上提出要改变对阿富汗的政策，不再向阿富汗派遣苏军。[②] 1986 年在苏共二十七大上，戈尔巴乔夫提出苏军要尽快撤出阿富汗。根据阿富汗问题的日内瓦协议，1988 年 5 月，苏军的一个摩托化步兵旅开始撤走，3 个月内将撤走一半的军队，9 个月撤走全部 11.5 万人。

1987 年 5 月华约政治协商委员会在柏林召开会议，除了强调华约成员国绝不首先使用核武器、在尊重独立和主权基础上处理国际关系之外，对于两个军事集团造成的分裂的欧洲，会议还提出"华约成员国支持同时解散北约和华约；第一步可以先取消它们的军事组织，最终建立一个全

---

① 〔俄罗斯〕米哈伊尔·谢尔盖耶维奇·戈尔巴乔夫：《孤独相伴：戈尔巴乔夫回忆录》，潘兴明译，译林出版社，2015，第 338～339、345 页。

② 〔美〕威廉·奥多姆：《苏联军队的瓦解》，王振西、钱俊德译，社会科学文献出版社，2014，第 107 页。

面的国际安全体系"。① 1988 年 12 月 7 日，戈尔巴乔夫在第 43 届联合国大会上宣布，苏联两年内将单方面裁军 50 万人，同时决定到 1991 年底前撤出部分部署在东欧国家的军队。在此之前，苏联还就此事与东欧成员国进行过商谈。据民主德国领导人昂纳克说，苏联驻民主德国的大使作为全权代表向他转达过戈尔巴乔夫的决定，为了更多地体现军队的防御性质，苏联决定裁军；并表示如果昂纳克不反对的话，苏联将从民主德国撤走苏军的 4 个坦克团和部分非举足轻重的部队。苏联保证说，在中欧地区，华约的兵力比北约要多 17 万人，苏联的裁军和撤走部分军队的行动不会削弱民主德国的防御力量。②

华约联合武装力量总司令库利科夫 1989 年 1 月 17 日宣布，苏联将从当年上半年开始实施单方面裁军 50 万人的措施，包括从东欧国家撤出 6 个坦克师，其中从民主德国撤出 4 个坦克师，从捷克斯洛伐克和匈牙利各撤出 1 个坦克师。同时苏联还将从东欧撤出强击空降兵和登陆兵部队，共计约 5 万人。从东欧撤出的苏联兵团将被解散，军人将转入预备役，而青年军官将调到别的防区。但库利科夫强调，在裁军的同时，苏联仍保留着战略核盾牌，有足够的防御能力。③

苏联的军事收缩计划实际上从 1986 年就开始了。1986 年 7 月，戈尔巴乔夫在符拉迪沃斯托克（海参崴）发表讲话后，1987 年 9 月苏军从蒙古撤出第 91 近卫步兵师。在 1988 年联合国大会上，戈尔巴乔夫宣布两年内将从蒙古撤出 75% 的部队，1991 年底苏联驻蒙古作战部队 2 个坦克师、3 个摩托化步兵师、2 个航空师和 1 个防空师基本撤离蒙古。1992 年底全部撤出。1986 年苏联从阿富汗撤出 6 个团，1989 年 2 月第 40 集团军全部

---

① "Document No. 123: Records of the Political Consultative Committee Meeting in Berlin, May 27 – 29, 1987," Vojtech Mastny and Malcolm Byrne eds., *A Cardboard Castle ?*, pp. 564 – 566.

② "Document No. 139: Record of Conversation between Erich Honecker and the East German Defense Minister, December 4, 1988," Vojtech Mastny and Malcolm Byrne eds., *A Cardboard Castle ?*, pp. 623 – 625.

③ 《苏联宣布从东欧撤军具体计划》，《人民日报》1989 年 1 月 19 日，第 6 版，见《人民日报》数据库，2006 年 9 月 25 日。

撤离，包括 3 个摩托化步兵师、1 个空降师、3 个独立摩托化步兵师。

随着苏联的裁军举动，波兰、民主德国、捷克斯洛伐克、匈牙利和保加利亚相继宣布单方面裁军，减少国防预算和军事装备。波兰计划减少5% 的军费开支，裁减两个师约 2.4 万人；民主德国要在两年内裁军 1 万人，防务开支减少 10%，这包括减少 600 辆坦克和由 50 架飞机组成的飞行大队；捷克斯洛伐克将削减国防开支 15%，裁减兵员 1.2 万人，850 辆坦克、165 辆装甲运输车、51 架飞机退役，并封存 8 个合成师的装备；匈牙利将减少 46 亿福林国防开支，裁减 9300 名兵员、251 辆坦克、30 辆装甲运输车、430 门各种火炮、6 个战术导弹发射架、9 架歼击机，并取消 1 个坦克旅和 1 个歼击机中队的建制；保加利亚的国防预算将减少 12%，减少 1 万兵员、200 辆坦克、200 门火炮、20 架飞机和 5 艘军舰。保共中央总书记日夫科夫在谈到保加利亚裁军时说，保的决定完全符合苏联和社会主义国家的政治新思维，适应了东西方改善关系的新形势，目的在于把保障国家安全的重点从军事手段转向政治因素。昂纳克也表示，裁军的目的是使本国的武装部队具有"更多的防御性质"。整个东欧的裁军总数为296300 名军人、近 12000 辆坦克、930 架作战飞机。[1]

华约缔约国国防部部长委员会 1989 年 1 月 29 日还首次公布了苏联及华约其他国家驻欧洲军队的人数和武器装备数量，并对北约各国，包括美国驻欧洲军队和军备的数量做出了估计。声明透露，华约在欧洲的军队总人数达 357.3 万人，其中陆军 182.3 万人，空军 42.5 万人，海军 33.8 万人；北约驻欧洲的军队总人数为 366 万人，其中陆军 211.5 万人，空军48.2 万人，海军 68 5 万人。声明表示，无论是华约还是北约，其武装力量都应保持在仅牢固地保卫自己，而不具备进攻对方的实力水平上。希望北约国家效法华约，也采取单方面裁军措施。[2] 但北约很快表示不打算采取相应行动。

---

[1] 〔美〕威廉·奥多姆：《苏联军队的瓦解》，第 195 页。
[2] 《华约首次公布在欧洲军事力量》，《人民日报》1989 年 1 月 31 日，第 6 版，见《人民日报》数据库，2006 年 9 月 25 日。

二 改革华沙条约组织的建议

1988 年 7 月 15 日，华约政治协商委员会在华沙召开会议。会前，罗马尼亚共产党中央委员会曾写信给华约成员国各国党的中央委员会，提出改进华约的组织使其执行机构的工作民主化的建议。

罗马尼亚认为，在国际关系出现削减军备、缓和紧张关系的形势下，华沙条约组织应该采取措施调整和改进组织机构和它的领导。

首先，改组华约的政治协商委员会，使政治协商委员会面向欧洲的社会主义国家而不再与华约挂钩去追求军事目的。罗马尼亚认为，政治协商委员会应该是一个保证各成员国的党和国家在政治和经济领域合作的委员会。它的工作重点在于研究和讨论各国建设社会主义的基本问题、加强社会经济发展的良好合作、提高人民的文化水平和生活标准、加强社会民主、加强社会主义与和平的力量。在这一前提下，保证社会主义国家的防护能力。同时它要对所有想参加的欧洲社会主义国家开放。

其次，建立军事防御委员会，作为条约的军事机构。

再次，为了加强政治协商委员会的民主性质，委员会应该以各成员国每年轮流担任主席为工作原则。相应地，军事委员会的主席也是每年轮流担任，由此各个参加国都保证有机会担任主席。

最后，华约联合武装力量总司令任期 4～5 年，将来，来自各成员国的高级官员可以轮流担任此项职务 2 年甚至是 1 年。对于华约参谋长一职，苏联官员可以连任两届，其他国家也可以选派代表担任。①

罗马尼亚的建议似乎没有得到重视，华约各成员国除了做出裁军决定之外，并没有开始商讨对华约组织机构的民主改革。1989 年 6 月，保加利亚共产党还就罗马尼亚的提议写信给罗共中央，表示改革的时机还不成熟，有必要保留政治协商委员会作为华约内政治和军事合作结构的主要机构，去掉它将导致合作机制的无组织化。

---

① "Document No. 133: Romanian Proposal for Reform of the Warsaw Pact, July 4 – 8 1988," Vojtech Mastny and Malcolm Byrne eds. , *A Cardboard Castle ?* , pp. 600 – 601.

在应对形势变化问题上，华约成员国存在分歧。在 1989 年 7 月在布加勒斯特召开的政治协商委员会会议上，戈尔巴乔夫提到了华约组织机制的民主化，成员国间的合作更多的应该是政治性的合作。戈尔巴乔夫的观点是基于他对国际形势的判断，在他看来，随着东西方核裁军工作的推进，军事威胁已经远去，地区冲突渐趋平息，华约的性质在保卫成员国安全的同时，要从军事 - 政治联盟转向政治 - 军事联盟。而民主德国领导人昂纳克并不同意戈尔巴乔夫的观点。他认为国际事务并没有向着好的方面发生根本性的变化，北约所提的常规武器和核武器的现代化，实际是维持遏制战略，迫使社会主义卷入日益加剧的军备竞赛；并且其裁军的立场公开与以西方价值观为基础克服欧洲分歧的目标结合在一起。波兰和匈牙利则支持苏联的观点。①

1989 年 10 月匈牙利国内政治也发生了重大变化。10 月 18 日匈牙利国会修改了宪法，实行多党制，同时把国名从"匈牙利人民共和国"改为"匈牙利共和国"。10 月 23 日，在匈牙利 1956 年事件 33 周年纪念日之际，匈牙利国会主席、国家代总统絜勒什·马加什宣布匈牙利共和国成立，并把这次改名视作匈牙利历史阶段的新开端，作为一个独立、民主的法治国家，匈牙利将同时实现资产阶级民主与民主社会主义的价值。当天匈牙利外长霍恩在对西方访问时表示，匈牙利争取成为一个中立国，但仍会尊重对华沙条约组织承担的义务；同时认为，华约成员国间的合作应该革新和"非意识形态化"，华约不应参与各成员国内部的政治进程，而应把精力集中于军事合作和就国际问题确定共同的立场。②

10 月 26 日在华沙举行的成员国外长委员会会议，是华约成立 34 年历史上首次由一个非共产党政府作为东道主主持会议。在这次会议上，苏联提出建立一个常设政治工作机构来实现华约的转变。波兰和匈牙利提出

<hr />

① "Document No. 146: Records of the Political Consultative Committee Meeting in Bucharest, July 7 - 8, 1989," Vojtech Mastny and Malcolm Byrne eds., *A Cardboard Castle?*, pp. 644 - 647.

② 侯凤菁等：《匈正式更名为匈牙利共和国　匈外长表示匈尊重对华约承担的义务》，《人民日报》1989 年 10 月 25 日，第 3 版，见《人民日报》数据库，2006 年 9 月 25 日。

了对华约进行民主化改革的要求，认为军事条约和联盟应只关注成员国外部的安全，不涉及其内部的经济和政治安排。① 会议发表的最后公报保证，每个国家都有不受任何外部干涉或恫吓独立决定自己的政府形式的权利，这种权利对于整个欧洲的长期和平与稳定来说是必不可少的。

三 华约解散军事机构

随着东欧政治形势的变化，苏联在东欧领土上的驻军问题变得十分敏感。捷克斯洛伐克是开始同苏联谈判全部撤走苏联军队的第一个华约成员国，根据捷总理恰尔法与苏联政府的商定，两国从 1990 年 1 月起举行副外长级的会谈，讨论撤走苏联 7.5 万名驻捷军人的问题。根据 2 月 26 日两国政府达成的协议，到 1991 年 6 月 30 日以前，全部驻捷苏军及其装备将分三个阶段撤离完毕。苏联从 2 月 26 日开始从捷境内撤军，到 5 月底完成第一阶段的撤军任务，苏联已从捷撤走 2.4 万多名军人，约占驻捷苏军总数的 1/3。整个撤军实际上在 1991 年 6 月 27 日完成。② 苏联与匈牙利的撤军谈判在布达佩斯举行，并且签订了未来几年内全部撤出苏联军队的条约。

波兰虽然从民族情感上对苏联更为抵触，但它却没有急着要苏联撤走驻扎在波兰的军队。根据一份有关华约缔约国参谋长联席会议的报告，苏联军队总参谋长曾表示，苏联计划部署 27.5 万名军人留守在民主德国和波兰的领土上，波兰代表团也确认波兰没有要求苏联撤走军队。③ 波兰当时主要考虑的还是它与德国边界的问题，尤其是随着德国统一谈判的推进，波兰作为利益相关方却没有被邀请参与谈判，这使它仍存在顾虑。因此它在得到统一后的德国对其西部边界的保证之前，即承认二战后的奥得

---

① "Document No. 147：Records of the Foreign Ministers' Meeting in Warsaw, October 26 – 27, 1989," Vojtech Mastny and Malcolm Byrne eds. , *A Cardboard Castle？*, pp. 655 –659.

② 杨华主编《东欧剧变纪实》，世界知识出版社，1990，第 191 页。又见 Jaroslav Pánek, Old řich Tůma et al. , *A History of the Czech Lands*, Charles University in Prague, Karolinum Press, 2009, p. 594。

③ "Document No. 150：Czechoslovak Report on a Meeting at the Soviet General Staff, January 29, 1990," Vojtech Mastnz and Malcolm Byrne eds. , *A Cardboard Castle？*, p. 667.

河—尼斯河为两国边界，允许苏军驻扎在其领土上。

从东欧撤军，在苏联内部尚未引发它对自身国土安全问题的担忧，也没有想到北约迅速东扩的问题。在苏联国内最先触发的是人道主义的危机，如何安置从东欧国家撤回的军人，短时间接收如此多的军官及其家属，为他们提供住房等成为极大的困难。这次撤军潮与苏联以往的裁军不同，苏联根本没有为撤军做好准备，总参谋部只有战时对西欧作战的计划，而没有组织大规模撤军的预案和实际经验。更重要的是，此时苏联国内政治和经济形势极不稳定，地方政府能力有限或者根本抵触安置撤回国内的军人及家属，在波罗的海地区、摩尔达维亚和外高加索地区，有人对苏联军人进行威胁，露骨地攻击他们为"占领者"，引起军人的极大不满，安置工作极为混乱。[①] 这也成为当时苏联国内引人注目的社会问题。

随着苏联撤回在东欧国家的驻军，华约作为与北约对抗的军事组织的性质也将失去意义。1990 年 6 月 7 日，华约在莫斯科召开政治协商委员会例会，保加利亚、匈牙利、民主德国、波兰、罗马尼亚、苏联及捷克和斯洛伐克 7 个成员国的国家元首、政府首脑、外交部部长及国防部部长出席了这次会议。会议通过宣言，指出华沙条约组织和北大西洋公约组织过去通过的对立条款已经不符合时代的精神，因此将华约的性质从军事同盟转变为政治同盟，要求北大西洋公约组织也向政治同盟转变。会议确定在华沙条约组织内设立一个委员会，到 1990 年 11 月底向将在布达佩斯举行的特别最高级会议提出改革建议。

此时华约内部已经动摇，有些成员国认为华约作为武装力量谈判的工具还应存在一定时期，苏联也承诺为其成员国继续提供安全保障，但是有些成员国已经把退出华约提上日程。1990 年 6 月 26 日匈牙利国会通过决议，宣布匈牙利将尽快退出华约。决议说，国会要求政府开始就匈牙利退出华约问题同有关方面进行谈判，争取华约其他成员国同意匈牙利不再作为该组织的成员国。匈政府在谈判中采取的第一个步骤是停止参与华约的军事行动，包括匈牙利军队不参加华约的联合军事演习，也不准华约的军

---

① 〔美〕威廉·奥多姆：《苏联军队的瓦解》，第 302 ~ 304 页。

队在匈牙利国土上举行军事演习。决议还要求政府同华约各成员国就重新审查双边友好互助条约问题进行谈判。

1990 年 7 月和 9 月,根据莫斯科会议所签署的宣言,华约成员国政府全权代表临时委员会在捷克和斯洛伐克的切拉科维采和保加利亚的索非亚两次举行会议,商讨改变华约性质、确定其前途以及今后各成员国应承担的任务等一系列问题。但是由于成员国立场不一致,未能制定有关华约前途的文件草案。

走出退出华约第一步的是民主德国。德国统一问题在 20 世纪 90 年代初已经变得不可避免,只是它的进程谁都无法预测。苏联曾设想统一后的德国仍是北约和华约的成员国,苏联在民主德国保留 19.5 万人的军队,并且认为两德统一进程至少要进行五年。① 但就在几个月之后,为了配合 10 月 3 日两德的统一,1990 年 9 月 24 日,民主德国退出华沙条约组织议定书签字仪式在柏林举行,民主德国裁军和国防部部长埃佩尔曼和华约联合武装力量总司令卢舍夫大将在议定书上签字。议定书规定,民主德国从 10 月 3 日起不再享有华约成员国的权利,也不再承担对华约的义务。民主德国的国家人民军代表最迟应于 10 月 2 日从华约的领导机构退出。华约在民主德国领土上存放的军备物资应交还苏联军队,秘密文件应予销毁或交还苏联。统一后的德国将是北约成员国。

10 月底,针对匈牙利等国声明将退出华约的军事机构,不再参加华约联合武装力量的军事演习,苏联外交部的官员阐述苏联的立场时说,在北约和华约两大集团的军事潜力与合理、足够原则不相符之前,在这两大集团的武装力量失去发动大规模进攻能力之前,华沙条约组织的存在仍是必要的。

11 月初,在布达佩斯举行了华约成员国首脑会议。该会议基本上决定了华约的前途,按照原计划,华约军事组织将在 1991 年 6 月底解散。但在 1991 年 2 月 9 日,苏联总统戈尔巴乔夫写信给各成员国首脑,建议 2

---

① "Document No. 152: Memorandum of Eppelmann-Iazov Conversation, April 29, 1990," Vojtech Mastny and Malcolm Byrne eds., *A Cardboard Castle?*, pp. 671 – 672.

月召开的华约外交部部长和国防部部长会议的主要目标是做出一项决议，即 1991 年 4 月 1 日解散华约的军事组织。

1991 年 2 月 25 日，华约成员国外交部部长和国防部部长级特别会议在布达佩斯召开。会议通过协议，就结束华约范围内所签订的军事协定和解散军事机构签署备忘录，据此，华沙条约缔约国一致同意如下决定。

第一，从 1991 年 3 月 31 日起，下列文件失去效力：1955 年 5 月 14 日华沙条约缔约国关于成立华约联合武装力量司令部的决议；1969 年 3 月 17 日华沙条约缔约国关于《和平时期国防部部长委员会条例》；1969 年 3 月 17 日华沙条约缔约国关于《和平时期联合武装力量和联合司令部条例》；1969 年 3 月 17 日华沙条约缔约国关于《和平时期军事委员会条例》；1969 年 3 月 17 日华沙条约缔约国关于《和平时期共同防空体系条例》；1980 年 3 月 18 日华沙条约缔约国与领导机关关于战时联合武装力量的条例；以及与上述文件的执行、修改及补充相关的其他文件。

从 1991 年 3 月 31 日开始，与上述文件同样失去效力的，有在华约范围内建立的所有军事机关和机构、国防部部长委员会、联合武装力量司令部、联合武装力量军事委员会、参谋部、技术委员会、联合武装力量军事科学技术委员会、华沙条约缔约国统一防空体系；同时停止的还有华沙条约规定范围内的所有军事行动。

第二，与第一条相一致，从 1991 年 3 月 31 日起，终止联合武装力量管理机关中各国军队的军人行动，取消联合武装力量总司令在各国国防部的代表机构，停止对联合武装力量司令部的财政拨款。

第三，今后，对于那些确定是华沙条约缔约国与联合武装力量司令部之间协调的文件，不得转交第三国，不能公开，不能传播。

第四，该备忘录自签署之日起生效。①

备忘录原件存于匈牙利外交部档案馆，匈牙利外交部将副本交给各缔

---

① "Document No. 155: Agreement on the Cessation of the Military Provisions of the Warsaw Pact, February 25, 1991," Vojtech Mastny and Malcolm Byrne eds., *A Cardboard Castle?*, pp. 682 – 683.

约国和联合武装力量司令部。

1991 年 7 月 1 日,在布拉格举行了华约政治协商委员会最后一次会议,参加的华约六国领导人是:苏联副总统亚纳耶夫、保加利亚总统热列夫、匈牙利总理安托尔、波兰总统瓦文萨、罗马尼亚总统伊利埃斯库与捷克和斯洛伐克总统哈韦尔。会议最后在布拉格的切尔宁宫签署一项议定书,宣布废除 1955 年 5 月 14 日在华沙签署的《友好合作互助条约》及 1985 年 4 月 26 日签署的《关于延长〈华沙条约〉期限议定书》;并指出,鉴于欧洲出现的深刻变化,又考虑到 1990 年 11 月在巴黎会议上 22 国签署了裁减常规武器条约和联合声明,宣布彼此不再是敌人,并将建立新的伙伴和合作关系,与会的华约六国决定,在它们所签署的这项议定书被各自国家批准后,华约将不复存在。

为了处理华约解散的后续问题,1992 年 10 月 9 日,保加利亚和俄罗斯签署了《关于完成华沙条约在保武器处理工作的文件》。这项文件指出,完成华约武器的处理工作标志着华约成员国的相互义务和依附关系的彻底终结。俄罗斯感谢保加利亚军方顺利而安全地完成了危险武器的运输工作,遗留在保加利亚的一部分武器转归保加利亚军队所有,储存在保加利亚的军用燃料和武器零配件则以优惠价格出售给保加利亚军队。

第三节　重塑与北约的关系

一　北约的新姿态

1990 年 7 月 4 日,负责国际问题的苏共中央书记瓦连京·法林在接受德新社的访谈时说,"对苏联来说,统一后的德国加入北约是不可行的,这将使力量对比关系发生非常强烈的改变"。① 但在 10 天之后,苏联

---

① 〔德〕霍斯特·特尔切克:《329 天:德国统一的内部视角》,欧阳甦译,社会科学文献出版社,2016,第 199 页。

总统戈尔巴乔夫在莫斯科与联邦德国总理科尔举行会谈时，却出乎德国人的意料，同意德国仍然可以是北约成员，唯一的条件是，只要苏军驻扎在民主德国，北约还不能在那里行使职权。这让联邦德国负责会议记录的特尔切克惊喜不已，好像苏联答应得太容易了。

1990 年 7 月 5 日至 6 日，北大西洋公约理事会在伦敦召开 16 国首脑会议，会后发表《变革中的北大西洋联盟宣言》（又称《伦敦宣言》），宣告欧洲进入一个充满希望的新时代。宣言说，欧洲人正在决定他们自己的命运，德国实现统一意味着欧洲的分裂正在弥合，北约的政策将做相应的调整。它不仅要与欧洲、美国和加拿大保持团结，还要与原来的对手建立伙伴关系。宣言承诺，北约仍将是一个防御联盟，将以和平的方式解决争端，在任何情况下不首先使用武力。宣言还建议，北约成员国与华约成员国联合发表一项声明，宣布"我们不再是对手"，避免针对任何国家的领土完整或政治独立使用武力。宣言说，北约正在与苏联和东欧国家建立常规外交联络，加强军事交流。在订立《欧洲常规武装力量条约》之后还要进行进一步的常规战略导弹谈判，实现欧安会的制度化，把中东欧国家变成新欧洲政治构架的一部分。[1]

二　东欧国家谋求加入北约

面临新的形势，波兰、匈牙利与捷克和斯洛伐克三国在华约组织尚未正式宣布解散时开始商讨对策，1991 年 2 月三国在匈牙利的维谢格拉德举行会议，协调其政治和经济政策。8 月苏联发生未遂政变，波、匈、捷三国在华沙召开紧急会议，认为面对苏联如此不稳定的局势有必要与北约建立政治联系，协商安全问题。

北约也因此做出回应，1991 年 11 月在罗马召开北约成员国首脑会议，发表《关于和平与合作的宣言》（又称《罗马宣言》），提出建立北大西洋合作委员会，作为与前华约成员国及波罗的海三国协商与合作的机

---

[1] 《北约是什么——北约重要历史文献选编之一》，王义桅等编译，世界知识出版社，2013，第 38～44 页。

制，并邀请它们参加 12 月在布鲁塞尔召开的北约成员国外长会议，就政治与安全问题进行协商。作为北约与前华约成员国的合作框架，即使在苏联解体之后合作委员会仍行之有效。1992 年 3 月 10 日北大西洋合作委员会在布鲁塞尔召开特别会议，参加会议的有北约成员国的外长及代表，以及东欧前华约成员国、波罗的海三国及独联体 10 国（哈萨克斯坦未参加）的外长及代表。会后发表的声明称，希望通过对话、伙伴关系与合作，为欧洲新的持久的和平而共同努力。①

华沙条约组织作为与北约对抗的政治和军事实体，它的解散以及苏联的和平解体，意味着以两个阵营对抗为主要特征的冷战时代的结束。有人认为，新的欧洲秩序似乎顺理成章地朝着欧洲一体化的方向进行，东欧国家从现实政治讲已不存在直接的安全威胁，有可能选择芬兰那样的中立化道路。但也有人认为，"芬兰化"的形成是基于芬兰西方式的经济与社会制度，同时它又与俄罗斯保持着良好的外交和安全关系，而当时东欧国家并不具有这样的特点。② 实际上，还应该加上另外一个重要因素，就是地理位置，东欧国家处于欧洲的中心地带，欧洲地区的任何动荡都会迫使其做出选择。

就在人们认为冷战结束，欧洲将迎来新的和平发展时代之际，1992 年 4 月爆发的波黑战争，又使欧洲的安全形势严峻起来。联合国同年 10 月通过波黑禁飞区的决议，为此北约要通过匈牙利的领空实施对禁飞区的监督。匈牙利在获得美国提供的最新防空防御系统后同意了这一要求。③ 但这并不意味着匈牙利是最积极要求加入北约的东欧国家。阿尔巴尼亚于 1992 年 12 月最先提出加入北约，而让北约真正去考虑东扩问题的是波兰。波兰向西方靠拢的意识非常强烈，早在 1992 年 3 月，波兰国防部部

---

① Janusy Stefanowicza, *Polska-NATO*, *Wprowadzenie i Wybór Dokumentów 1990 – 1997*, Warszawa：Instytut Studiów Politycznych PAN, 1997, s. 91.

② Terzieva Karayaneva, "Bulgaria：Slowly, but Steadily on the Road to Democracy," in Bogdan Góralczyk et al., *In Pursuit of Europe*, *Transformations of Post-Communist States*, *1989 – 1994*, Warsaw：Institute of Political Studies PAN, 1995, p. 36.

③ Vojtech Mastny, "Reassuring NATO：Easttern Europe, Russia, and the Western Alliance," *Forsvarsstudier 5*, 1997, p. 53.

长扬·帕雷斯就宣布波兰军队重建以适应使用北约的武器，并且准备采用新的军事学说，把加入北约作为波兰的主要目标。

波兰要加入北约还是会顾及俄罗斯的态度。1993 年 8 月时任俄罗斯总统叶利钦访问波兰，波兰提出了加入北约的计划，在 8 月 25 日波俄签署的联合宣言中可以看到，对波兰在这一问题上的立场叶利钦表示理解，而波兰同时强调这一决定旨在走向全欧一体化，并不违背包括俄罗斯在内的其他国家的利益。① 叶利钦随后访问捷克时也表态不会阻止捷克加入任何国际组织。鉴于叶利钦的表态，波兰人满心欢喜，认为通向北约之路已无障碍，总统瓦文萨在 9 月 1 日写信给北约秘书长曼弗雷德·韦尔纳，正式提出波兰加入北约。在信中瓦文萨表示，波兰此举并非源于对威胁的恐惧，而是要分享联盟所代表的目标和价值观，明确界定波兰在欧洲和世界上的地位。② 没想到，俄罗斯的态度变了。9 月 15 日，叶利钦致信美、英、法等国领导人，提出 1990 年有关德国统一的协定禁止北约东扩并不仅仅指在民主德国，没有俄罗斯的准入，北约的扩大是不能接受的。他认为北约与俄罗斯应该成为欧洲安全的共同保护人。③

绕过俄罗斯与前华约的东欧成员国谈准入问题并不明智，北约采取应急措施以减缓矛盾实现其目标。北约于 1994 年 1 月 10 日至 11 日在布鲁塞尔举行北约成员国首脑会议，会后发表了《布鲁塞尔峰会宣言》，提出"通过和平伙伴关系计划"，邀请伙伴国加入北约。其核心内容是：①说明北约接纳新成员的法律基础，按照《华盛顿条约》第 10 款，向"推进条约原则和促进北大西洋区域安全的其他欧洲国家开放成员国资格"；②在北大西洋合作委员会框架下邀请该委员会和欧安会的其他成员国参加该计划；③和平伙伴关系国与北约的联系方式，是向北约总部和北约驻比利时蒙斯的伙伴关系协调处派遣常驻联络官；④和平伙伴关系国可参与的

① Janusy Stefanowicza, *Polska-NATO*, *Wprowadzenie i Wybór Dokumentów 1990 – 1997*, s. 100.

② Janusy Stefanowicza, *Polska-NATO*, *Wprowadzenie i Wybór Dokumentów 1990 – 1997*, s. 101 – 103.

③ Vojtech Mastny, "Reassuring NATO: Easttern Europe, Russia, and the Western Alliance," *Forsvarsstudier* 5, 1997, p. 58.

活动包括在适当的地方参加北约相关的演习、了解与协调活动相关的北约特定的技术资料、与北约交换防务规划和预算等；⑤北约的义务包括为和平伙伴关系国提供规划、培训、演习和军事学说及事关伙伴关系活动的指导；⑥参加伙伴关系活动的经费自行承担。①"和平伙伴关系"计划的推出，使得北约成为欧洲区域政治和军事合作的倡导者，并掌握了冷战后欧洲新秩序建立的话语权和主动权。

布鲁塞尔会议后，美国总统克林顿到访布拉格，与捷克、波兰、匈牙利和斯洛伐克四国首脑举行会谈，讨论北约首脑会议的决定和北约向新成员开放问题，并表示支持东欧的经济转型。实际上在当年1月7日，上述四国的国防部部长已经在华沙召开会议，讨论北约首脑会议前的协调，达成成为北约成员国并获取北约使其加入联盟的承诺的战略目标。罗马尼亚也在第一时间加入"和平伙伴关系"计划，同年美国参议院恢复了罗马尼亚在双边经济关系中的最惠国待遇。保加利亚总统热列夫在1994年2月14日签署"和平伙伴关系"计划，认为这将密切保加利亚与欧洲及欧洲—大西洋体系的关系，但同时也强调不应认为它是直接针对俄罗斯的。②俄罗斯则在1994年6月22日签字，成为"和平伙伴关系"计划的成员国。"和平伙伴关系"计划表面上推迟了北约的东扩，实际上设置了准入门槛，像是在为参加国办理培训班，设置延缓期，也为分批加入北约做准备。

1995年9月的《北约扩大研究报告》更加明确了北约东扩的基本准则，北约将"安全"界定为一个包含政治、经济与防务在内的广义概念。研究报告中还特别提到北约与俄罗斯的关系，认为发展北约与俄罗斯的关系是构建欧洲合作安全架构的组成部分。双方已就未来关系走向启动了新的对话机制，进一步明确安全合作与发展相互政治磋商的基本原则。针对俄罗斯对北约扩大进程的担忧，北约明确表示，"包括与军事安排相关内容在内的扩大进程将不会威胁任何国家"。③

---

① 《北约是什么——北约重要历史文献选编之一》，王义桅等编译，第232~236页。
② Bogdan Góralczyk et al., *In Prusuit of Europe*, *Transformations of Post-Communist States*, *1989 – 1994*, pp. 90, 36.
③ 《北约是什么——北约重要历史文献选编之一》，王义桅等编译，第246~247页。

三　俄罗斯与北约关系条约

俄罗斯继承了苏联的主要遗产，同时要承担华约快速解体的后果，北约作为冷战时期的主要对手，并未随着华约的解散而解散，华约成立时所追求的非集团化的欧洲和平目标也未实现，北约的扩大更是俄罗斯没有预想到的后果，或者说是俄罗斯缺乏冷战后的战略布局的结果。在无法阻止北约东扩进程之后，俄罗斯尽力对东扩做出有利于自己的限制。[①] 1997 年5 月27 日，经过多轮谈判，俄罗斯总统叶利钦与北约成员国首脑和北约秘书长索拉纳在巴黎签署《北约—俄罗斯相互关系、合作与安全基本法》，从基本法的原则、双方磋商与合作机制、合作领域以及政治－军事事务四个方面做了约定。该法案说，俄罗斯与北约不把对方视为敌人，愿在共同利益、互惠、透明基础上发展有力、稳定和持久的伙伴关系。双方承诺支持建立一个促进所有国家人民的稳定、和平、不可分割的完整自由的欧洲。双方将建立常设联合理事会，就双方关注的安全议题展开磋商。常设联合理事会可举行定期会议、临时特别会议；每年召开两次外长和国防部部长级别的会议，每月召开北大西洋理事会大使或常设代表级会议；还可根据具体情况召开国家元首或政府首脑级会议、军事代表或军事专家会议等。常设联合理事会将由俄罗斯、北约秘书长和北约成员国以轮流方式派代表联合主持。双方合作的领域包括：涉及欧洲—大西洋地区安全和稳定的共同利益议题；俄罗斯参加欧洲—大西洋伙伴关系理事会与"和平伙伴关系"计划；信息交换和就战略、防务政策、北约与俄罗斯军事主张、预算和基础设施发展项目展开磋商；军控议题；核安全议题；阻止核武器、生化武器及其运载手段的扩散；打击恐怖主义和毒品走私；等等。

法案还强调了俄罗斯最关心的两个问题：一是北约成员国重申不在新成员国领土上部署核武器；二是北约不通过永久驻扎大量战斗部队来落实

---

① 郑羽：《俄罗斯与北约：从"和平伙伴计划"到马德里峰会》，《东欧中亚研究》1997年第 6 期。

其集体防务和其他使命。法案提到对《欧洲常规武装力量条约》的调整，重申签约国以单独或联合方式来保持与一国或集体合法安全需求相匹配的军事能力。[①]

四　欧洲新秩序的重构

此后 20 年间，北约掀起了一波东扩的浪潮，1997 年 7 月，波兰、捷克、匈牙利收到加入北约的邀请。1999 年 3 月 12 日，三国加入北约，成为中东欧国家中第一批加入北约的国家。2004 年前华沙条约组织成员国保加利亚、罗马尼亚加入北约，2009 年 1 月阿尔巴尼亚加入北约。苏联在二战后建立起来的所谓安全地带几乎全被吞噬掉，甚至席卷到俄罗斯的家门口。俄罗斯曾希望在独联体范围内保留统一的战略空间，但其努力的成效有限。1992 年 5 月 15 日，亚美尼亚、哈萨克斯坦、吉尔吉斯斯坦、俄罗斯、乌兹别克斯坦和塔吉克斯坦六国在乌兹别克斯坦首都塔什干签署《集体安全条约》。2002 年 5 月，该条约理事会会议通过决议，建立独联体集体条约组织，仍是六个成员国，白俄罗斯加入，乌兹别克斯坦退出。该组织在维护地区安全和稳定上能发挥怎样的作用，值得关注。

随着地缘政治发生的新变化，冷战时期达成的缓和国际局势的重要成果如今也面临着新的挑战。

1999 年 11 月，欧洲安全与合作组织在伊斯坦布尔举行首脑会议，通过了《欧洲常规武装力量条约修改协议》，重新界定了条约适用的地理范围，不按照集团而是以国家和领土确定限额。俄罗斯 2004 年批准了该修订协定，但北约各国未有举动。2007 年 7 月 14 日，俄罗斯总统普京宣布暂停履行《欧洲常规武装力量条约》。

2018 年 10 月美国总统特朗普宣称，美国将退出 1987 年 12 月 8 日签署的《中导条约》，理由是俄罗斯违反条约，私自制造武器。按照《中导条约》的规定，它并未设置有效期，而是规定"在行使国家主权方面，每一方都有权退出本条约，条件是它认为与本条约主旨相关的非常事件已

---

① 《北约是什么——北约重要历史文献选编之一》，王义桅等编译，第 266 ~ 276 页。

经损害了其最高利益。在退出本条约前 6 个月，它要将其行为通知对方。在通知中，应包括通知方所认定的已危害其最高利益的、有关非常事件的陈述"。① 2019 年 7 月，在美国正式宣布退出《中导条约》前，俄罗斯总统普京签署法令停止履行该条约。在欧洲，两大军事集团对抗的历史已经结束，但是对区域政治与军事势力平衡的探寻还在继续。曾有学者声称，整个 20 世纪是解决帝国瓦解之后留下的遗产问题，那么我们是否也可以说，21 世纪要在多元化以及全球化的趋势下确立新的秩序？

---

① 《北约是什么——北约重要历史文献选编之二》，许海云等编译，世界知识出版社，2014，第 78 页。

| 经济互助委员会 |

第一章

经济互助委员会的成立及其机构设置

经济互助委员会最初是一个区域性的经济合作组织，它的创始国有苏联、波兰、捷克斯洛伐克、匈牙利、罗马尼亚和保加利亚，随后加入的有阿尔巴尼亚和民主德国。到 1991 年解散之前，经互会有 10 个成员国，欧洲成员国有 7 个，非欧洲成员国有蒙古、古巴和越南。经互会是有着重要国际影响力的经济合作组织，其成立与第二次世界大战后欧洲政治局势的发展有着密切的联系，也是苏联在冷战形势下加强与东欧国家经济联系的产物。

第一节　经济合作的缘起

一　战后初期东欧国家与苏联的经济关系

在欧洲版图上，如果以第二次世界大战后的地缘政治概念来划分东欧和西欧，各国之间的边界线大部分是以自然边界来划分的。波兰和民主德国的边界线是流向波罗的海的奥得河—尼斯河；捷克斯洛伐克的北部以厄尔士山脉、南部以捷克林山和舒马瓦山脉与联邦德国相隔，南部有迪耶河和摩拉瓦河的下游与奥地利为邻。从地形上看，从波罗的海的东岸一直延伸到乌拉尔山，是辽阔的东欧平原；波罗的海的南岸是波德平原，接着是喀尔巴阡山脉；内陆是多瑙河中游平原和多瑙河下游平原；南部是被亚得里亚海、黑海和爱琴海环绕，伸向地中海的巴尔干半岛。

按照领土面积，这个区域有面积居于世界第一位的苏联，有排进欧洲前十位的波兰，还有处于中等水平的罗马尼亚、捷克斯洛伐克、保加利亚和匈牙利，面积最小的是阿尔巴尼亚。还有两个地位特殊的国家，一个是民主德国，它是第二次世界大战后苏联在德国占领区与美、英、法占区分治的结果，1949 年 10 月成立，主要位于易北河以东；另一个是南斯拉夫，它并没有在苏联和东欧国家经济合作区内，但它在经互会成立过程中的作用不可忽视。

苏联与东欧国家在二战前并没有密切的经济联系。不论是苏联还是东欧国家，对外经济活动都主要是与经济较发达的德国、法国等国家相关联。但是，二战中在东欧主场作战的是苏联，并且随着战争后期苏、美、英等大国对欧洲的政治安排，东欧国家必须考虑如何处理好与苏联之间的关系。

1943 年 12 月，战争尚未结束，捷克斯洛伐克在伦敦的流亡政府领导人贝奈斯在莫斯科与苏联签订了友好、互助和战后合作条约。红军进入捷克斯洛伐克后，让捷克斯洛伐克著名的斯柯达兵工厂为己所用，战后斯柯达生产出的产品包括农业机器、机车车头及车辆等大部分被运往苏联。但是直到 1947 年，捷克斯洛伐克对外贸易的 80% 还是对西方国家，对苏贸易只有 7%。[1]

《苏波友好互助和战后合作条约》是 1945 年 4 月签订的。1945 年 7 月 7 日，两国签订贸易条约和相互供货协定。苏联向波兰提供铁矿石、锰矿石、棉花、烟草、亚麻、磷灰石、纸浆和纸张等商品，波兰提供煤和焦炭、钢和铁、锌、水泥、烧碱等。按照规定，两国每年都将签订换货和支付协定。[2] 至于之后引起非议的两国供煤协议，是在 1945 年 8 月 16 日签订的。协议规定 1946～1953 年，波兰以每吨 1.25 美元的价格每年向苏联提供 1.2 亿吨的煤，而按照世界市场价格，煤的成本价每吨也要 5～6 美元。交易的前提是苏联放弃对波兰西部前德国领土上的德国财产的要求。[3]

---

[1] Jaroslav Pánek, Oldřich Tůma et al., *A History of the Czech Lands*, p. 486.

[2] 苏联科学院经济研究所编《苏联社会主义经济史》（第五卷），周邦新等译，三联书店，1984，第 714 页。

[3] Stanisław Mikołajczyk, *The Rape of Poland: Pattern of Soviet Aggression*, Westport, Connecticut: Greenwood Press, 1972, pp. 141–142.

对于匈牙利、保加利亚和罗马尼亚这些曾经加入轴心国的国家，苏联红军在向西推进的同时，就利用停战协议，在这些国家获得军事物资的补给；加上之后的战争赔偿，以及匈、罗两国要返还它们从苏联掠夺的物品和材料，这些构成了战后初期匈、保、罗三国的主要经济负担。1944～1947年，罗马尼亚政府预算开支的31%～52%要用于此，匈牙利的经济负担也在40%左右。① 1946年4月，苏联同意匈牙利政府的请求，把匈牙利对苏联的战争赔款年限从6年延长到8年，并延期支付已到期的应赔偿货物，以减轻匈牙利的赔款压力。②

在同盟国与罗马尼亚等国签订和平条约之前，苏联不会先行主张与它们谈双边关系。但是为了复苏经济，苏联与匈牙利1945年签订了换货协定，匈牙利从苏联获得了焦煤、铁矿、生铁等重要物资，以发展其钢铁工业，并得到棉花以发展其纺织工业。苏联则自匈牙利输入棉织物和布匹。在罗马尼亚，苏联根据《苏英美三国柏林（波茨坦）会议议定书》接收了罗马尼亚领土上的德国财产，并以此为苏方的股份与罗马尼亚开办联合股份公司，这些都是与其经济利益密切相关的企业。1945～1952年，苏联与罗马尼亚建立了16个联合公司，涉及石油开发、运输、银行、煤矿、造船等重要产业。③ 直到1953年年中，苏联才逐渐退出这些联合公司。

二 区域性合作的初步尝试

1947年美国推出"马歇尔计划"，这对东欧国家确实有很大吸引力。不论是弥补战时的损失，还是摆脱债务，东欧国家都急需外来的援助。美国在东欧没有传统的利益关联，但存在发展经济关系的空间。1946年7月，匈牙利政府通过谈判，使美国归还了从匈牙利国民银行拿走的29925

---

① Tamás Réti, Soviet Ecomomic Impact on Czechoslovakia and Romania in the Early Postwar Period：1944－1956, East European Program European Institute, The Wilson Center, Occasional Paper No. 11，p. 2.

② 马细谱主编《战后东欧——改革与危机》，第142页。

③ Tamás Réti, Soviet Economic Impact on Czechoslovakia and Romania in the Early Postwar Period：1944－1956，p. 3.

公斤价值 4000 万美元的黄金；美国还同意向匈牙利贷款 1000 万美元以购买美国机器设备。① 波兰同样在战后得到美国 3700 万美元的贷款，以购买美国军队留下的汽车和其他物资。为此波兰每年要付出 130 万美元的本金及约 70 万美元的利息。② 保持东欧的市场应该也符合美国的利益，前提是美国处理好与苏联的关系，而东欧又能基本维持战后初期多党联合政府的状态。

事实上，东欧各国内部政治局势终究要明朗化，它们寻求苏联的支持理所应当，但是否能维持与西方的关系，命运却并不完全掌握在东欧国家自己手里。1947 年 5 月 31 日，季米特洛夫写信给斯大林，提到保加利亚正在经受的来自西方的政治和经济压力，"为了满足保加利亚两年经济计划的需要以及为军队提供装备"，希望苏联提供至少 1000 万美元的长期贷款，并考虑到农作物的歉收，还要求苏联提供 10 万吨的谷物和小麦。之后保加利亚派贸易代表团去莫斯科商谈。③ 7 月 4 日，捷克斯洛伐克经济代表团到达莫斯科，也是商谈两国贸易协定的。就是说在"马歇尔计划"推出前后，东欧国家与苏联已经在进行贸易商谈，双方的经济合作并不是在"马歇尔计划"之后的突然之举。

苏联对"马歇尔计划"的态度发生变化，阻止东欧国家参与会谈，只是捷克斯洛伐克明显情非所愿。1947 年 7 月 7 日，捷克斯洛伐克政府刚刚照会英、法表明准备出席巴黎经济会议，当晚联共（布）中央就给驻东欧各国大使发去电报，建议放弃参加 7 月 12 日的巴黎会议，"换句话说，不应派代表与会"。④ 在知道了捷克斯洛伐克政府的态度之后，7 月 9

---

① 马细谱主编《战后东欧——改革与危机》，第 142～143 页。

② 《哥穆尔卡 1956 年 11 月 29 日在全国社会政治积极分子会议上的讲话》，中共中央党校科学社会主义教研室国外社会主义问题教研组编《人民波兰资料选辑（1944—1984）》，第 230 页。

③ "Confidential Letter From G. Dimitrov to I. Stalin," 31 May 1947, Source：CDA, Fond 146 - B, Opis2, a. e. 1765, Translated by Jordan Baev.

④ "Secret Telegram From I. Stalin to G. Dimitrov on the Marshall Plan," July 8, 1947, Source：CDA, Fond 146 - B, Opis4, a. e. 639, Translated by Jordan Baev. 电报是以联共（布）中央的名义发的。

日，斯大林在接见以捷共主席、政府总理哥特瓦尔德为首的捷政府代表团时，明确要求捷克斯洛伐克表态拒绝参加巴黎会议。7月10日捷克斯洛伐克政府发表声明，婉拒巴黎会议的邀请。

拒绝"马歇尔计划"可以说是苏联对东欧国家经济复苏计划的严重干涉，它更多是出于政治而不是经济上的考虑，之后，苏联与东欧国家签署的贸易协定也很难说是经过双方充分协商的结果，苏联显然要付出的更多。1947年7月10日苏保两国贸易协定签订，同时签订苏联政府向保加利亚提供500万美元商品贷款的协定；[①] 1947年苏保两国签订帮助保加利亚复兴的协定，苏联以电站、金属、肥料工厂、选制煤炭的装备供给保加利亚，并给予企业建设上的技术援助。同年，两国又签订两年换货协定，规定苏联以金属、石油、纸浆、机器、纺织原料等交换保加利亚的矿砂、烟草与农产品。这使保加利亚得以在1948年顺利地完成了"两年计划"。7月12日苏捷两国贸易协定签订，苏联将供应捷克斯洛伐克原需要从西方进口的原材料，并为捷克斯洛伐克提供20万吨的小麦和饲料，帮助它度过因当年夏天旱灾造成的困难。后来粮食援助又增加到60万吨。[②] 7月15日，苏联与匈牙利签订供货和支付协定及相互给予最惠国待遇。8月4日，苏波签订供货贸易协定，苏联将向波兰提供棉花、铁矿和锰矿石、石油产品等，波兰向苏联提供焦炭和纺织品等。[③]

这些贸易协定主要确立的是苏联与东欧国家的双边经济关系和易货贸易，而在当时，东欧国家的经济合作并非都是围绕苏联展开的，东欧国家自身也在谋求双边合作甚至多边合作。1947年7月4日，波兰与捷克斯洛伐克签订两国经济合作协定及交通协定。协定规定成立一个经济理事会，下设8个专业委员会，指导西里西亚区域的工业发展合作，共同开发能源以及建立连接奥得河与多瑙河的水路体系。[④] 南斯拉夫也是区域合作

①　张盛发：《斯大林与冷战》，第181页。
②　马细谱主编《战后东欧——改革与危机》，第159～160页。
③　张盛发：《斯大林与冷战》，第181页。
④　Lee Kendall Mecalf, *The Council of Mutual Economic Assistance：The Failure of Reform*, New York：Columbia University Press, 1997, p. 21.

的倡导者。早在 1944 年 9 月，苏联红军解放保加利亚后，南斯拉夫临时政府就与保加利亚联系商谈有关两国联合的问题。1947 年 1 月南、保两国准备发表有关联合声明，只是由于苏联考虑到美、英的态度，建议待同盟国对保加利亚合约签订之后再行此事。1947 年 7 月 31 日至 8 月 1 日南、保两国领导人在南斯拉夫的布莱德举行会议，双方签署协议，建立关税联盟、简化人员往来和公民身份条例、促进文化合作、协调对希腊问题及其他国际问题的政策等。① 南、保两国密切合作的举动吸引了周边国家。同年 12 月，南斯拉夫领导人铁托访问匈牙利时，匈牙利也表示希望与罗马尼亚建立一个类似的关税联盟，最终融入未来的南－保联邦。保加利亚部长会议主席季米特洛夫更为乐观，1948 年 1 月 16 日，在保加利亚与罗马尼亚签订友好互助条约后，季米特洛夫宣称，一旦条件成熟，巴尔干国家与多瑙河流域的捷、波、匈等国之间将决定成立联邦或关税同盟。②

但是，由于苏南冲突的爆发，东欧国家进行自发的区域经济合作的进程中断了。1948 年 6 月 28 日共产党情报局做出"关于南斯拉夫共产党情况"的决议，把南共开除出情报局。之后，在东欧各国，不仅在党内进行了清洗具有亲南和民族主义倾向分子的政治运动，在双边经济关系上也开始与南斯拉夫切断联系，特别是在经互会成立以后，苏联在 1949 年 4 月和 8 月的两次会议上都强调了东欧国家要与南斯拉夫割席。

1948 年的外部形势同样严峻。捷克斯洛伐克的"二月事件"后，美、英、法三国发表联合声明，谴责"二月事件"是利用一次人为的、蓄意制造的危机，使得议会制度无法自由发挥作用。③ 美国拒绝贷款给捷克斯洛伐克购买棉花，国际复兴开发银行也拒绝给捷克斯洛伐克贷款。3

---

① Lee Kendall Mecalf, *The Council of Mutual Economic Assistance: The Failure of Reform*, pp. 21 – 22.

② 沈志华：《苏南冲突：社会主义阵营的第一次分裂》，沈志华主编《冷战时期苏联与东欧的关系》，北京大学出版社，2006，第 51 页。

③ 何春超主编《国际关系史》下册（1945 ~ 1980 年），武汉大学出版社，1983，第 82 ~ 83 页。

月，美国对苏联和东欧国家实行出口特许证制度，停止对社会主义国家的一切出口。4 月美国国会通过《对外援助法案》，落实"马歇尔计划"的实施，同时进一步规定，接受"马歇尔计划"的西欧国家不得向苏联和东欧国家出口美国禁止出口的商品。苏联为了保持阵营的稳固，于 1948 年 2 月与匈牙利和罗马尼亚分别签订了 20 年的友好互助条约。同年 6 月苏联还应罗、匈两国的要求，同意从 7 月 1 日起减少罗、匈两国应付苏联战争赔款余款的 50%，以利于两国经济的恢复。[①]

正是在这样的背景下，建立苏联与东欧国家经济合作组织的计划提上日程。东欧学者基于档案的研究，认为是罗马尼亚首先在 1948 年秋提出的建议，希望进一步密切人民民主国家与苏联的联系，协调其活动和各自的计划。当其他东欧国家也提出同样的想法时，斯大林表示时机成熟了。[②]

三　经互会的成立

1949 年 1 月 5 日到 8 日，保加利亚、匈牙利、波兰、罗马尼亚、苏联和捷克斯洛伐克六国的代表在莫斯科召开会议，商讨苏联和东欧人民民主国家进行更广泛的经济合作的可能性。

会议提出，与会各国在共同利益和相互团结的基础上，确立了新型的经济关系，通过双边协定，各国之间的贸易额有了大幅度的增长。正是基于这种经济关系和来自苏联的友好援助，东欧人民民主国家才有可能加速国民经济的恢复，走上社会主义道路。

[①] 按照 1945 年 1 月 20 日匈牙利民族政府在莫斯科签署的停战协定，匈牙利的战争赔款为 3 亿美元，其中付给苏联 2 亿美元、捷克斯洛伐克 3000 万美元、南斯拉夫 7000 万美元。1948 年 6 月苏联取消了匈牙利应付战争赔款余款 1.3 亿美元的一半，到 1953 年 8 月 18 日，苏联部长会议决定取消匈牙利剩余的 6570 万美元赔款。参见 Norman Naimark and Leonid Gibianskii eds., *The Establishment of Communist Regimes in Eastern Europe*, *1944 - 1949*, Boulder, Colorado：Westview Press, 1997, p. 76。

[②] Lee Kendall Mecalf, *The Council of Mutual Economic Assistance：The Failure of Reform*. p. 23. 援引的是捷克学者卡雷尔·卡普兰在捷克斯洛伐克国家计划部档案馆找到的一份文献，这是有关捷共中央在讨论了罗马尼亚的建议之后给苏联外长莫洛托夫的报告。

谈到与西方国家的关系，会议指出，"人民民主国家和苏联认为'马歇尔计划'是侵犯它们各国主权及其民族经济利益的"，因此不能屈服于该计划的控制。而美国、英国及其他一些西方国家实施"马歇尔计划"的背后，实质上是在封锁同人民民主国家和苏联的贸易关系。[1]

代表们讨论了与会各国加强合作的必要性，会议决定在平等的基础上由与会国代表组成经济互助委员会。其基本任务包括：交流经济工作经验，相互提供技术援助，在原料、粮食、机器和设备等方面进行互助。另外，针对突发情况，如发生自然灾害或是遇到资本主义国家的歧视政策，要制定援助措施。

莫斯科会议被看作是经互会的成立大会，1月25日苏联《真理报》登载了会议公报，波兰、罗马尼亚等东欧国家也纷纷在报刊上发表文章，赞成这种新的经济合作形式。对于经互会的成立，曾经长期担任经互会秘书的尼·法捷耶夫评价说，成立经互会的决定是在形成世界社会主义体系最困难的时候做出的，是发展与巩固世界社会主义的结果之一。[2] 由此也说明来自西方外部形势的变化是经互会成立的催化剂，如何开展成员国间的合作，都未来得及进行双边或是多边的反复协商，因此经互会的成立很难说是苏联或是东欧某个国家的战略决策。经济互助委员会的字面含义，也与国际组织通常使用的"联盟"或是"合作组织"等不同，反映出对经互会职能的最初设计更多强调的是"互助"的性质。

第二节　组织机构的设立与完善

一　组织成员的发展

经互会最初为欧洲区域性经济合作组织，除了6个创始成员国，阿尔

---

[1]　《经济互助委员会重要文件选编》，中国人民大学苏联东欧研究所编译，中国人民大学出版社，1980，第129页。

[2]　〔苏〕尼·法捷耶夫：《经济互助委员会》，北京对外贸易学院国际贸易问题研究所译，中国财政经济出版社，1977，第39页。

巴尼亚于 1949 年 2 月加入经互会，同年 4 月参加经互会第 1 次会议，直到 1961 年 12 月底停止参加经互会的一切活动。德意志民主共和国 1949 年 10 月 7 日宣布成立，1950 年 9 月加入经互会，成为成员国。

经互会一直宣称它为开放型的国际组织，愿意与不同制度的国家发展经济联系。根据 1959 年 12 月在索非亚举行的经互会第 12 次会议制定的《经互会章程》，"凡是赞同经互会宗旨和原则并同意承担章程规定的义务的其他欧洲国家，都可以被接纳为经互会成员国"，[①] 但最初经互会设想的开放还只是面向欧洲国家，对于其他非欧洲国家，甚至是已经以观察员身份参加了几次经互会会议的中国、越南、朝鲜和蒙古，仅限于社会主义国家间的经济合作，并未提出让这些国家加入经互会的问题。由于中苏矛盾的公开，以及苏联与阿尔巴尼亚因发罗拉基地发生的冲突后两国关系恶化，阿尔巴尼亚在 1961 年底不再参加华沙条约组织和经互会的任何活动。在社会主义国家间关系急剧变化的情况下，为了保持与苏联的密切联系，蒙古提出加入经互会的申请。1962 年 6 月举行的经互会第 16 次（非常）会议对《经互会章程》做了修改，其中规定，经互会成员国不再受地理区域的限制，非欧洲国家也可以加入。按照新章程，蒙古人民共和国在 1962 年 6 月被吸纳为经互会的成员国。经互会的另外两个非欧洲成员国是古巴和越南。1972 年 7 月，以古巴共产党中央书记处书记、革命政府部长卡·拉·罗德里格斯为团长的古巴代表团向在莫斯科召开的经互会第 26 次会议提出加入经互会的申请，会议决议接受古巴共和国为经互会成员国。1978 年 6 月，越南代表团团长、越南政府副总理黎清毅向在布加勒斯特举行的经互会第 32 次会议提出入会申请，会议一致决定接纳越南社会主义共和国为经互会成员国。至此，经互会成为一个拥有 10 个成员国，跨越欧、亚和美洲的国际性组织。

除了成员国之外，经互会还依照章程，在有关国际协议框架下，允许非经互会成员国参加经互会各机构的工作。与经互会保持协议合作关系的有南斯拉夫、芬兰、伊拉克和墨西哥。在经互会成立初期，苏联与东欧国

① 《经互会章程》，《经济互助委员会重要文件选编》，第 32 页。

家断绝了与南斯拉夫的经济联系。1955 年苏联与南斯拉夫的关系开始缓和，南斯拉夫于 1956 年以观察员身份参加了经互会会议。但由于与苏联的关系起起伏伏，南斯拉夫与经互会的关系始终没有实质性进展，直到 1964 年 9 月 17 日，南斯拉夫与经互会才在莫斯科签署了"南斯拉夫参加经互会某些机构的工作"的协议。根据协议，南斯拉夫代表可以出席经互会常设委员会和执行委员会会议，参加各委员会的工作，就共同关心的问题提出建议、参加讨论、发表正式声明；南斯拉夫对经互会不承担任何义务，凡是由南斯拉夫参与执行的建议，经互会各机构应取得南斯拉夫代表的同意。南斯拉夫将在外贸、货币金融关系、黑色和有色冶金业等多个领域与经互会成员国进行合作。[①] 芬兰在二战后奉行与苏联保持友好关系、不卷入大国争端的友好和平的中立政策。正是由于其所持立场，在欧洲东西方缓和进程中，芬兰的首都赫尔辛基被选为欧洲安全与合作会议协商阶段的会议举办地。借此机会，芬兰开始加强与东西双方的经济联系。1972 年底，芬兰开始与经互会举行经济、科技和工业等方面合作的谈判，1973 年 5 月 16 日双方正式签订合作协定，并成立由经互会成员国代表与芬兰代表组成的合作委员会，提出合作建议。该项合作协定在同年 6 月召开的第 27 次经互会会议上通过，7 月生效。随着欧洲形势的缓和，苏联和东欧国家加强了与中东国家和拉美国家的联系。伊拉克于 1972 年 5 月与经互会举行合作谈判，1975 年 7 月 4 日双方签订合作协定。同年 8 月 13 日，经互会与墨西哥合众国签订了合作协定。与伊拉克和墨西哥两国的合作协定在 1976 年 7 月经互会第 30 次会议上获得批准。

以观察员身份参加经互会活动的国家，与经互会未签订正式合作协定，但赞同经互会的章程和原则，参加部分经互会的活动。中国于 1956～1961 年以观察员身份参加了经互会第 7～14 次会议。受邀以观察员身份

---

① 参见《南斯拉夫参加经互会工作》，《人民日报》1964 年 9 月 26 日，第 5 版，见《人民日报》数据库，2020 年 8 月 18 日；〔苏〕尼·法捷耶夫《经济互助委员会》，第 59～60 页。

参加经互会会议的还有：老挝、朝鲜、安哥拉、埃塞俄比亚、莫桑比克、阿富汗、尼加拉瓜和也门民主人民共和国。

二　组织机构的调整

经互会成立后，经互会会议为该组织的最高机关，参加会议的是各成员国委派的代表。早期经互会会议与会国代表人数一般为 2 ~ 3 名，代表团团长由成员国的一名副总理担任，与会的代表当中有一名是成员国派驻经互会常设局的代表，同时配备 1 ~ 2 名顾问。经互会常设局设在莫斯科，常设局下设秘书处，处理常设局的日常工作。20 世纪 50 年代中期以后，由于商谈的议题增加，经互会成员国参加经互会会议的代表团成员也逐渐增多。

经互会成立之初曾规定每 3 个月召开一次例会，非常会议可以根据任何一个成员国的建议而召开。但除了 1949 年 4 月和 8 月召开第一次和第二次会议，1950 年 11 月召开第三次会议，1951 ~ 1953 年经互会未举行例会。

1953 年斯大林逝世后，经互会的活动逐渐走向正轨，并且随着经互会合作领域的拓展和合作形式的多样化，经互会机构不断做出调整，适应成员国经济发展的需要。

1954 年经互会进行了改组，提升了成员国派驻经互会代表的等级，规定每个国家的代表应当是政府副总理级。此外，各国在经互会还有 1 ~ 2 名副代表和一定数量的顾问及其他工作人员。副代表常驻莫斯科，每月至少举行一次会议，研究如何实施经互会会议提出的各项任务。

为了促进经互会成员国之间的经济联系，实现各国行业间的多边合作，1956 年 2 月，在经互会成员国副代表会议上首次成立了电力常设委员会，总部设在莫斯科。同年 5 月，经互会在柏林举行第 7 次会议，决定在经互会经济与科技合作框架下成立多个行业常设委员会，总部分别设在各成员国的首都，包括：黑色冶金业（莫斯科）、有色金属业（布达佩斯）、煤炭工业（华沙）、石油和煤气工业（布加勒斯特）、化学工业（柏林）、机器制造业（布拉格）、国防工业（莫斯科）、地质（莫斯科）、农业（索非亚），以及木材和纸浆（布达佩斯）与对外贸易（莫斯科）等行业的常设委员会。① 1958～1971 年又先后成立了建筑业（柏林）、运输业（华沙）、和平利用原子能（莫斯科）、标准化（柏林）、统计（莫斯科）、货币金融（莫斯科）、无线电技术和电子工业（布达佩斯）和邮电业（莫斯科）常设委员会。1958 年 12 月经互会第 10 次会议决定成立食品工业（索非亚）和轻工业（布拉格）常设委员会，1963 年 7 月第 18 次会议决定将该委员会分成两个委员会，另外，将地质常设委员会的总部由莫斯科迁到了乌兰巴托。

经互会常设委员会的设立反映了经互会成员国在该领域合作的需要，但由于经互会早期活动中对组织机构的机制建设缺乏重视，常设委员会的工作条例并未及时颁布和实施。到了 20 世纪 60 年代，情况有所改观，常设委员会条例获得批准后也会根据实际情况做出修改。例如，机器制造业常设委员会成立 6 年之后，其工作条例在 1962 年 2 月获得经互会成员国代表会议的批准，同年 12 月做了修改；1963 年 4 月经互会执行委员会批准了货币金融常设委员会条例，1975 年 4 月对该条例做了修改。

经互会的活动主要是由成员国政府级的领导参与的，但为了显示各国对此合作形式的重视，也会不定期举行成员国首脑会议，这些会议对经互会组织机构的建设有着积极的推动意义。1958 年 5 月，经互会成员国第一次党政领导人会议在莫斯科召开。会议提出，必须进一步提高经互会及其所属机关在组织经济合作方面的作用。为贯彻此次会议精神，同年 6 月在柏林举行的经互会第 9 次会议通过了定期举行成员国代表会议的决议，讨论日常问题并检查各种决议的执行情况；会议还对经互会秘书处进行了改组，批准了秘书处的工作条例。成员国代表会议制度从 1959 年开始执行，同年 7 月 28 日成员国代表会议召开第一次会议，1962 年 6 月 9 日召开最后一次会议之后被新成立的机构取代。

① 括号内为各个常设委员会总部所在地。参见 Протокол Сесии Совета Экономической Взаимопомощи（Май 1956 г.，г. Берлин），Цетрален държавен архив，Фонд №. 1244，оп. 1，а. е. 2。

1962 年 6 月，在波兰的倡议下，经互会成员国第二次党政领导人会议在莫斯科召开。会上，波兰统一工人党第一书记哥穆尔卡提出完善经互会工作的建议，认为成员国首脑应就经济合作等问题举行经常性的会议，并建立相应的制度和采取具体措施来保证经互会会议各项决议的执行和实施。依照成员国党政领导人会议的建议，同时在莫斯科举行的经互会第 16 次非例行会议通过决议，成立了经互会执行委员会、经互会执委会综合经济计划局和经互会标准化研究所。为了加强经互会秘书处的工作，撤销了设立在各成员国的常设委员会秘书处，将这些秘书处的工作人员补充到经互会秘书处，并将经互会秘书处全体工作人员集中于莫斯科工作。这次会议还加强了秘书处在处理经互会各机构送审材料中的作用，并强调秘书处可以作为经互会的行政执行机关发挥作用。

20 世纪 70 年代初，为适应《经互会成员国进一步加深与完善合作和发展社会主义经济一体化综合纲要》（以下简称《一体化综合纲要》）[①] 的提出和实施，1970 年在华沙举行的经互会第 24 次会议通过一项决议，建立世界社会主义体系国际经济问题研究所，加强对经济问题的综合研究。同时为了使各成员国更积极地参与到该纲要提出的各项任务当中，特别强调各成员国的中央计划机关应有效地参加计划工作方面的合作，各国的科学委员会要在加深科学技术合作方面发挥作用。为此，1971 年在布加勒斯特举行的经互会第 25 次会议决定成立经互会计划工作合作委员会，同时将经互会科学技术研究协调常设委员会改组为经互会科学技术合作委员会。

除此之外，经互会还组织和举办具有经互会常设机构性质的各种国际会议。1952 年成立了经互会成员国租船和船主组织代表会议；1962 年成立经互会成员国水利机关领导人会议、经互会成员国发明事业机关领导人会议；1968 年根据经互会执委会的决议成立经互会成员国商业部部长会议，从 1972 年起作为经互会的常设机构开展工作；1969 年根据经互会执

---

① 该文件俄文名为 Комплексной Программы Дальнейшего Углубления и Совершенствования Сотрудничества и Развития Социалистической Экономичесой Интеграции Стран-Членов СЭВ，在经互会的相关文件中通常简称《综合纲要》，为了区别之后经互会颁布的其他纲要文件，本书采用《一体化综合纲要》的简称。

委会的决定成立经互会成员国法律问题代表会议；1973 年经互会价格问题工作组改组为经互会成员国价格部门领导人会议。

20 世纪 50 年代中期到 70 年代中期，经互会的组织机构不断设立和完善，80 年代中期，在通过了《经互会成员国到 2000 年科技进步综合纲要》（以下简称《科技进步综合纲要》）后，又成立了新材料和新工艺研制合作常设委员会与生物工程委员会，希望加速科技成果向生产力的转化。总的来看，经互会的机构调整一直试图适应成员国经济发展的需要，应对成员国间经济合作出现的问题和挑战。但同时，组织机构如何高效运转以实现其职能，以及机构的科学管理，也是经互会始终要面对的问题。

三　主要机构和职能

根据经互会的章程，经互会的职能包括组织成员国进行经济和科学技术合作，通过成员国协调国民经济发展计划，促进社会主义国际分工的不断完善。为此，经互会设有经互会会议、经互会执行委员会、经互会合作委员会、经互会常设委员会、经互会秘书处等主要机关。依照规定，经互会还可以设立其他必要的机构，如具有经互会常设机构性质的国际会议和经互会科学研究机构。

1. 经互会会议

经互会会议是经互会的最高机关。在经互会职权范围内，会议审议与各成员国经济发展和科技合作相关的基本问题，确定经互会活动的主要方针，对成员国之间合作领域的近期和长期规划提出建议或是做出决定。

原则上，经互会会议至少每年召开一次。如果有三分之一以上成员国提出请求，也可召开经互会非常会议。会议依照成员国国名的俄文首字母顺序——阿尔巴尼亚（Албания）、保加利亚（Болгария）、匈牙利（Венгерия）、民主德国（ГДР）、波兰（Польша）、罗马尼亚（Румыня）、苏联（СССР）、捷克斯洛伐克（Чехословака），轮流在各成员国首都举行。这一政策从 1955 年 12 月在匈牙利首都布达佩斯举行的经互会第 6 次会议之后开始执行。经互会从 1949 年 4 月在莫斯科举行第一次经互会会议，到 1991 年 6 月布达佩斯会议上宣布该组织解散，共举行了 46 次会议，举办地大多为经互会欧洲成员国的首都，只有 1984 年例外，会议是在古巴首都哈瓦那举行的。

经互会会议由各成员国政府选派的代表团组成，代表团团长由成员国政府授权的政府首脑担任，通常是副总理级别的官员。为了促进经互会成员国间的合作，建立更为行之有效的活动机制，经互会成员国党政首脑亲自率领代表团，参加了 1962 年 6 月经互会第 16 次非常会议、1963 年 7 月第 18 次会议和 1969 年 4 月第 23 次特别会议，三次会议均在莫斯科举行。从 1970 年在华沙举行的经互会第 24 次会议起，参会的各代表团团长提升为由政府总理担任。

按照经互会的章程，会议主办国的代表团团长出任每次会议的主席。会议日程通常包括以下几项：汇报上次会议提出的有关生产和商品供应计划建议的执行情况；审议委员会有关各国国民经济发展计划的建议；审议经互会常设委员会的工作方案；讨论经互会成员国的合作领域、合作计划和合作项目，并提出建议或做出决定；准备下次会议要讨论的经济合作问题，草拟会议议程草案；等等。

在经互会成立周年纪念之际，会议在日程上会增加一项内容，由经互会秘书作关于经互会成立 10 周年、20 周年的发展报告，宣传经互会所取得的成就。1979 年 6 月经互会第 33 次会议，经互会各成员国党的第一书记还向会议发来贺信，祝贺经互会成立 30 周年。

经互会会议的职权还包括接纳新成员国，须根据各国要求参加经互会的正式申请书做出决定。此外，经互会会议有权设立执行经互会职能所必要的机关。

经互会会议的工作语言为俄语，会议及所属机构的会议记录和其他文件均使用俄语。

2. 经互会执行委员会

执行委员会是经互会的主要执行机关，由成员国各派一名副总理级的代表组成，该名代表同时是各国在经互会的常驻代表。根据 1971 年 7 月在布加勒斯特举行的经互会第 25 次会议的决定，执行委员会会议由原来每两个月至少举行一次会议改为每季度至少举行一次会议。一般来说，会议在执委会所在地莫斯科举行。

经互会执行委员会的职能包括几个方面：①监督经互会会议所做出的决定和建议的执行情况，领导与实现经互会任务相关的工作；②组织各成员国协调国民经济发展计划，制定实行生产专业化和协作工作的基本方针；③领导和管理经互会各合作委员会、常设委员会和秘书处等机构的工作，包括审议各有关机关就经济和科技合作问题提出的方案，为各机关工作确定活动方针，审批经互会预算，批准各机关的工作条例；④为各成员国之间的相互贸易和相互提供劳务制定基本方针和措施，确定方针和政策以加强各成员国之间的科技合作。

执行委员会的主席由执委会的各国代表按照成员国国名的俄文首字母顺序轮流担任，期限一般为一年。在非会议期间，执委会主席可以组织执委会各国代表的非正式会晤；召集秘书处和各国常驻副代表举行会议；同常设委员会主席和经互会其他机构的主席举行会议。执委会的工作语言为俄语。

3. 经互会合作委员会

经互会合作委员会是经互会的机构之一，由经互会会议设立，包括计划工作合作委员会、科学技术合作委员会和物资技术供应合作委员会。其宗旨是在多边基础上研究和解决经互会成员国在经济合作中所遇到的重要问题，涵盖了计划经济涉及的生产规划的制定、先进技术的引用和物资的管理与分配几个关键环节。

合作委员会由经互会成员国各派一名有关主管机关的领导人组成，计划工作合作委员会以成员国的中央计划机关的主席为代表，科学技术合作委员会以负责科技工作的委员会主席、部长和部门领导人为代表，物资技术供应合作委员会以中央物资机关或主管此问题的其他中央机关领导人为代表。由于协调计划工作的重要性，计划工作合作委员会还设立了常务局，由中央计划机关副主席级别的代表组成。

按照合作委员会的工作条例，合作委员会会议主席的任职制度由委员会自行决定，实际是各代表按照国名的俄文首字母顺序轮流担任，任期为一年。主席的职责是主持会议，安排休会期间委员会的工作，代表委员会与经互会其他机构联络。根据需要召开合作委员会会议，原则上每年不得少于两次，会议举办地一般为经互会秘书处所在地莫斯科。

计划工作合作委员会的主要职能如下。①组织和协商工作。加强包括燃料动力和原料、先进工艺流程的推广以及交通运输等在内的国民经济主要领域的合作；协商中央国家机关职权内的基本经济政策；准备成员国合建项目方案；制定相关工业部门和生产行业的规划。②交流经验和提出建议。成员国之间交流编制预测的经验、交流完善国民经济计划管理的经验；可向成员国提出有关多边合作的建议，或根据上级机关的决定，提出有关的方案供经互会会议或经互会执行委员会审议；准备成员国间有关合作问题的多边协定草案。③监督成员国履行计划工作合作委员会的建议，以及成员国对经互会会议和经互会执行委员会通过的建议所承担的义务。

科学技术合作委员会的职能：①协商成员国的科技政策，协调科技发展的五年计划和长期计划；②研究对国民经济发展有重大意义的科研、科技问题，开展国际协作；③研究世界科技成就，制定采用先进技术和先进生产经验的方案；④为不发达的成员国的科技发展提供方案，商讨实现措施；⑤培养科技干部，互通科技情报；⑥为科研提供设备、仪器和材料方面的支持。

在审议经互会科技合作计划后，科学技术合作委员会还要制定多边协定草案，协助建立国际科研机构。召开科技讨论会，编制科技和经济领域的发展预测文件，制定共同的规划。监督成员国履行它们采纳的经互会会议、经互会执行委员会还有该委员会的建议所承担的义务。

物资技术供应合作委员会的职能：①交流有关物资技术供应组织和管理的经验；②拟定工作方案，完善物资来源结构、改进物资利用、合理制定原料消耗定额，合理储备物资；③完善再生原料的采购制度，提高其利用和加工工艺；④制定高度机械化的仓储标准，实现货运包装、集装箱的标准化，对货运搬运和仓库加工工艺流程展开合作；⑤促进多余物资和设备的相互交流。

对成员国履行物资技术供应合作委员会的建议，以及对经互会会议和经互会执行委员会通过的有关建议所承担的义务，物资技术供应合作委员会同样拥有监督权。

4. 经互会常设委员会

经互会常设委员会由经互会会议设立，其宗旨在于组织和协调成员国就国民经济发展的重要部门和领域建立多边的经济和科技合作关系。各成员国根据本国实际情况选择参加与其国民经济发展部门相关的常设委员会。

经互会共有 24 个常设委员会，各委员会根据《经互会章程》和委员会的工作条例进行活动。常设委员会的职能和权限如下。

（1）就国民经济有关部门或是本行业发展的重要问题提出方案，供经互会会议或经互会执行委员会审议，以便会议做出决定，向成员国提出相应的建议。

这些问题包括：更好地利用经互会成员国的经济资源和生产能力，以实现各部门在社会主义国际分工基础上的合理发展；协调成员国国民经济有关部门的发展计划；协调科技研究，交流科技成就和先进生产经验；对成员国有利的建设项目的投资；计算劳动生产率和产品成本，技术经济指标和产品核算方法的统一；等等。常设委员会要保证执行经互会会议和执行委员会通过的相关决定。

（2）组织和协助经互会成员国相关部门主管机关的多边合作，准备多边协定草案。

（3）监督成员国履行其采纳经互会机构关于本部门的建议所承担的义务；定期在常设委员会会议上审议各成员国代表团送交的关于各国实施建议的进度报告，必要时制定措施推动建议的实施。

（4）根据常设委员会的工作计划设立办事机构，也可召开科技讨论会和其他会议。机构人员的组成和讨论会及其他会议开会地点和时间，均由委员会自行决定。

常设委员会由各成员国任命的代表团组成。代表团团长通常由部长级别的官员担任，成员通常为国家计划部门、各部或主管机关的领导、企业或科学研究所的领导人。参加常设委员会工作的还包括各国代表团的顾问和专家。

常设委员会所在地的代表团团长担任委员会主席，主持委员会的会议，休会期间根据委员会的工作计划安排工作，代表委员会同经互会其他机构联络。根据需要，常设委员会会议通常在常设地所在国举行，原则上每年开会不得少于两次；还可以根据委员会的决定召开经互会成员国专家会议。会议场所的费用由会议所在国负担，参加会议代表的生活费由派出国各自负担。

常设委员会审批为期不少于一年的工作计划，为此要确定准备和审议问题的程序，包括各国代表团要提交执行工作计划所必需的材料的范围、提交程序和期限。常设委员会所完成的工作和今后活动的年度工作报告向经互会执行委员会送审。

5. 经互会秘书处

经互会秘书处是经互会的行政执行机构，由经互会会议任命秘书一人、经互会执行委员会任命的若干副秘书，以及执行秘书处职责所需的各种人员组成，包括经济问题、国际法问题、统计和财政问题专家，以及技术人员和服务人员。各成员国推荐到经互会秘书处工作的专家应具备必要的理论素养、实际工作经验和一定的组织才能，通晓经互会工作语言。其职务由经互会执行委员会根据经互会秘书的提议来安排。

经互会秘书处的职能如下。

（1）组织筹备并协助举行经互会范围内的各种会议，为经互会各机构的会议准备并分发材料。

（2）编制经互会成员国经济概况和经济研究资料，准备有关各国经济和科技合作问题的情报资料。

（3）按照经互会各机构的建议和决定，与常设委员会共同制定成员国经济和科技合作的多边协定草案。

（4）对经互会各机构的建议和决议以及执行情况进行登记备案，并准备相应的方案供这些机构审议。

（5）编制经互会预算以及预算执行情况的决算报告，交由经互会执行委员会批准，并负责预算的执行。[1]

---

[1] 参见《经济互助委员会章程》《经互会秘书处条例》，《经济互助委员会重要文件选编》，第 138～139、258～262 页。

经互会秘书和副秘书任期四年，可以连任。经互会秘书处的工作由经互会秘书和副秘书领导，职务分工由经互会秘书确定。经互会秘书、副秘书和经互会秘书处其他工作人员，以国际组织公职人员身份进行活动，享有《关于经互会的权能、特权和豁免的公约》授予的各种特权和豁免权。经互会秘书处对经互会 3 个合作委员会行使秘书处的职能，并通过所属机构，如对外贸易科、有色冶金业科、科学技术科、运输科等对经互会各个常设委员会行使秘书处的职能。

经互会秘书处负责出版经互会的官方刊物，有月刊《经互会成员国经济合作》［此前的刊物为《经济情报公报》（1959～1973）］、《经互会成员国统计年鉴》。

经互会秘书处的所在地为莫斯科，其经费及开支由成员国负担，分摊的份额由经互会会议决定。

6. 其他常设机构

经互会组织举行的一些具有常设机构性质的国际会议，由成员国派相关机关的领导人或代表参加，随行人员包括顾问、专家和技术人员。会议互通情报、交换意见，向经互会执行委员会提交建议、报送会议的年度工作报告，并与经互会常设委员会进行必要的联系。会议在成员国轮流举行，通常每年两次。

按照会议条例，经互会成员国水利部门领导人会议负责制定成员国水利资源综合利用的原则和方法，拟订保护水资源的建议，在勘查和设计以及水利系统和水利工程经营管理上推广使用最新科技成就。《水利公报》为会议的机关刊物。

经互会成员国租船和船主组织代表会议为有关成员国在租船、水运服务和外贸易海运方面加强合作提供工作方案。船舶租赁协调处作为会议的执行机构致力于提升成员国运输能力，保证船只的充分利用，协调在国外市场上的运输服务，提高航程租船的效率，成员国间相互提供船舶吨位和货物运输的计划。会议通常一年召开一次，还可召开专家会议讨论各国感兴趣的问题。

经互会成员国发明事业领导人会议的职能为：解决有关保护和利用科

学发现、发明、合理化建议、商标、产地名称以及科技成果转让的法律问题；拟订有关专利情报、专利文献和专利鉴定的建议；拟订从事发明事业干部的培训和进修以及协助工业不够发达的经互会成员国的方案。其工作要与经互会科学技术合作委员会紧密配合，报送工作计划，并根据该委员会的要求就发明和专利事务提供合作方案。会议的举行每年不少于一次，各成员国发明事业主管部门的领导人依照惯例轮流担任主席。

经互会成员国商业部部长会议是为了推动各国商业部部长间的直接合作，促进其职权范围内的日用工业品和食品的直接贸易；加深各国在民用消费品生产领域的分工与合作；拟订生产专业化和协作方案，在统一商业工艺基础上发展商业设备贸易；组织有关组织和机构就与商业相关的问题进行协商、交流经验和情报；拟订方案和采取措施，帮助经济不发达的成员国发展商业。

经互会成员国法律问题代表会议研究有关经济和科技合作以及发展社会主义经济一体化的法律问题。会议的职能还包括与经互会各常设委员会协作，草拟多边协定、公约、统一格式的法规和条例草案；促进各成员国在经济和科技合作中采用统一格式，使其法律规范趋于接近；组织成员国有关机构就有关经济和科技合作的法律问题相互协商，交流经验和交换情报。

经互会成员国物价主管部门领导人会议主要针对的是各成员国国内价格的构成，制定互相接近的计划纲要和措施。会议组织各国物价主管部门就其职权范围内的问题相互协商、交流经验，协调各国价格问题研究所和物价主管部门协同工作。

经互会成员国国家劳动部门领导人会议旨在促进成员国在劳动、工作和社会保障方面展开合作。会议就人力使用、物质激励与工资制度、劳动条件及工作时间和业余时间、劳动定额及劳动立法规范等问题进行协商、交流经验。[1]

在经互会组织机构框架内还有 3 个研究所：标准化研究所、世界社会

---

[1] 有关经互会部门领导人会议工作条例，参见《经济互助委员会重要文件选编》，第 288 ~ 307 页。

主义体系国际经济问题研究所和国际管理问题研究所。

1962 年成立的标准化研究所是为了更好地贯彻执行经互会第 15 次会议制定的《社会主义国际分工基本原则》，促进成员国间的生产专业化和协作。研究所的职责是对成员国在标准化、计量和产品质量方面的合作进行理论研究与实践；研究与标准化相关的技术系统和情报管理系统；评估实施标准的经济效果，制定有关统一各成员国标准和建立新标准的草案；提交重要产品的标准化建议以及在成员国国民经济中采用各国拟订的最先进标准和国际标准化机构的标准等建议。研究所所长和副所长由各成员国推选、协商并得到经互会标准化常设委员会同意，由经互会秘书提出，由经互会执行委员会任命。标准化研究所的咨询机关是研究所委员会，其成员由经互会标准化常设委员会批准。

世界社会主义体系国际经济问题研究所是在经互会进一步加深与完善成员国间的合作与发展的背景下成立的，为《一体化综合纲要》的制定与实施提供理论与实践基础。研究所设在莫斯科。其任务是协助成员国有关科研机构协调与经济合作问题相关的科研工作；与成员国科研院所建立直接联系，通过组织研讨会、座谈会和各种学术会议推动成员国的学术交流、交换经济信息。研究所由经互会执行委员会直接领导，所长和副所长由经互会秘书提名，由经互会执行委员会任命。研究所的工作计划和工作报告以及研究报告和科学建议均由经互会执行委员会审批。研究所学术委员会由研究所所长、副所长、各成员国派出的两名代表以及经互会秘书处代表组成。

国际管理问题研究所是在制定和实施"长期专业合作纲要"的背景下，于 1979 年 7 月 9 日根据经互会成员国政府间的协定成立的，办公地点设在莫斯科。研究所的主要任务是研究社会主义国家在管理生产方面及其各个部门的理论和实践；总结成员国在组织与管理经济和科技合作方面的先进经验；协调各研究机构就管理问题进行的科研活动，编辑出版有关管理问题的工作文件和情报。研究所委员会由各成员国委派的一名常驻代表组成。①

---

① 参见马洪、孙尚清主编《经济社会管理知识全书》，经济管理出版社，1988，第 779 页。

经互会始终强调要进一步完善成员国多边合作的组织工作，改进经互会的活动，提高其工作效率，并且经互会在其发展各个阶段都推出了相应的发展战略，以解决现实中遇到的问题。但总的来看，战略实施难以达到预期效果。这与经互会机构层级多、机构职能重复、工作实效低下有一定的关系。

经济互助委员会发展的几个主要阶段

  经互会成立后，作为一种新的经济合作形式，苏联和东欧国家一直在不断地探索在经互会的框架下如何加强成员国之间的经济联系与合作。经互会的发展有其阶段性特征，在俄罗斯出版的有关经济史的课本里，把社会主义国家间的经济合作分为两个阶段：20 世纪 40 年代到 50 年代为第一阶段，实行的是以双边合作为基础的传统合作模式；60 年代到 80 年代是第二阶段，经济合作从双边经贸关系向国际合作转变。① 如果以 1960 年 4 月《经互会章程》在联合国秘书处备案为标志，经互会成为国际承认的经济合作组织，两个阶段的划分也有其道理。不过，从经互会成员国商谈的内容和合作方式看，经互会在 50 年代中期的合作模式较其创立初期已有了一些变化，成员国间的多边合作开始启动，经互会从传统模式转向分工合作，表明经互会成员国间建立起更为密切的经济联系；而以 1970 年《一体化综合纲要》的颁布和实施为标志，经互会开启了进一步完善合作机制的新模式。到 20 世纪 80 年代，社会主义经济一体化仍在推进，同时经互会成员国把科技进步提升到国家战略的层面。因此本章把经互会的发展分为三个阶段来阐述：经互会成立后，其早期活动阶段是以双边贸易为主的合作；20 世纪 50 年代中期以后，经互会的合作基础已不是单纯的易货贸易，成员国逐渐转向产业的分工合作，加强国民经济重要部门的协调发展；20 年代 70 年代初，经互会以《一体化综合纲要》开启了经济合作一体化建设，及至 1985 年底颁布《科技进步综合纲要》，提升

---

  ① М. В. Конотопов，С. И. Сметанин，Экномическая История：Учебник. М：ИТК《Дашков и К°》，2015，с. 407.

经互会成员国科技合作的水平。20 世纪 80 年代末，由于东欧发生的政治剧变，成员国间的经济关系难以为继，1991 年 6 月，经互会最终宣布解散。

第一节　经互会早期的活动

一　各国经济计划和贸易情况

东欧国家在恢复战后国民经济的进程中，大都采取了两年或三年的经济计划，通过对国民经济基本部门实行国有化，建立了以国有经济为主体的经济结构；实行国民经济计划，建立了以计划经济为主的经济体制；以重工业为主的经济发展策略，构建起自给自足的经济体系。但由于各国经济基础不一样，战后国内政治形势变化也有所不同，东欧各国都依照本国情况制定了不同的经济发展计划。波兰在执行 1947～1949 年三年国民经济恢复计划之后，开始实施 1950～1955 年的六年计划，计划周期最长。其他东欧国家大致按照苏联计划周期执行五年计划，只是起始时间不同。保加利亚在 1947～1948 年两年经济恢复计划之后执行 1949～1953 年的五年计划；捷克斯洛伐克第一个五年计划是 1949～1953 年，但在之后稍做调整，实施了 1954 年和 1955 年两个年度计划，第二个五年计划从 1956 年到 1960 年；匈牙利的三年计划完成后，执行的是 1950～1954 年的五年计划；罗马尼亚 1949 年和 1950 年执行的是年度计划，第一个五年计划从 1951 年至 1955 年；阿尔巴尼亚和民主德国的五年计划也是从 1951 年开始。苏联在战后延续其经济发展计划，实施了 1946～1950 年第四个五年计划，1951 年是第五个五年计划的开始。

东欧各国的主要目标是通过国民经济发展计划，建立起自己的工业基础，从落后的、不发达的农业国发展成现代的工业国。在成员国工业经济尚不发达的情况下，经互会成立初期承担的主要任务是规划成员国之间的贸易额度，实现各国所需产品的物物交换，体现的是其互助的性质。与此同时，在对待南斯拉夫的问题上，经互会也扮演了其作为政治工具的角色。

1949 年 4 月 26 ~ 30 日经互会成员国在莫斯科举行第 1 次会议,除了经互会成立时参会的东欧五国之外,2 月加入经互会的阿尔巴尼亚也参加了会议。在 1948 年苏南冲突升级之前,阿尔巴尼亚的经济主要是靠南斯拉夫支持。1946 年 11 月签订的阿—南两国经济合作协议是一项长达 30 年的合作计划,包括在铁路、石油、采矿、金属业、发电、船运及银行业等方面组织阿—南两国的联合公司;南斯拉夫为阿尔巴尼亚培养农业和工业方面的技术专业人才、提供购买机器和工具的贷款等。1948 年 7 月 1 日该协议中止,阿尔巴尼亚全面转向苏联,苏联为其提供了大量的谷物、纺织品和拖拉机等农用机械的援助。在 4 月经互会会议召开之前,阿尔巴尼亚领导人恩维尔·霍查率代表团访问了莫斯科。阿尔巴尼亚通过两国协议得到了苏联提供的 1949 ~ 1952 年贷款,主要用于建水电站和纺织厂,购买油田和采矿设备、铁路材料。[①]

根据 4 月 28 日经互会会议备忘录,在当天的会议上,苏联外长莫洛托夫就南斯拉夫问题询问与会国与南斯拉夫签署的协议及贸易情况。会议做出的一项决议就是要求经互会成员国清理与南斯拉夫的贸易关系。同年 8 月在经互会举行的第 2 次会议上,会议专门有一项日程是经互会成员国汇报与南斯拉夫切割经济关系的执行情况,要把这项任务落实到底。[②] 结果,南斯拉夫与苏联和东欧国家的贸易在 1948 年 6 月共产党情报局决议前,原本占南贸易总额的 51%,到 1949 年下降到 31.6%,1950 年全部清零。[③] 供货合同的终止,使得南斯拉夫经济陷入极大的困难。苏联在把南斯拉夫开除出共产党情报局后,对其经济进一步实施孤立和打击,不仅是排挤而且是把南斯拉夫完全推到社会主义阵营的对立面,同时也加剧了东欧各国已经十分紧张的政治和经济局势。

经互会成员国之间的贸易是按照年度计划进行的。根据 1949 年 8 月

---

① Stavro Skendi, *Albania*, New York: Frederica A. Praeger, Inc., p. 230.

② 有关经互会 1949 年召开的两次会议情况见阿尔巴尼亚国家档案馆文献:Mbi relacionet ekonomike me Jugosllavine, 28 prill 1949, Arkivi Qendror i Partise, Fondi Nr. 14。

③ 《南斯拉夫资料汇编》,世界知识出版社,1957,第 455 页。

25～27 日在索非亚举行的经互会第 2 次会议文件，会议目标是扩大 1949～1950 年成员国之间的商品流转额。据统计，1949 年 1 月到 7 月，成员国之间的贸易总额为 69800 万卢布，其中保加利亚与波兰是 5500 万卢布；匈牙利与波兰 1500 万卢布、与罗马尼亚 5000 万卢布、与捷克斯洛伐克 4500 万卢布；波兰与罗马尼亚 3200 万卢布、与苏联 4500 万卢布；罗马尼亚与苏联 6400 万卢布、与捷克斯洛伐克 7500 万卢布；苏联与捷克斯洛伐克的贸易额最高，为 26400 万卢布。

1949 年 7 月之后几个月的进出口贸易额，经协商为 17500 万卢布。其中，保加利亚与波兰的贸易额定为 1000 万卢布，保加利亚出口的主要商品有大米、糖浆和酒等，进口的商品有做面包的粮谷、铁皮以及苏打和染料等化学材料；匈牙利与波兰的贸易额定为 5000 万卢布，匈牙利出口的商品主要有浓缩锌、原油、葵花籽油等，进口的商品有焦煤、平头钉、电解煤以及苏打等化学产品；匈牙利与捷克斯洛伐克的贸易额定为 6500 万卢布，捷克斯洛伐克出口的商品有焦煤、钢、汽车和染料等，进口的商品有燃油产品、肉类以及收音机等电子产品；罗马尼亚与捷克斯洛伐克的贸易额定为 1100 万卢布，罗马尼亚出口的商品有燃油产品、肉罐头、鱼和奶酪等，进口的商品有铁矿、铁轨和钢轨等。[1]

从成员国交易的货品看，保加利亚、匈牙利和罗马尼亚的出口以农副产品为主，捷克斯洛伐克和波兰则提供焦煤、化工原料等，东欧成员国间的贸易量还不到 10 亿卢布。

1950 年 11 月举行了经互会第 3 次会议，继续讨论经互会成员国之间的贸易问题，鉴于捷克斯洛伐克与西方的贸易比重较大，其他东欧国家提出，捷克斯洛伐克的贸易应倾向经互会成员国，它们对捷克斯洛伐克的商品有优先购买权。[2]

---

[1] Mbi zgjarimin e qarkullimit te mallrave ndermjet vandeve pjesm marrs te K. pervitin 1949 dhe 1950, Arkivi Qendror i Partise, Fondi Nr. 14.

[2] Tamás Réti, Soviet Economic Impact on Czechoslovakia and Romania in the Early Postwar Period: 1944 - 1956, p. 8.

二　军工经济的加强

朝鲜战争爆发后，苏联认为战争的威胁加剧，应加强社会主义国家的军事实力，因而提出东欧加快向重工业投资，尤其是加快军事工业的建设。为了执行它的军事一体化战略，在 1951 年 1 月莫斯科秘密军事会议上，斯大林指出，"最近有一种观点认为，美国是不可战胜的，它正准备挑起第三次世界大战。结果呢，美国不但没有准备好打第三次世界大战，甚至对付不了在朝鲜这样小规模的战争"。他认为，美国在未来两三年会在亚洲陷入困境，这正好为苏联和东欧国家以及世界革命提供了有利的环境。人民民主国家要利用这两三年，建立起一支现代化的强大的军队，做好战斗准备。要做好国家安全的防御工作，用苏联现有的可控制 200 公里范围的雷达系统装备东欧国家的防空力量，以识别靠近各国的敌机。同时，每个国家应组建一个空军师，由苏联提供的喷气式战斗机来装备。同时还要求东欧国家确定两个到三个国家来专门生产坦克和大炮。① 斯大林希望在两三年内迅速提升东欧国家的军事实力，以应付未来可能发生的战争。

根据会议的决定，苏联和东欧国家成立了军事协调委员会，委员会主席由时任苏联部长会议副主席的布尔加宁担任，各国党的总书记和政府总理或副总理作为协调委员会的代表，其任务是参照苏联军队的模式在东欧国家推行军队组织、军事学说和军队后勤的标准化。东欧各国在会后还要制订相应的工作计划来完成莫斯科会议的决议。

军事协调委员会的成立把苏联与东欧国家的经济拉上战备的轨道，其级别层次高，是经互会机构不可能承担的。这也就解释了为什么 1951～1953 年经互会会议未按照惯例举行。实际上其间苏联与东欧国家的贸易仍在进行，苏联提供的主要商品中，铁矿、生铁、石油产品、棉花和谷物

---

① 有关 1951 年 1 月莫斯科会议的情况见 Romanian Evidence on the Secret Moscow's Military Meeting, 9 – 12. 01. 1951, Published: C. Cristescu, Bucharest, 1995; V. Mastny, Washington, 1999。又见保加利亚档案, Protocol "B" of Politburo CC BCP of 19 January 1951, CDA, Fond 1 – Б, Opis 64, File124。

在东欧国家的进口份额中都占到 60% 以上（见表 2 - 1）。交易支付方式，一部分为现货，另一部分为现金。以苏联 1953 年提交给保加利亚 20 架米格 - 15 比斯战机为例，飞机总价值的 1/3 由保加利亚以货物的形式支付给苏联，2/3 为 846 万卢布，由苏联提供给保方为期 10 年的贷款支付，贷款及利息也是由保方用货物支付，货物清单及数量由双方协议商定。①

表 2 - 1　1950 年苏联在东欧国家主要商品进口中所占份额

单位：%

类别	份额	类别	份额
机器和设备	28. 6	石油	47. 3
铁矿	65. 0	石油产品	62. 6
生铁	68. 1	木材	12. 7
轧钢和钢管	48. 9	棉花	79. 3
有色金属	26. 5	谷物	77. 9

资料来源：N. Orlov, "The Foreign Trade of the Soviet Union under Present Conditions," in *Problems of Economics*, No. 2（Sep. 1959），p. 30. 转引自 Lee Kendall Mecalf, *The Council of Mutual Economic Assistance: The Faliure of Reform*, Columbia University Press, 1997, p. 29。

　　由于工业化的需要和紧张的国际形势，东欧各国在执行经济计划的投资时，政治考量往往优先于经济因素，经济的高增长指标是通过高积累和增加投资来实现的。例如波兰，1950 年 7 月调整了六年计划的工业生产指标，煤的生产计划从原来的 9500 万吨提高到 1 亿吨；钢的产量从 380 万吨提高到 460 万吨；② 1950 年和 1953 年的国民收入比 1949 年分别增长 15% 和 45%，投资分别增长 38% 和 124%；工业生产在 1950～1953 年四年中保持了年均约 20% 的增长率。匈牙利有着类似的情况，其第一个五年计划的投资总额从 509 亿福林增加到 850 亿福林，1950 年军事工业的

---

① 关于苏联交付保加利亚战斗机的备忘录见 "Protocol about Delivery of Soviet aircraft for Bulgaria, June, 1953," CDA, Fond 1 - B, Opis 64, File 183, pp. 3 - 5. Translated by Jordanka Andreeva。

② 刘祖熙：《波兰通史》，商务印书馆，2006，第 481～482 页。

投资占国民收入的 20%。① 其他东欧国家，如捷克斯洛伐克、民主德国、保加利亚和罗马尼亚在执行经济计划过程中，也都提高了工业生产增长的指标，把投资优先用于发展重工业。

三 成员国间的经济关系

随着经互会的成立，原先与西方国家有较多联系的波兰、捷克斯洛伐克和匈牙利，它们的对外贸易大部分转向了苏联和东欧国家内部（见表2-2），经互会成员国间贸易占比快速提高。这一方面是苏联加强对阵营内部控制的结果，另一方面也是美国和西方对苏联和东欧国家实施出口管制造成的，尤其是 1949 年 11 月美、英、法等国成立输出管制统筹委员会，又称巴黎统筹委员会，对社会主义国家实行禁运，限制其成员国对社会主义国家的出口贸易，导致苏联和东欧国家与美国和其他发达资本主义国家的贸易剧烈缩减。当然西方国家正在形成的经济联盟也不利于东欧国家的产品与之竞争，在后面的经互会与西欧国家经济关系的有关章节会涉及这个问题。

表 2 - 2　东欧国家与社会主义阵营国家外贸的百分比

单位：%

国家	1948 年	1949 年	1950 年	1951 年	1952 年
波兰	41	43	59	58	67
捷克斯洛伐克	32	46	55	61	71
匈牙利	34	46	61	67	71
罗马尼亚	71	82	83	80	85
保加利亚	78	82	89	92	89

资料来源：A Chıstyakov, Growth in Economic Cooperation Among Countries of the Socialist Camp, *Kommunist*, October 1954 in CDSP 6 (January 19, 1955), p. 6. 转引自 Lee Kendall Mecalf, *The Council of Mutual Economic Assistance：The Failure of Reform*, p. 41。

在经互会框架下成员国通过双边贸易协定确定商品供应的品种和期限，这与各国的生产需要相关，但在经互会初期由于各国国民经济计划并不同

---

① 马细谱主编《战后东欧——改革与危机》，第 213、217、239 页。

步，而且计划在先协商在后，经互会还不能起到协调各国生产的作用。成员国之间的经济合作处于初级阶段，苏联不论是从资源还是从经济实力讲，都在其中发挥着重要的作用。在实施国民经济计划过程中，苏联通过双边协定以贷款等形式帮助东欧国家进行工业建设。根据 1950 年 6 月的苏波协定，苏联提供给波兰 21 亿多卢布约合 5 亿美元的贷款，购买建设大型工业项目使用的苏联设备。在六年计划期间，受苏联援建的大型工程有克拉科夫附近的列宁冶金联合企业（又称"新胡塔"）、华沙的热兰汽车工厂、克拉科夫的雅沃日诺发电厂、绿山的迪霍夫发电厂、卢布林的载重汽车厂等。苏联和其他东欧国家也签订了类似的贷款协定，贷款形式多样，有的用于偿付购买工业设备、机器、运输工具；有的用于购买原料、燃料和粮食；还有实物短期贷款，以提供粮食、食品、工业原料和燃料的形式帮助东欧国家度过粮食歉收造成的经济困难。[1]

通过经济发展计划和经互会成员国之间的互助，东欧国家基本建立起社会主义工业化的基础，这便有了进一步加强合作的可能性。但同时，各国都力图建立本国的工业体系，采用优先发展重工业的战略也带来了一些问题。

到 1953 年出现了新的形势，预示着调整期的到来。1953 年 3 月斯大林逝世，7 月《朝鲜停战协定》签订，世界形势并没有向着世界大战的危险转化，总体来说是趋于缓和了。不过，东欧国家战后经济恢复发展积累下来的社会矛盾却逐渐显露出来。当年 6 月中旬在东柏林爆发了工人抗议政府经济政策的示威，事件引起的骚乱导致了驻柏林的苏军出动坦克镇压。事件之后，苏联主动减免了民主德国尚未还清的 25 亿美元的战争赔款，同意把 33 个大企业移交给民主德国，把苏军的占领费用控制在民主德国预算的 5% 以内，同时向民主德国提供 4.85 亿卢布（约 1.2 亿美元）的贷款。[2] 波兰政府也做出放弃对民主德国战争赔款要求的决定。

---

[1] 参见马细谱主编《战后东欧——改革与危机》，第 211 页。

[2] 吴伟：《苏联对民主德国的占领与东柏林事件》，沈志华主编《冷战时期苏联与东欧的关系》，第 106 页。

第二节　社会主义国际分工

经互会发展的第二阶段大致从 20 世纪 50 年代中期到 60 年代末，经互会走向规范有序的发展。1954 年 3 月，经互会在莫斯科举行了第 4 次会议，经互会活动重新走上正轨。通过建章立制，经互会在组织成员国的经济活动、规范经互会作为国际组织的工作、颁布章程、确立经互会的法律地位、发展新的合作模式与合作原则方面做了很多的努力，为经互会扩大成员、成为全球性的经济合作组织创造了条件。社会主义国际分工是这一时期经互会倡导的经济合作的基本原则，也奠定了其推行社会主义经济一体化的基础。

一　加强协调作用

1954 年 3 月和 6 月，经互会的两次会议都是在莫斯科召开的。鉴于国际形势的转变，会议讨论了各成员国之间进一步开展经济合作问题，提出在发展和平经济、发展工业、发展农业和增加民用消费品的基础上提高人民的生活水平。这是对国民经济计划比例失衡、强调重工业和军事工业的调整。

由于经互会成员国之间的相互供货协定大多在 1955 年期满，经互会会议讨论了 1956～1960 年长期贸易协定的问题。1956 年 5 月在柏林召开第 7 次经互会会议，要求成员国在制定国民经济发展计划时坚持两个原则，一是根据产品销售和原料来源等情况，把经济发展远景和整个社会主义阵营的利益结合起来；二是为社会主义各国之间广泛实行生产的专业化和协作创造前提。考虑到成员国的工业基础和资源状况，会议对重要的经济部门做了规划建议。

捷克斯洛伐克和民主德国作为机器制造工业和光学仪器工业的基地。建议确定 4 吨重载重汽车和谷物联合收割机的专业化生产；7～12 吨载重汽车的专业化生产，其中包括捷克斯洛伐克在 5 年内将出口 6000 辆载重汽车给其他国家。各成员国在 5 年内主要进口机械、设备、船舶和仪器的价值将分别达到：阿尔巴尼亚 3.69 亿卢布、保加利亚 17.9 亿卢布、匈牙利 16.2 亿卢布、民主德国 13.2 亿卢布、波兰 44.6 亿卢布、罗马尼亚 15.5 亿卢布、苏联 181.6 亿卢布、捷克斯洛伐克 24.2 亿卢布。[①]

根据经互会发展黑色冶金业原料基地的建议，波兰向成员国供应硬煤，苏联供应铁矿石。经互会建议成员国在 1956~1960 年建成 10 座总有效容积为 7936m³ 的高炉，其中，保加利亚 2 座高炉总容积为 450m³，匈牙利 1 座高炉容积为 700m³，波兰 2 座高炉总容积为 2760m³，罗马尼亚 3 座高炉总容积为 1850m³，捷克斯洛伐克 2 座高炉总容积为 2176m³。波兰和捷克斯洛伐克的高炉产能要高于其他几个东欧成员国。波兰同时作为煤炭业的发展基地，要扩大其生产能力，为经互会其他成员国供应燃料和炼焦煤。

会议对 1956~1960 年的农业发展做了规划，提出要保证玉米在谷物总播种面积中的比重，为畜牧业发展提供饲料。到 1960 年，阿尔巴尼亚玉米播种面积要占谷物总面积的 42%，保加利亚为 27%，匈牙利为 38%，民主德国为 8%，波兰、捷克斯洛伐克均为 10%，罗马尼亚为 48%。同时建议保加利亚、匈牙利和罗马尼亚的马铃薯生产在满足内需的同时出口到其他成员国；保加利亚发展烟草业，其他成员国尽量从保加利亚进口烟草制品。[②]

会议还对有色金属业、石油天然气业、化学工业以及纺织和皮革鞋类的生产及原料消费提出建议，对各个产业的产品生产水平、石油开采量以及商品交换协议等都列了详细的清单。

有关成员国之间相互供应电力的问题，会议拟订了联结经互会成员国之间电力网的工作计划，便于促进在电力工业方面的地区分工。另外，综合利用多瑙河水资源问题首次提上经互会商讨议程，编制综合利用多瑙河的工作纲要，包括各阶段的工作要点、分析其电力消费前景，编辑有关多

① Протокол Сессии Совета Экономической Взаимопомощи (Май 1956 г. , г. Берлин), ЦДА, Ф. №. 1244, а. е. 2, с. 5 – 6.

② Протокол Сессии Совета Экономической Взаимопомощи (Май 1956 г. , г. Берлин), ЦДА, Ф. №. 1244, а. е. 2, с. 9, 15.

瑙河水力发电的资源、其地质工程学及水文学的文献资料等。

不难看出，1956 年 5 月的柏林会议为经互会成员国绘制了经济全面发展的蓝图。但在实际操作中，原有的计划工作不同步的问题仍然存在。1956～1960 年的计划周期与大多数成员国的经济计划周期相吻合，但也有个别国家例外，保加利亚正在执行 1953～1957 年的发展计划，匈牙利执行的是 1955～1957 年的三年计划，各成员国如何在国民经济计划中落实经互会的建议始终是个问题，协调工作本应在规划制定前进行，却难以实现。除此之外，社会主义国家间关系出现了新的问题，1956 年 6 月和 10 月发生在波兰和匈牙利的政治风波造成了很大的国际影响。波匈事件促使苏联调整其与东欧国家间的关系，包括对波兰向苏联提供廉价煤进行补偿，撤出在罗马尼亚的苏联专家，以及以条约形式来规范苏联在东欧国家驻扎军队的法律地位等。

受政治形势的影响，东欧成员国对本国国民经济计划做了某些调整，对民生问题给予了更多的关注。各成员国对继续加强多边经济合作的原则还是认同的。经互会 1957 年 6 月的华沙会议围绕柏林会议的协调方案，提出解决煤炭、石油、冶金焦炭和有色金属等产品短缺问题的措施，修改1957～1960 年计划，商讨保障进出口货物铁路和水运交通的计划，并就进一步提高经互会的组织工作水平交换了意见。

二　建章立制

经互会作为一个国际经济组织的法律地位到 1959 年才确立。与国际组织接轨的做法不仅仅是经互会规范发展的需要，这种变化也反映出苏联对外政策的调整。苏联领导人赫鲁晓夫提出的和平共处理论是要采取新的方式与西方打交道，他相信社会主义作为社会制度的优越性，可以形成一种局面，让更多的人看到共产主义的优越性。[①]

随着国际局势的缓和，主要是美苏关系的改善，二战后美苏两国首脑

---

① 〔俄〕亚·维·菲利波夫：《俄罗斯现代史（1945—2006）》，吴恩远等译，中国社会科学出版社，2009，第 106 页。

首次互访被列入日程。在 1959 年 9 月赫鲁晓夫访问美国之前，时任美国副总统的尼克松访问了苏联和波兰。他利用在莫斯科举办美国国家展览会的机会，发表公开讲话，宣传美国人的生活方式和美国式的民主。8 月初尼克松访问波兰时，声称美国致力于世界和平进程，其访问不是来商讨解决分歧的，而是要面对面讨论双方的互惠互利。① 早在同年 6 月 10 日，美国就与波兰签订了长期贷款协定，以及向波兰购买美国谷物等农产品提供贷款的协定。赫鲁晓夫的美国之行似乎也很成功，被赞为"苏美两国关系在友好和合作的道路上有进一步的发展，这将是世界和平牢不可破的一个重要保证"。② 美苏缓和的基调虽然后来因 U－2 飞机事件被打破，但双方以谈判来解决矛盾与危机的方式还是被延续下来了。

经互会建章立制的进程正是在外部环境趋缓、内部关系调整的背景下推动的。1959 年 12 月 10～14 日，经互会第 12 次会议在保加利亚首都索非亚举行。会议审议和通过了《经互会章程》和《经互会法律权能、特权和豁免公约》，由各成员国政府代表签字。文件经各签字国政府批准后，于 1960 年 4 月 13 日开始生效，并根据《联合国宪章》第 102 条，向联合国秘书处备案，成为联合国各机构可以援引的正式国际协定。

和平发展也因此成为《经互会章程》的核心主题。章程确认，经互会成员国在社会主义国际分工的基础上开展全面的经济合作，以利于各国社会主义和共产主义建设，以及保障全世界的持久和平；成员国之间的经济合作有助于实现《联合国宪章》所规定的宗旨；成员国愿意在平等、互利和不干涉内政的原则基础上，与所有国家（不问其社会制度和国家制度如何）发展经济关系。③

章程还确立了经互会以成员国主权平等原则作为建立的基础，强调经

① Statement by the Vice-President（Nixon），Warsaw，August 5，1959，*Department of State Bulletin*，v.41（August 24，1959），pp.271－272. 转引自 Documents on American Foreign Relations。
② 《华沙条约缔约国宣言》，《人民日报》1960 年 2 月 6 日，第 1 版，见《人民日报》数据库，2006 年 9 月 19 日。
③ 《经济互助委员会重要文件选编》，第 130～131 页。

互会的宗旨是协调各成员国力量，促进各国国民经济有计划地发展，提高工业不发达国家的工业化水平。章程还就经互会及其主要机构的职能和权限、接纳新成员国、经互会与非经互会成员国的关系以及经互会的财政收支等问题做了规定。章程正本一份为俄文，由苏联政府保存；各个成员国有退出经互会的自由，但须提前六个月通知章程的存约人。

各成员国在索非亚会议上签署的《经互会法律权能、特权和豁免公约》确定了经互会的法律地位。公约规定，经互会为法人，有权签订协议，取得、租赁和转让财产，出席法庭；经互会的财产、资产和文件不论位于何处，均享有不受任何形式的行政和司法干预的豁免；经互会成员国的代表享有不受人身逮捕或拘留的特权，以代表身份采取的一切行为不受司法机关的管辖；其一切公文和文件不得侵犯；各国常驻经互会的代表和副代表以及经互会秘书和副秘书还享有该国赋予的外交豁免权；经互会的公职人员以其身份在各成员国境内采取的一切行为，均免予追究司法和行政责任；其获得的经互会工资免除直接税；行李享有与驻该国外交代表机关同级人员相同的关税优惠。公约正本一份为俄文，由苏联政府保存。[①]

《经互会章程》签署后有过两次修改。一次是在 1962 年 6 月经互会第 16 次非常会议上，主要是为了吸收蒙古加入经互会，会议同意赞同经互会宗旨和原则的非欧洲国家，也可以申请加入经互会。第二次是在 1974 年 6 月经互会第 28 次会议上，根据《一体化综合纲要》和经互会历次会议决议对章程和豁免公约做了修改，其中包括赋予多数成员国通过决议的充分权利，同时规定对有关事项声明无关的国家可不受经互会决议的约束。

三　确立社会主义国际分工的基本原则

经过战后经济恢复及第一个国民经济发展计划之后，经互会东欧成员国基本建立起自己的工业基础，但随之也出现了各国经济发展不平衡、机器制造业重复生产、高精设备仍需从西方国家进口以及资源有效合理利用

---

① 《关于经济互助委员会的权能、特权和豁免的公约》，《经济互助委员会重要文件选编》，第 142～146 页。

等诸多问题。经互会成员国也意识到，进入新的阶段的经济合作不能仅限于贸易形式，更不能只是原材料的交换，需要新的更丰富的形式以加强各国的经济联系。1956年9月，罗马尼亚国家计划委员会主席格·马林在为中国《人民日报》写的一篇特约稿中谈道，社会主义国际劳动分工的有计划的发展，使得各国能利用自己的原料资源，发展与自身经济条件相适应的加工工业，而不去发展其他那些经济前提不充分的工业部门；社会主义国际劳动分工还要求通过一切有效的经济形式来实行生产的专业化，并且要以各国长期国民经济计划的相互配合为基础。① 1958年5月，在莫斯科举行的经互会成员国第一次党政领导人会议上，成员国基本达成共识，提出要合理地实行生产专业化和协作，逐步实行社会主义国际分工的方针。

在社会主义国际分工的基础上进一步开展经济合作是这一阶段经互会活动的核心内容，接下来的几次经互会会议重点讨论和研究了实施分工合作的具体措施。经互会会议在多个领域提出实行生产专业化和协作的建议，其中化学工业包括发展成员国的塑料、合成橡胶、化学纤维和化学肥料的生产；黑色冶金业中新轧钢厂的钢材和钢管生产的专业化和协作；机器制造业中对矿山设备、轧钢设备、轴承工业专用机床、石油开采设备和装车机械等实行生产专业化。

为了解决成员国的能源和相互供电问题，经互会会议通过了敷设输油管干线的决议，将把苏联出产的石油输往匈牙利、民主德国、波兰和捷克斯洛伐克。成员国间的动力系统在1959~1960年实现连接，建成22万伏高压输电线路。

在农业方面，经互会会议建议阿尔巴尼亚、保加利亚、匈牙利和罗马尼亚利用其有利条件，提高水果和蔬菜的产量，增加对其他国家的出口。各国还在兽医、检疫和防治农作物病虫害方面进行多边合作。

经互会成员国多种形式合作的实践要求进一步完善社会主义国际分工

---

① 格·加斯顿·马林：《社会主义经济的国际劳动分工》，《人民日报》1956年9月12日，第5版，见《人民日报》数据库，2020年10月9日。

制度。1961 年 12 月经互会第 15 次会议批准了《社会主义国际分工基本原则草案》，1962 年 6 月在莫斯科举行的经互会成员国共产党和工人党代表会议上正式通过了该文件，并建议以《社会主义国际分工的基本原则》（以下简称《分工基本原则》）作为各国制定行之有效的长远经济合作规划的基础。

首先，《分工基本原则》可以视作经互会成员国的一个政治宣言。它提出，世界社会主义体系是由社会主义国家组成社会的、经济的和政治的大家庭，其共同特征是建立在生产资料公有制的经济基础上，以工人阶级为领导的人民政权，以马克思列宁主义为统一的意识形态。遵循马克思列宁主义和社会主义国际主义原则是社会主义体系胜利发展的必要条件。其国际主义义务体现在努力使每个国家根据现有的可能性高速发展工农业，拉平经济发展水平，实现"先在工农业生产绝对产量方面超过世界资本主义体系，而后，在按人口平均的产品产量和劳动人民生活水平方面超过经济上最发达的资本主义国家"。[①]

在赶超资本主义国家的目标下，文件强调，与在垄断集团争夺和扩张过程中自发形成的资本主义国际分工不同，社会主义国际分工是自觉地、有计划地实行的，目的是促进社会主义国家的工业化，并逐渐消除经济发展水平上的差别，走的是共同发展的道路。

其次，《分工基本原则》是以国家为主体来组织经济合作，把协调国民经济计划作为实现分工合作的主要手段。按照其构想，协调计划要做到：①正确计算各国和世界社会主义体系经济发展的比例，促使各国经济平衡；②保证耗费最低的社会劳动实现生产的高速度增长；③充分合理地利用各国的自然条件、经济条件和人力资源；④最大限度地发挥各国内部的潜力及社会主义体系的优越性，逐步消除各国在历史上形成的经济发展水平的差别。[②] 经互会在最初阶段以双边合作为主，现在强调多边协调的意义，从过去的年度换货协议向长远贸易计划和生产规划转换。为提高协

---

① 《经济互助委员会重要文件选编》，第 147～148 页。
② 《经济互助委员会重要文件选编》，第 151 页。

调工作的实效，要改变过去先计划后协调的做法，把协调工作融入各国编制计划的过程中，在制定计划指标和统计指标的基本方法原则上达成统一。

再次，加速发展生产专业化和协作的分工形式。《分工基本原则》提出，生产专业化和协作应针对的是国民经济的所有部门，但文件特别强调了协调最重要的国民经济部门发展计划的 6 个方面：①燃料－动力部门，原则是电能发展速度优先于工业发展速度，需要大动力的工业部门要靠近能源产地，成员国间的相互供电向多国联合动力系统过渡；②冶金工业，各国要考虑发展冶金业的必要性，原则上是在能够保证原料或生产用燃料和能源供应的国家发展；③化学工业，各国要利用本国的原料，加速塑料及其他合成材料以及肥皂等化学产品产业的发展；④机器制造业，要考虑产品的基本类别和种类，以及成套设备和整条生产线的生产专业化，包括零部件的专业化和协作；⑤日用品的生产，根据有关国家达成的协议进行，最大限度满足这些国家居民的需要；⑥农业，尽力加大粮食制品和农业原料的生产，进一步发展各国之间的农产品交换，同时在农机制造、农业化学药剂和合成饲料，以及优良育种方面加强生产协作。①

最后，《分工基本原则》提出，衡量社会主义国际分工经济效果的主要标准是社会劳动生产率的提高，除了核算经济效果，还要考虑到劳动力的充分就业、国际收支平衡等因素。要扩大社会主义国家间的科技合作，交流生产和管理经验，培训干部，同时提升研究和设计工作的专业化和协作水平。文件还阐述了国际专业化与各国经济综合体之间的关系，强调二者互为条件，协调发展，以国际分工推动多个国家生产综合体的建立。

在通过《分工基本原则》的同时，经互会组织机构做了相应的调整，执行委员会的成立就是为了强化经互会的协调作用。不过对于执行委员会的作用，以及它是否能成为经互会更具领导力的权威机构，从其职能看，成员国并未达成共识。罗马尼亚坚持认为，经济合作不应使国家主权受到损害，罗马尼亚要加速工业化的发展，不能按照国际分工把其限制在农业

---

① 《经济互助委员会重要文件选编》，第 154～158 页。

经济上。在 1963 年经互会第 18 次会议上，经互会秘书法捷耶夫在所作的报告中提出，希望在经互会框架下，成员国进行协商，决定哪些行业和生产综合体以及原料供应实施生产专业化与合作，并在此基础上，制定各国生产专业化与相互合作的总计划。[①] 法捷耶夫还批驳了西方对经互会试图建立超越国家的计划机构的指责。

第三节　社会主义经济一体化

20 世纪 60 年代末至 70 年代初，在社会主义劳动分工的基础上，经互会提出了经济一体化的目标。1971 年经互会第 25 次会议通过《经互会成员国进一步加深与完善合作和发展社会主义经济一体化综合纲要》，以此为行动纲领，经互会走向全面发展，实现生产、科技、基本建设等全面一体化。经互会的活动主要是通过多边一体化措施与各国经济计划的相协调，以及制定"长期专业合作纲要"来落实《一体化综合纲要》的实施。到了 80 年代中期，为了应对西方发达国家在科技进步方面的挑战，1985 年经互会第 41 次会议通过了《科技进步综合纲要》，进一步提高经济一体化的科技含量。80 年代末，由于经互会成员国国内政治局势的剧烈变化，这一长远目标已不可能实现，经互会也面临着新的选择，并于 1991 年 6 月最终解散。

一　《一体化综合纲要》的提出

经互会的经济一体化发展主要由两方面的因素推动，一个是前面提到的，成员国已经不满足于其经济联系仅仅建立在商品的进出口贸易基础上，它们在寻求新的合作模式；另一个是要解决 1960 年开始的经济发展减速甚至是下降的问题。在工业化政策的引导下，经互会东欧成员国的经

---

① Н. Фаддеев, Доклад Секретариата Совета о деятельности Совета Экономической Взаимопомощи в 1962 году, Централен държавен архив（ЦДА）, Фонд №.1244, оп. 1, а. е 55, с. 13.

济在 20 世纪 50 年代快速增长，从 1958 年和 1959 年的国民收入年增长率
看，1958 年国民收入年增长率最低的是罗马尼亚，为 3.4%，1959 年为
13.0%；保加利亚在这两年的国民收入年增长率分别是 7.0% 和 21.0%。
参照 1958 年和 1959 年东欧各国国民收入年增长率的平均值，各国平均增
速集中在 5% ~ 10%（见表 2 - 3）。但是，东欧国家的经济增速到 1960 年
开始下滑，除罗马尼亚相对稳定外，民主德国和波兰增速大幅下降，尤其
是捷克斯洛伐克，其经济呈断崖式下跌，国民收入年增长率在 1962 年只
有 0.5%。捷学者认为，这不仅有政府内外政策失误，制定的计划指标不
现实的问题，还因 1961 ~ 1962 年冬季煤供应不足导致电力短缺，限时拉
闸断电使人们的生活和生产受到严重影响，甚至中苏分裂导致的捷中两国
贸易关系的中断也对其经济产生了影响。[①] 而西方学者认为，东欧经济在
20 世纪 50 年代增长的因素主要在于投资和劳动力，大量新工厂的建立不
仅使劳动力更多转向产业部门，也推动了农村劳动力向城市的转移。在经
历了近十年的快速增长后，推动东欧经济发展的资本和劳动力这两个动因
在 20 世纪 60 年代初耗尽了，从而造成了 1960 年开始的国民收入年增长
率的下降。[②]

表 2 - 3　1958 ~ 1962 年苏联和东欧国民收入年增长

单位：%

国家	1958 年	1959 年	1960 年	1961 年	1962 年
保加利亚	7.0	21.0	7.0	2.9	—
捷克斯洛伐克	8.0	6.0	8.0	7.0	0.5
民主德国	10.9	8.5	4.5	4.2	3.5
匈牙利	6.2	8.0	7.3	5.8	5.0

---

① Jaroslav Pánek, Oldřich Tůma et al., *A History of the Czech Lands*, Charles University in Prague, Karolinum Press, 2009, p. 530.

② Lee Kendall Mecalf, *The Council of Mutual Economic Assistance: The Failure of Reform*, pp. 57 - 58.

续表

国家	1958 年	1959 年	1960 年	1961 年	1962 年
波兰	5.6	5.3	4.5	8.0	2.5
罗马尼亚	3.4	13.0	10.8	10.9	—
苏联	12.0	8.0	9.0	7.0	6.0

资料来源：Adam Zwass，"The Economy of the Comecon Countries in 1962," *Zycie Gospodarcze*, March 17, 1963 in *Polish Press Survey* No. 1505, Radio Free Europe Research, p. 3. 转引自 Lee Kendall Mecalf, *The Council of Mutual Economic Assistance：The Failure of Reform*, p. 56。

值得注意的是，西欧的经济在经过恢复和调整后，也进入了快速增长时期。在分析 1950～1962 年的法国、联邦德国、意大利等西欧国家的经济增长要素时，西方经济学家认为，在资本、劳动力和生产率三个要素中，最重要的是生产率，它对经济增长的贡献超过了 50%。例如法国，资本对提高经济增长率的贡献是 17%，劳动力是 11%，生产率则是 72%；联邦德国的生产率所起的作用占 54%；意大利占到 69%。[①] 东西方发展模式和增长要素存在差异。

这种差异主要是东欧工业化进程晚于西方、经济发展水平较为落后造成的。在经济发展理念上，经互会提出劳动分工也是为了弥补成员国之间经济发展的不平衡，提高劳动生产率。20 世纪 50 年代末到 60 年代，苏联和东欧国家兴起了经济改革之风，核心内容是改革管理体制，调整计划制定的程序，国家计划负责下达订货指标，生产计划由企业自己制订。同时注重市场的利润和资本投入的效率。由此推动地区经济一体化，形成统一的社会经济机体，从而突破狭小的国内市场的局限。

经互会成员国的外贸增长也反映出其经济增长对外部市场的需求。1950 年经互会各成员国的外贸成交额为 74.03 亿卢布，1966 年为 378.80 亿卢布，1969 年为 489.56 亿卢布，是 1950 年的 6 倍多。成员国间相互贸

---

① 〔意〕卡洛·M. 奇波拉主编《欧洲经济史—第五卷上册—二十世纪》，胡企林、朱泱译，商务印书馆，1988，第 2 页。

易在外贸成交额中所占比重为 61.5%，同发达资本主义国家的外贸成交额占 23.3%，与发展中国家的外贸成交额占 8.9%。[①] 与发展中国家的外贸成交额所占比重较 1950 年的 4.6% 有所上升，这与经互会在 20 世纪 60 年代实施对亚非拉国家的国际主义援助有一定的关系。不过，成员国间的贸易仍是最主要的。因此，法捷耶夫在自己的书中写道："人口总共达 3.76 多亿人的经互会成员国市场，给生产力的迅猛发展创造了一切可能。"[②]

1968 年鉴于捷克斯洛伐克的形势，经互会没有按惯例在春季或是秋季举行经互会会议。同年 9 月，经互会执行委员会在莫斯科召开会议，代行经互会会议的职责，对经互会第 21 次和第 22 次会议期间的活动做了总结。指出成员国的专业化与协作在机器制造业中所占的比重不足，没有充分利用成员国合作的可能性。因此，在工业生产、科技合作以及财政金融等多个领域需要进行更多的专项合作，提高专业化合作的效率。

1969 年正值经互会成立 20 周年，1 月在柏林举行的经互会第 22 次会议，除了执行委关于经互会活动的例行报告外，会议确定了一系列的纪念活动。经互会秘书法捷耶夫在会上作了有关经互会 20 年发展的报告。报告指出，经互会成员国的经济在过去的 20 年中稳步增长。1950～1968 年各国的国民收入平均增长了 4 倍，其中罗马尼亚增长了 5.2 倍，保加利亚 5 倍，苏联 4.5 倍，民主德国 3.7 倍，波兰 3.3 倍，捷克斯洛伐克 2.9 倍，匈牙利 2.7 倍。从经济体量来讲，经互会成员国的人口占世界的 10%，领土面积占世界的 18%，工业品生产占世界的 31%。[③] 经互会作为区域性的经济合作组织带动了其成员国整体水平的发展，在世界经济中有相当大的影响力。

就在柏林会议召开 3 个月之后，1969 年 4 月 23～26 日，在莫斯科

---

① 〔苏〕阿·帕·布坚科：《作为世界体系的社会主义》，苏艺等译，东方出版社，1987，第 268 页。

② 〔苏〕尼·法捷耶夫：《经济互助委员会》，第 107 页。

③ Доклад Секретаря Совета Н. Фаддеев на XXII сессии СЭВ，ЦДА，Ф. No. 1244，оп. 1，a. e 74，c. 10 – 11.

召开了经互会第 23 次特别会议。这是继华沙条约组织在 3 月 17 日举行成员国政治协商委员会会议后，苏联和东欧各国党政首脑再次举行会议，就经互会成员国的经济合作进行商讨。所谓"特别"会议，不仅因为它距离第 22 次会议时间短，还因为与会代表的级别高。会议提出，要制定全面的、具有前瞻性的进一步发展经互会成员国社会主义经济的一体化规划纲要。其目标是加速提升所有成员国的生产能力，提高科技水平及最大限度地提高社会生产效率，改善人民福利条件，保障在与资本主义经济的竞争中取得胜利，同时加强成员国的国防能力。会议特别强调社会主义经济一体化是在尊重国家主权和充分自愿的基础上进行的，不建立超国家组织。[①]

依照此次会议精神，1969 年 5 月，经互会执行委员会组织了 7 个专家工作组，由各国计划部门的主管、科技部及相关部委的负责人，以及相关的专家和学者组成，负责研究经济计划、货币财政、对外贸易、科技合作、农业和轻工业、交通运输以及组织机构的法律等问题，各相关的常设委员会和秘书处主持各自工作组的工作。执行委员会就上述问题进行了讨论，并向 1970 年 5 月召开的第 24 次会议呈交了制定综合纲要的进展工作报告。会议起草了经互会《国际投资银行章程草案》，设立世界社会主义体系国际经济问题研究所，同时委托执行委员会制定《一体化综合纲要草案》，提交第 25 次经互会会议审议。

原计划在 1970 年第四季度举行的第 25 次会议推迟了，执行委员会起草的《一体化综合纲要草案》在 1970 年 11 月中旬才提交给各成员国，并提请它们在 1971 年 1 月 20 日前把修改意见和建议提交给经互会秘书处。1971 年 4 月，设立在莫斯科的经互会执行委员会完成了草案的正式文本，提交给同年 7 月在布加勒斯特举行的经互会第 25 次会议，会议审议通过了《经互会成员国进一步加深与完善合作和发展社会主义经济一

---

① О дальнейшем развитии экономического сотрудничестве стран-членов Совета Экономичесой Взаимопомощи, Протокол ХХIII (специальной) Сессии Совета, ЦДА, Ф. № 1244, оп. 1, а. e 80, c. 2 – 3.

体化综合纲要》，以此作为指导经互会成员国未来 15～20 年经济发展的纲
领性文件。

二 《一体化综合纲要》的主要内容

《一体化综合纲要》分 4 章 17 节。① 第 1 节阐述经济一体化的基本原
则、目的和途径。从第 2 节开始，进入纲要的主旨内容，提出提高劳动生
产率，使经互会成员国经济发展水平接近和拉平。第 3 节指出相互协商经
济政策的主要问题是成员国在社会经济和科学技术方面的主要目标和任
务，尤其指那些个别成员国力所不能及的目标。协商的内容包括经济发展
的基本趋势、科技进步的重大方针、成员国社会经济政策的基本方针
(经济长远设想)、投资的基本方针、重要部门的基本发展方针、劳动力
的使用等。第 4～14 节提出了经互会成员国主要的合作领域，除了执委会
所设立的 7 个工作组之外，又增加了标准化合作、工业合作、建筑业合作
和水利事业合作等方面的基本发展方针和任务。第 15～17 节阐明了经互
会成员国进行合作的法律基础、经互会在组织成员国进行经济和科技合作
过程中的作用，以及成员国参加《一体化综合纲要》的个别措施或是非
经互会成员国参加该纲要的形式和条件。

与经互会在 20 世纪 60 年代初推行的社会主义国际劳动分工相比，
《一体化综合纲要》对成员国的经济合作进行了更为全面、系统的阐述。
不过，在一些问题的表述上有所调整。

在 1962 年通过《社会主义国际分工的基本原则》时，经互会曾确立
了两个赶超任务，一个是在工农业生产绝对产量上超过世界资本主义体
系，另一个是在人均国民生产总值和人民生活水平方面超过发达的资本主
义国家。显然，到 20 世纪 70 年代，这两方面任务都没有实现。《一体化
综合纲要》并未回应这个问题，而是提出，经互会成员国在经济发展速

---

① 有关《一体化综合纲要》的具体内容见《经济互助委员会重要文件选编》，第 166～256
页。1971 年 4 月莫斯科通过的综合纲要草案文本见 ЦДА，Ф. №. 1244，оп. 1，а. е 109，
с. 3 – 118。

210

度方面超过了发达的资本主义国家，生产力已经达到高度发展水平。根据经互会秘书法捷耶夫在其有关经互会的书中提供的数据，1972 年经互会成员国的电力生产量达 11460 亿千瓦时，比法国、联邦德国、意大利、荷兰、比利时、卢森堡组成的欧洲经济共同体六国的总发电量 6430 亿千瓦时多 78%，钢产量较六国多 50%。但这并不表明经互会国家的经济发展水平就高于西欧国家。法捷耶夫在书中也承认，经互会成员国的工业生产占世界工业生产的比重虽然达到 33%，但在世界贸易中所占比重只有 10%；西欧国家在世界工业生产中占比 22% 左右，在世界贸易中所占的比重则在 40% 以上。[①] 这说明了两者在工业产品适用于世界市场情况上的差别。

基于对经互会成员国经济发展水平的判断，《一体化综合纲要》提出，社会主义经济一体化的目的是要增强世界社会主义体系的经济实力，加强其统一和在社会生活各个领域取得对资本主义的优势，保证其在与资本主义的竞赛中获得胜利。实现这一目标的途径和手段包括：在经济政策和计划工作中进行多边和双边的相互协商与合作；扩大生产和科技方面的国际专业化和协作；扩大相互贸易，在国家垄断的基础上完善相互贸易的组织形式，完善货币金融关系和外贸价格制度；加强组织建设，扩大各部门和组织机构的直接联系；完善法律机制，确定责任人不履行或不按规定履行相互义务的责任。

谋求经互会成员国的共同发展是经互会一直强调的理念，《一体化综合纲要》更是明确提出要"给予工业不够发达的国家以全面的援助和协助"。具体措施包括：①在选定新的生产部门时考虑为工业不够发达的国家提供生产专业化的机会，在保证产品技术水平和质量的基础上为其提供稳定的产品销售市场；②为这些国家提供从项目设计、安装、开工到生产的全面的技术援助，提供技术培训，无偿或是采取财政补偿的方式向这些国家转让技术文献及其他科研成果；③为这些国家提供贷款和临时特惠，经互会两个银行提供的贷款与政府之间双边经济合作协定采用的贷款原则

---

① 〔苏〕尼·法捷耶夫：《经济互助委员会》，第 111 页。

并行不悖。文件还特别提到对蒙古人民共和国的投资与援助，根据其自然条件和经济条件加速它的经济发展。

由于经互会不具有超国家的组织功能，成员国之间的相互协商成为其展开经济合作的主要手段。除了前面已经提到的成员国相互协商的内容外，《一体化综合纲要》强调了"成员国在制定国民经济计划和其他经济措施时要及时考虑到相互协商的结果"，各国的发展计划应体现协商中讨论的各种问题，以及通过协商所签订的协定、议定书等联合文件。这与纲要提到的完善经济和科技合作的法律基础，使各方重视履行相互义务和责任的考虑是一致的，否则成员国相互协商就会成为"纸上谈兵"。

《一体化综合纲要》对计划工作的合作列出了 5 个发展方向：①要对最重要的经济和科技领域做出前瞻性的预测；②对最重要的国民经济部门和生产行业协调制定长远计划；③完善各国国民经济五年计划的协调工作；④有关国家共同制定某些工业部门和生产行业的规划；⑤各成员国交流国民经济计划管理体制的经验。

根据文件，最重要的经济部门主要还是集中在能源、冶金、化学工业和综合仪器仪表系统等领域。针对这些领域的合作，达成协议的有关国家要在主管机关领导下，由科研机构参与共同编制预测文件并交换预测结果。预测内容包括世界经济和科技发展的趋势、这些部门和产品的增长速度及结构变化、相关产品在世界贸易中的趋势和价格等。文件要求预测工作在 1971 年商定出合作的具体题目、进行合作的组织形式及工作程序和期限，交由成员国中央计划机关主席级别的代表组成的会议来研究，为协调长远计划和 1976~1980 年的五年计划做参考。长远计划指未来 10~20 年国民经济重要部门和产业的发展趋势，要反映出经互会成员国在经济和科技发展方面的长期基本目标，同时确定各国参加国际分工的基本方针。按照文件的说明，长远计划的协调进行到 1985 年。

制定国民经济五年计划在成员国已是常态化的机制，《一体化综合纲要》强调的是成员国要把五年计划的协调工作与制定本国的五年计划密切结合起来，并要在五年计划草案提交给各国主管机关审批之前完成，目的就是保证各国在制定五年计划时能够考虑到成员国在协调计划中达成的协议，能够为履行各项协议提供条件和手段。为了保证某些工业部门和产业在国际市场的竞争力，文件还提出一项新的合作形式，由成员国共同制定某些部门和产业的规划。该项计划工作以各国保留各自的生产能力和资源的所有权为前提，但要对产业长远发展做出必要的经济和科技预测，协商解决问题的科技方针，确定科研工作和设计工作的共同纲要，制定使产品在质量上达到世界水平的措施，确定成员国对该产品的长远需求，以及保证有关国家的实际生产能力。文件还强调，共同制定规划达成的协议要落实到政府之间或是主管机关之间签订的协定或合同，以此作为缔结外贸协定和合同的基础。

在科技合作方面，经互会成员国已议定共同解决 10 余项问题，包括生物物理学的研究，农作物的选种、育种和杂交，保护植物的生物药剂的研制及保护自然环境的措施，养殖和种植产业的机械化和自动化，海洋矿物资源的利用，制造新的半导体材料和高纯金属，制造金属加工机床的程序控制系统，制造新的计算技术设备和在国民经济中应用计算技术，以及原子能在国民经济中的工业应用等。《一体化综合纲要》指出，有关国家在 1971 年内将就上述问题签订协定。就科技合作的组织形式，文件建议有关国家可以根据协定建立协调中心，协调科技合作计划的执行；成立国际科学研究所以及联合实验室和科研室，就最重要的科技领域和问题进行基础研究和应用研究。

在对外贸易合作方面，《一体化综合纲要》强调了计划原则下国家垄断对外贸易的属性，并提出了为了保证经互会成员国经济发展的稳定性，成员国之间的贸易仍以签订长期贸易协定和年度相互供货议定书为基础。长期贸易协定要与各国国民经济五年计划紧密结合，还将包括根据关于生产专业化和协作的协定以及其他经济协定或长期合同进行的供货，签订该协定的日期应不迟于协定生效前一年的第四季度。

有关工业合作的基本发展方针，《一体化综合纲要》提出了几十项建议，涉及地质、能源、冶金、机器制造、无线电和电子工业、化学工业和造纸业、轻工业等多个重要工业部门。地质部门要解决燃料和矿物原料的储量问题，保证其储量可供 10~20 年使用。加强地质勘探工作，特别考察海域、喀尔巴阡—巴尔干地区和高加索地区、蒙古人民共和国境内及其他有开采前途地区的矿产资源。在能源问题上，各国应研究和采用关于有效和节约利用能源的方法，提高能源尤其是再生能源的利用效率；扩大成员国在联合动力系统方面的合作；加速发展原子能和原子能工业。成员国还将讨论提高波兰动力煤的生产能力、开采蒙古境内的动力煤和炼焦煤的可能性，扩大成员国在勘探和开采石油与天然气方面的合作，以及在苏联境内开采和运输石油与天然气生产能力方面的合作。

　　机器制造业作为工业合作的一项重要内容，《一体化综合纲要》提出了较为具体的建议：①1971～1975年，对主要和辅助动力设备包括原子能发电站设备的生产实行专业化和协作；②1972～1973年提出关于主要矿山设备、石油和天然气开采设备最重要的和最缺乏的零部件和机件实行生产专业化和协作的方案，研制先进的地质勘探和钻井设备；③1971～1972年提出黑色和有色冶金采矿选矿设备及冶炼设备技术和自动化改造方案；④1971～1975年提出主要金属切削机床的生产专业化和协作方案，研制数控机床和统一的数控系统；⑤为满足经互会成员国对货车车厢和内燃机车的需要，有关成员国要在1971～1973年提出上述产品的现代化生产方案。在1975年前，完成集装箱运输系统技术设备的专业化生产。组织重型载重汽车的生产以满足成员国的需要，对小汽车生产进行技术分析，提出合作方案。另外还有船舶建造、船舶设备，化学工业、石油加工业及造纸业的工艺设备和成套设备，轻工业及食品工业设备，农业机器，建筑和建筑材料业的工艺设备和成套设备，以及民用设备包括家用冰箱、洗衣机、家用电器和缝纫机等生产的专业化。

　　在化工领域，依照成员国的建议，1971～1973年制定出关于某些化工原料、化工产品联合建厂的方案；在1972年以前，由苏联负责编制磷原料和磷制品、二氧化钛的长期发展预测文件，罗马尼亚和匈牙利分别负责编制石油化学原料和纸浆造纸工业原料的长期发展预测文件。

　　在阐述经济和科技合作的基本发展方针之后，《一体化综合纲要》强调完善这种合作的法律基础的重要性，提出通过制定各种规范性文件来"完善解决在合作过程中所发生的争端的方法和制度"，统一有关的法律准则，为社会主义经济一体化提供最有利的法律条件。这些法律准则和条件还涵盖为共同项目的投资和生产专业化所制定的计划，开展科技研究中涉及的科技文献和情报的转让与使用，以及多边合作组织和企业在成员国境内的法律地位等，应通过各国之间的协定或是经互会机构建议的方式固定下来。还将考虑成立经互会国际仲裁机构，扩大现有各国外贸仲裁机构的权限，审理有关执行经济和科技合作协定或合同中可能产生的争执。

为了体现自愿加入的原则，《一体化综合纲要》给予成员国不参加个别协定的权利，同时保证不影响与不参加国其他方面的合作。其他非经互会成员国，愿意全面地或部分地参与实施《一体化综合纲要》，需向经互会秘书提出相应的申请，经成员国同意后，由经互会与申请国签订一项协定，规定其参与实施该纲要或个别措施的条件。

《一体化综合纲要》是经互会发展中期的一份重要文献。作为国际经济合作组织，经过 20 年的发展，经互会不断完善其组织建设和合作形式，确立了经互会成员国未来经济和科技合作发展的基本方针和路线。从此之后，经互会的各项工作都围绕该纲要展开。

三　多边合作与长期发展规划

20 世纪 70 年代上半期，经互会成员国的经济总体呈增长态势。根据经互会会议公报发布的数据，1971～1974 年经互会成员国国民收入每年比上一年分别增长了 6.2%、5.0%、8.0% 和 6.4%，工业生产总值分别增长了 7.8%、7.0%、8.0% 和 8.5%，四年间成员国相互贸易额增长了51%，到 1975 年达到 700 亿卢布，年均增长 14.4%。工业产值 1975 年比 1970 年增加 1.5 倍。

经济增长的成就与各国在 70 年代初提出的高速发展计划是分不开的，某种程度上也受到波兰 1970 年 12 月危机的影响。波兰新上任的盖莱克政府为了摆脱危机，提出了高投资、高速度、高消费的发展战略，1971～1975 年五年计划的目标是国民收入增长 38%～39%，年均增长在 7.8% 左右，其核心就是要改善人民的物质生活条件。苏联在 1971 年 3 月底召开的苏共二十四大上，也提出了高速发展社会主义生产力的任务，把提高人民的福利作为经济政策的最高目标。

经互会的规划与各国的国民经济计划并不同步，这是它一直存在的问题，负责计划合作工作的经互会执行委员会很快就意识到，经互会的规划跟不上形势的变化。1972 年 7 月，在莫斯科举行的经互会第 26 次会议上，执行委员会在有关经互会年度工作报告中指出，经互会各个组织机构都在围绕《一体化综合纲要》制定目标，但执行该纲要存在一定困难。主要问题在于，《一体化综合纲要》颁布时，经互会成员国实际上已经完成各自的 1971～1975 年五年计划的协调工作，签订了长期的贸易合同，这意味着纲要所提出的诸多建议不能依照其时间表在各成员国落地。因此会议要求提前协调下一个五年计划，在 1972～1974 年开始协调 1976～1980 年的计划，以保证计划充分实现的条件。

经互会会议讨论的主要问题涉及计划合作、科技合作以及电力、化工和机器制造等领域的合作。计划工作的主要内容包括对金属切削机床某些种类的生产规划，制定成员国建立集装箱运输系统的物质和技术基础的联合计划；在科技领域，成员国主管机关根据《一体化综合纲要》在 1971～1972 年签署了 18 项科技问题合作协议，成立了 20 个协调中心、7 个科学协调委员会、2 个国际学术团体、1 个科学生产联合公司，成员国有 500 多个科研和项目设计机构参加到协调中心的工作。到 1975 年，成员国多边科技合作协定超过 70 项，正在拟订 270 个项目，几乎涵盖科技发展涉及的所有主要问题。[①] 经互会成员国的电力合作很有成效，未来也有很大的发展空间。1971 年联合动力系统相互供电量达 160 亿千瓦时，新的增长点在于开展大的电力项目的合作，有关国家将合作建设 75 万伏的电力输电线，以及发展原子能电站，保证经互会欧洲成员国的电力供应的稳定性。

机器制造和化学工业是现代工业的主要部门，1971 年成员国之间贸易中的机器制造产品增加了 10%。根据《一体化综合纲要》的要求，在

---

① 有关经互会经济发展的数据如无特别注明，主要来自历次会议公报，参见《经济互助委员会重要文件选编》及保加利亚中央档案馆经互会会议文献。

纲要实施的前两年编制有关生产轻工产品设备的预测，提出相关产业所用成套工艺线设备、机器设备系统等需要的方案和建议。1973 年第 27 次经互会拟定了建立工艺生产线生产基地、生产高性能机器和设备大型企业的发展清单，包括精纺棉花和羊毛生产线的纺纱设备、织布设备、提花机等配套产品及零部件、织袜流水线等自动化设备、针织设备、非纺织材料工艺生产线、合成纤维和人造革生产工艺线、皮革和毛皮制品设备、制鞋机器及木板和家具生产线等 14 项轻工业设备的生产。经互会欧洲成员国还代表本国政府签署协议，合作建设基耶姆巴也夫斯克年产 50 万吨的石棉联合企业。为了加快短缺的化学纤维的生产，经互会欧洲成员国与南斯拉夫签署协议，成立国际化学纤维联合公司。

到 1974 年 6 月在索非亚召开经互会第 28 次会议时，经互会已经完成了协调 1976 ~ 1980 年国民经济计划第一阶段的工作，签署了 11 项有关机器制造、食品工业、农业以及和平利用原子能等方面的多边协定。经互会欧洲成员国还签署了开发奥伦堡天然气和天然气传输管道建设的全面协议，这是为解决成员国共同面临的燃料和能源问题而采取的重要步骤。

在成员国的经济合作中，往往会出现签署的协议执行不力的情况。例如，罗马尼亚的代表在会议上曾抱怨说，1972 年签署的协议，在乌斯特伊利姆斯克建设一座年产 50 万吨纸浆的大型联合企业，但框架协议签署后一年多，各方都未能采取有效措施，通过双边协议来落实各国应承担的义务。

为了加快落实《一体化综合纲要》，制定出执行协议的具体方案，经互会在 1973 年开始进行多边一体化措施的计划工作，并在 1975 年 6 月经互会第 29 次会议上通过了 1976 ~ 1980 年经互会成员国《多边一体化措施协调计划》，以多边合作项目来解决扩大能源、原料、化工等产业生产能力的问题。该计划包括多个多边协议和合作项目：①经互会成员国与古巴签订全面协议，利用古巴丰富的镍矿资源，合作建设生产镍及镍合金产品的工厂；②制造业特别是机器制造业的专业化和协作生产作为一体化进程的主要方向之一，在制造业领域成员国签署 9 项多边协定，增加电子计算设备、保护植物的化学药剂、集装箱运输系统技术设备、滚动轴承和钻井设备等专门产品的合作生产和相互供应；③在科技研发方面，开展综合性的科研、试验和开发工作，设计新的高效能的技术流程，在未来 5 年中，成员国将投入 6 亿卢布，解决 16 个方面的科技研发问题，包括发展功率 1000 兆瓦的压水核反应堆动力组、医疗、木材综合加工、金属防锈、植物和动物蛋白的生产、植物保护等；④最重要的多边一体化措施，是计划在未来 5 年内集中成员国有关国家的物力、人力和财力，建造 10 个总价值约为 90 亿卢布（约合 86 亿美元）的工程项目，其中基础建设投资达到 70 亿卢布。预计在 5 年内投入使用的大型项目有：开发奥伦堡天然气田和全长 2750 公里的天然气输送管道建设，建成后每年从苏联向欧洲成员国输送 155 亿立方米的天然气；协议有关国家共同建设的从西乌克兰的文尼察到匈牙利的奥尔拜尔蒂尔绍，电压为 750 千伏的输电线路；在西伯利亚乌斯特－伊利姆斯克水力发电站附近建造年产 50 万吨纸浆的大型联合企业；建造基耶姆巴也夫斯克年产为 50 万吨的石棉采矿选矿联合企业。此外，为了满足冶金工业的需求，还有以借贷形式发展的铁矿石采选企业以及铁合金工厂辅助设备的生产。10 个建设项目中有 8 个项目在苏联境内，需要 65 亿卢布，占总投资额的 70% 多，东欧国家将为项目建设提供 34 亿卢布。[①] 在苏联境内的工程项目完成后，每年将按照投资份额向参与建设的经互会成员国提供 155 亿立方米的天然气、900 多万吨含铁原料、20 万吨左右的铁合金、20 万吨的纸浆和 18 万吨的石棉。[②]

在批准《多边一体化措施协调计划》的同时，考虑到该计划将在 1980 年到期，经互会第 29 次会议做出制定"长期专业合作纲要"的决议，为未来 10～15 年的发展做出规划。1977 年经互会第 31 次会议通过了协调成员国 1981～1985 年国民经济计划的工作纲要，主要任务是解决在"制定长期专业合作纲要"时所出现的最重要的经济问题。在 1978 年

---

① Marie Lavigne, "The Soviet Union inside Comecon," *Soviet Studies*, Vol. 35, No. 2 (Apr., 1983), p. 143. http://www.jstor.con/stable/151775, June 24, 2020.

② 〔苏〕И. П. 法明斯基：《当代国际贸易》，金茂远译，中国对外经济贸易出版社，1983，第 326 页。

经互会第 32 次会议上，"长期专业合作纲要"获得批准。专项合作反映了成员国经济和社会发展的需求，包括能源、燃料和主要原料、农业和食品工业、机器制造业、工业消费品和加速发展交通运输五个方面。值得一提的是，核能发电已成为动力系统的新兴产业，经互会成员国为此开展多边合作，提升核能发电能力。经互会欧洲成员国将与古巴合作，在古巴建设发电能力为 3700 万千瓦的核电站，同时在苏联建设两个发电能力 400 万千瓦的核电站，电力供应给东欧国家，各国进行多边一体化合作，为核电站的发展提供设备支持。到 1978 年底，奥伦堡天然气输送管道项目、输电线路等大型工程项目基本完成。

四 科技进步发展战略

进入 20 世纪 80 年代，经互会成员国的经济发展战略不得不进行调整。一方面，自 70 年代以来，人们的生活消费品逐渐升级，推动产业的发展从传统的吃、穿、用等日用品产业向小汽车、家电等科技含量高的产业转化；另一方面，面对 70 年代初爆发的能源危机，尽管苏联领导人宣称"经互会已成为避免能源危机的世界唯一的工业发达地区"，但苏联经济依赖石油、天然气出口的弊端已显现出来，出于自身经济的考虑，苏联不能保证对东欧石油供应的增长。核能等新能源的开发和利用以及低能耗产业的发展，成为迫切要考虑的问题。

经互会一体化合作也出现了一些问题。由于世界经济形势的变化，成员国经济发展的速度减慢，特别是波兰，由于 1980 年的团结工会运动，波兰的国民收入出现了负增长。经互会的各项计划难以落实，为实施"长期专业合作纲要"需制定的 340 项措施，到 1980 年 6 月在布拉格召开经互会第 34 次会议时，只有四分之一的措施签署了相应的执行协定。①1981 年经互会第 35 次会议签订了 1981～1985 年第二个多边一体化措施协调计划，成员国强调要把一体化的合作从协调各国国民经济计划扩大到

---

① 《经互会布拉格会议未能协调分歧 苏联推行一体化计划困难重重》，《人民日报》1980 年 6 月 23 日，第 6 版，见《人民日报》数据库，2020 年 8 月 21 日。

协调各国的经济政策和管理体制，把共同建设生产项目扩大到集中各国科技力量"共同完成最重大的科技任务"。

苏军出兵阿富汗后，1980年1月美国宣布对苏联实行制裁，包括粮食禁运。美国总统里根上任后，开始增强美国的军事潜力，意图打破美苏两国的战略均势取得军事优势，对苏联施加政治压力。里根政府提出的反弹道导弹防御系统的战略计划，又称"星球大战"计划，实际上是在打一场以高科技为基础的战略防御战，要把苏联拖入军备竞赛中，削弱苏联的经济实力。

1981年底，波兰因团结工会运动宣布全国进入战时状态，美国立即宣布对波兰连带苏联实施经济制裁，指责苏联对波兰事态恶化负有重大责任。对美国的制裁政策，法国和联邦德国等欧洲主要国家采取了消极抵制的态度，仍继续与苏联商谈和签订天然气供应和天然气管道建设的合同。美、欧的分歧一直持续到1982年11月，双方商讨了同苏联的经济关系问题后达成协议，美国停止了对苏联的制裁。

1983年经互会国家的经济形势趋于稳定，各国的经济指标有所回升。1984年6月在莫斯科召开了由经互会成员国党政首脑参加的最高级经济会议。会议认为，面对科技革命的挑战，经互会国家一些科技部门的发展以及科技总体水平落后于世界趋势和西方工业发达国家。科技进步已成为社会主义经济一体化发展的首要任务，加速科技成果的转化是国民经济从粗放型转向集约化的关键。从以往成员国在科技方面的合作看，合作大多局限在各个项目上，不足以提升成员国整体的科技潜力。同时，也要考虑与发达资本主义国家的经济关系。根据《一体化综合纲要》，社会主义国际分工以确立世界分工合作为理念，成员国应在平等、互利和尊重主权的原则基础上，发展与其他国家的经济联系和科技联系，不论其社会制度和国家制度如何。会议最后通过了《关于进一步发展和加强经互会成员国经济合作与科技合作基本方针的声明》和《维护和平和国际经济合作宣言》两个文件，把达到先进科技水平与提高经互会各国人民的福利相结合，经济发展战略全面转向生产集约化和加速科技进步。经互会成员国首脑最高级经济会议之后，经互会6月在莫斯科，10月在古巴首都哈瓦那连续两次召开会议，讨论贯彻最高级经济会议的措施，协调各成员国1986～1990年五年计划及长期经济发展计划。经互会会议第一次在欧洲以外的地方召开，也表明经互会始终宣传的成员国要共同发展的立场和态度，为逐步拉平古巴、蒙古和越南与欧洲成员国经济水平做进一步的努力。

经过多次会议协商，1985年12月，在莫斯科举行的经互会第41次会议通过了《科技进步综合纲要》，引导经互会国家奉行一致的科技政策，确立成员国在未来15年的科技发展方向。纲要在总体目标上考虑：优先发展能够实际制造的先进工艺、进行新一代高效机器和新材料的基础研究、加速推广最新科技成就、提高成员国产品的国际竞争力，扩大出口，减少对西方技术的依赖，争取到2000年成员国的社会劳动生产率至少要增长一倍，同时大大降低单位生产性国民收入的能源和原料消耗。合作内容主要体现在国民经济电子化、生产全面自动化、原子能动力工业、开发新型材料及其加工新工艺以及生物工程五个方面。整个计划包括93项科研课题，重点项目包括：计算技术设备的研制，发展微电子学、计算技术应用数学、人工智能、信息学等基础研究；新型自动化设备的研制，工艺流程自动化设计和管理系统的研发；热水堆核电站的设计、核能供热站设备的制造及热发生器的研制、快中子反应堆的研制以及核能规划和组织管理；开发新型材料及其制造新工艺，包括超纯、超硬金属，耐热、耐磨、耐腐蚀金属，铝、钛和镍合金；扩大新型薄膜材料的采用，进行半导体、介电材料、磁性陶瓷、光学材料的研发，生产新型聚合物、橡胶、塑料代替匮乏的天然材料，开发建筑、化工和机器制造业的复合材料。生物工程项目主要包括提高粮食产量、增加矿物质中天然原料的回收、获取新能源、环境保护和疾病防治。

《科技进步综合纲要》的实施工作由包括苏联11个跨部门科技综合体在内的17个机构负责组织，经互会还成立了新材料和新工艺研制合作以及生物工程两个常设委员会参与协调工作，并将吸收700多个科研单位参与项目。经互会各成员国负责完成在科技合作中所承担的义务，并将其列入本国的社会经济发展计划，在计划中拨付必要的财政资金、人力和物资。涉及新项目投产和现有生产能力的改造，要制订相应的计划，规定具体工程项目的拨款办法和资金来源。除了国家拨款，实施纲要所需的资金还可以通过国际投资银行和国际经济合作银行的贷款及建立共同的基金来获得。经互会成员国在能源、生产电子化和自动化以及生物工程等科研项目上的合作也体现在成员国之间签订的双边科技合作协议中，在这些协议中有相当比例的课题与完成《科技进步综合纲要》有关。到1986年底，经互会成员国围绕《科技进步综合纲要》已签署150多个协议。

同一时期西欧国家也推出了科技发展计划战略。1985年4月，在法国总统密特朗提议下，后经西欧17国外长和科技部部长召开会议，通过尖端科技领域的研发计划，即"尤里卡计划"。与经互会《科技进步综合纲要》预先设立科技项目和确立组织者不同，"尤里卡计划"是一个开放的合作框架，科研项目自下而上提出，由两个以上不同国家的企业或科研机构联合提出申请，国家基金的支持不超过项目经费的50%，其余的由企业界提供。虽然有其他因素的影响，但显然在科技领域的竞争上，经互会成员国没能赢得这场竞争的胜利。

第三章

经济合作机制的逐步完善

　　经互会从 1949 年成立到 1991 年解散，历经 42 年的历史，在成立之初，它就强调经互会成员国合作所依据的原则和基础与西方资本主义国家之间的经济合作不同，社会主义国家间的经济合作是建立在主权平等、互助互利和国际主义原则基础上的。与此同时，随着苏联领导人的更替，东欧各国国内政治、经济形势的变化，以及国际环境的风云变幻，经互会内部苏联与东欧各国以及成员国与外部世界的经济关系在不断变化。从最初商讨成员国间的贸易流通，到加强生产领域的合作、实行社会主义国际劳动分工，再到社会主义经济一体化建设，经互会成员国之间的合作程度日益加深，经互会的合作机制也不断做出调整，建立了合营企业及成员国间的国际组织，以适应新的形势的发展变化。

第一节　合作机制

一　合作原则

　　经互会一直宣称，社会主义国家之间建立的是新型经济合作关系，经互会成员国依照社会主义的国际主义原则，尊重国家主权、独立和民族利益，不干涉各国内政，在平等、互利互助的基础上，发展经济、科技合作与社会主义经济一体化。

　　平等的原则体现在经互会的决策机制上，不论国家大小和人口多少，以及各国经济和军事实力的大小，在对经互会讨论问题做出决议时，不以多数表决通过，而是采取一致同意的原则。在审议建议、做出决定和执行经互会决议程序上，各成员国代表向经互会各机构提出经济和科技合作方面的建议，由经互会执行委员会、常设委员会向经互会会议提交报告，各国代表团团长在会议上发言阐述本国的提案和建议。经互会做出决定后，由执行委员会等主要机构将建议送交各成员国审议。经互会每个成员国应在记录签字之时起 60 天内将机构建议的审议结果通知经互会秘书。对于各国同意采纳的建议，各国政府或其他主管机关要依照本国的法律，保证执行建议；各成员国有义务向经互会报告建议执行的进程。对成员国履行规定义务情况，经互会执委会有监督权；秘书处负责对建议和决定的执行进行统计，并提出有关意见，交执委会和常设委员会审查。

由于强调各国的平等权利和一致同意的原则，经互会的一些改革措施也面临阻力。20 世纪 60 年代初，苏联和波兰等国领导人希望加强经互会机构的领导作用，使成员国的合作更有效率，但由于罗马尼亚的反对，改革未能推进，经互会的决议停留在"建议"层面，不具有直接约束力。鉴于此种情况，为了搁置争议，继续推进成员国开展合作，经互会在实施《一体化综合纲要》时引入了利益相关原则，并相应地修改了《经互会章程》。依据这一原则，经互会的一切建议和决议，须经有关国家同意才能通过。没有通过的国家，可以不参加相应措施的实施。有关国家即指涉及相关利益的国家。另外强调，如果建议规定的权利与义务具有国际条约的要素，该建议对利益相关国来说则具有国际条约的性质和作用。这一原则使经互会成员国不必在具体项目中采取一致的行动，为成员国开展某些重要的经济部门的合作开辟了道路，包括成立机械、化工、原子仪器等方面的联合公司，成员国可以有选择地加入，或认为对本国有利时再加入。

在社会主义国家间的相互关系中，互助互利和国际主义原则紧密联系在一起，一是要求每个国家的利益与整个社会主义大家庭的利益相结合，二是强调逐步拉近各国经济发展水平，因而这些原则被认为具有阶级的、社会主义的内容。在经互会成员国的合作中，这些原则体现在成员国之间互相免费交换科技资料、技术援建工程项目、提供设备设计、交流先进的生产经验，在贸易中实现等价交换，等等。拉近各国经济发展水平意味着各个社会主义国家某些种类工业品的人均产量指标的接近，或是人均国民收入和人均消费指标接近。在经互会中，欧洲成员国的经济发展水平确实在逐渐拉近，而对蒙古、古巴和越南这些非欧洲成员国来说，其与欧洲成员国的差距仍很大。经互会对这三国采取了一定的帮扶措施，包括地质矿物勘探、信贷和援建大型工程项目等。

二　计划的主导作用

在经互会成员国开展经济和科技合作的过程中，计划始终起着主导作用。各国承担计划制定的主要机构是国家计划委员会，负责本国国民经济的计划工作，制定为期10年的国民经济基本发展方针，制定五年计划和年度计划，制定涉及国家重大发展问题的中长期专项纲要以及计划指标和定额体系。在制定国家科技发展计划时，国家科学技术委员会与国家计划委员会一起，会同各国的科学院，共同制定科技发展计划，科学院担负的重要职能包括基础理论研究的科技预测和计划工作及其在国民经济中的应用。各国的中央计划机构名称略有不同，例如，匈牙利的中央计划机构名为国家计划管理局、国家技术发展委员会，保加利亚负责科技计划的机构名为国家科技进步委员会，但其职能和决策机制是一样的。

各国的中央计划机构参加经互会的计划合作委员会和科技合作委员会的工作，协调各国国民经济计划是经互会发展合作的基本方法之一。协调国民经济计划是"自愿的共同的计划工作"，并且在其形式和内容上不同于制定本国国民经济计划。各国制定的经济政策方针的范围包括：发展国民经济的基本比例、国民收入的增长速度和分配情况、提高生活水平的办法等，经互会机构不能对这些经济政策做出任何决议。其协调计划的提案采取建议的形式，不带有指示性质。协商过程中，各国根据本国的需要，调整经济关系中的主要指标，共同决定长期经济合作的基本方向，规定相互的商品流转额，研究专业化与协作问题，通过多边合作解决一个国家不可能解决的任务。协调计划工作的结果，通常是由成员国中央计划机关领导人代表本国政府签署合作议定书。① 要落实议定书的内容，还需要同意采纳建议的各方通过双边或是多边的形式，签订相互供应的长期协定和有关经济部门合作的协定，包括带有法律效力的合同。

在经互会初期阶段，主要是协调成员国的对外贸易，通过双边贸易协定确定相互商定的商品供应品种和交货期限。20 世纪 50 年代中期以后，为了减少生产建设中的重复现象，经互会第一次提出了关于协调成员国投资计划的问题，从 1956 年 5 月经互会柏林会议开始，为协调经互会成员国的五年计划提出建议。在实施社会主义国际劳动分工和社会主义经济一体化的过程中，特别是在《分工的基本原则》和《一体化综合纲要》等纲领性文件中，计划合作都列在首要的位置，协调计划更是在发展原材料、燃料动力、机器制造、化工等诸多产业方面，以及科技合作方面，发挥着极其重要的作用。

在机器制造业方面，协调计划工作主要是明确规定产品项目，规定机器、仪器和设备的相互供应量；在化工业方面，保证各国对含磷、钾等化学原料的需求；在轻工业方面，保证轻工业所需的原料特别是合成原料的供应，提升轻工业生产设备的现代化；在农业方面，协调农产品供应量，在多边协商的基础上，协调优良种子和良种树苗、种畜和种禽的相互供应量，提高单位面积产量、改进播种面积结构、推广新的高产品种和其他农业技术措施，以增加成员国的谷物产量。

为了适应贸易的发展，增加货物运输数量和提高货物运输速度，经互会对成员国间的国际运输进行协调，制定铁路现代化计划，采用电气机车和内燃机车牵引，补充和更新铁路车辆、航运船只、汽车和飞机，加强公路网以及公路的现代化建设。

在经互会发展的后期阶段，最重要的计划工作是组织协调成员国的多边经济合作和科技合作，主要涉及电力、能源、邮电通信等领域，集中人力、物力和财力，推动重要的、大型的工程项目的开展。

---

① 参见〔苏〕尼·法捷耶夫《经济互助委员会》，第 130～132 页。

三　贸易规则和仲裁规则

在经互会早期的贸易活动中，成员国依照《经互会成员国相互供应合同的统一商业条件》来执行相互贸易。1957 年成员国又签署了具有国际条约性质的文件《经互会成员国对外贸易组织交货共同条件》，内容包括：合同双方在运送货物方面的责任、费用与风险的划分；交货期限和交货通知的规定；交货的品质、数量与包装条件；货款的支付办法；异议、索赔与罚金的规定；以及不可抗力和仲裁等条件。[①] 该文件经过 1968 年、1975 年和 1979 年三次修改，更名为《经互会交货共同条件》，1981 年 1 月 1 日生效。

对于解决争端的仲裁程序，经互会成员国在 1972 年 5 月 26 日签署了关于经济和科学技术合作的民事争端仲裁协定的《莫斯科公约》，1973 年 8 月 13 日正式生效。公约规定，缔约国间在经济和科技协作过程中，其各经济组织相互间关于合同和其他民事案件发生的一切争议应受仲裁程序的约束，并排除法院对上述争议的管辖权。公约不适用的民事法律争议包括：关于授予或终止创作证书和发明专利效力的争议、关于不动产权利的争议，以及已经缔结的双边或多边协定中所规定的争议。[②]

仲裁应在被告所在地国进行，如当事双方同意也可在应为经互会成员国的第三国进行。在民主德国，为外贸事务设立的仲裁法庭从属于对外贸易局，其对于解决经互会成员国外贸企业之间的争端有专属管辖权。苏联商会对外贸易仲裁委员会成立于 1932 年，仲裁委员会依据 1975 年最高苏维埃主席团批准的《对外贸易仲裁委员会条例》和 1975 年 8 月 1 日施行的《对外贸易仲裁委员会受理案件的规则》进行活动。仲裁裁决有终局性，败诉方在规定期限内不执行裁决，可以按照法律和国际条约的有关规定予以执行。

---

① 石林主编《经济大辞典·对外经济贸易卷》，上海辞书出版社，1990，第 96 页。

② 余先予主编《国际法律大辞典》，湖南出版社，1995，第 452 页。

第二节　经济合作的形式

一　生产专业化和协作

第二次世界大战后，科技革命给劳动生产特别是工业生产带来了巨大的变化，要求进一步加强国际分工，扩大产品生产的规模，实现劳动生产力效益的最大化；同时，工业产品品种增多，专业化设备比重增大，工业各部门需要各种专业化设备和器械。世界经济的发展趋势对经互会成员国同样有着重要影响，推动经互会不断加强生产专业化和协作，通过分工合作，在节约能源、减少资源消耗的情况下，实现产品的规模化生产，满足国民经济发展的需要。

20 世纪 50 年代中期，经互会成员国在逐步建立起的工业化的基础上，开始进行成员国之间的生产专业化和协作，其组织工作主要由经互会各个常设委员会负责。各常设委员会根据各国提供的关于专业化产品的生产、消费、出口和进口的计算平衡资料、综合平衡表、专业化效果的基本技术经济指标等资料，对各国生产的产品种类提出建议。机器制造业、冶金业、化工业等部门是生产专业化和协作的主要工业部门。

机器制造业的专业化发展分三种形式：产品专业化、零部件专业化和工艺专业化。合作初期主要是产品生产的专业化，既要减少产品在各国的重复生产，又要充分发挥现有的生产能力，防止浪费情况的发生。根据机器制造业常设委员会 1960 年有关化工设备的一份报告，在实行专业化之前，化工设备生产较为分散，114 种型号中有 2 种型号的设备在六七个国家生产，10 种在 5 个国家生产，20 种在 4 个国家生产，31 种在 3 个国家生产，23 种在 2 个国家生产，28 种在 1 国生产。实行专业化之后，化工设备型号新增了 26 个品种，140 种型号的化工设备中有 89% 集中在 1~3个国家生产，不再有六七个国家生产 1 种设备的情况。报告中提到的炼油、轧材、装潢、动力、罐头和食品业的设备都进行了同样的调整。报告还建议，到 1965 年，滚珠轴承的 1431 种型号中的 954 种，即 66.7% 由 1

个国家生产，产品供应给所有成员国。[①]

　　1967年，经互会执委会通过了机器制造业常设委员会草拟的《关于改进生产专业化和协作工作的有效措施》，文件要求，生产专业化和协作方面的相互义务，通过双方协商和依照各自国家的法律，以签订生产专业化协定或供应相应产品的贸易合同的方式固定下来，使其具有法律效力，以保证生产专业化和协作义务的履行。

　　除了双边协定，生产专业化和协作还向多边协定发展，零部件生产的专业化和协作越来越普遍。例如，苏联生产的伏尔加轿车，有来自经互会成员国及南斯拉夫提供的配套零部件；1976年2月投产的苏联载重汽车大型联合企业卡马汽车厂，经互会成员国和南斯拉夫每年为其载重汽车的生产提供52种产品，约5万套，包括匈牙利提供的声音信号装置、罗马尼亚和南斯拉夫提供的制动装置、捷克斯洛伐克提供的电力照明装置等，可以换取成品的"卡马斯"牌载重汽车和汽车制造业的其他产品。[②] 匈牙利制造的"伊卡鲁斯"牌大轿车则汇集了来自苏联的前轴和缓冲器，民主德国提供的万向轴、方向盘转动装置和座位，捷克斯洛伐克提供的调速器，波兰提供的雨刷器和其他零件。[③]

　　在化工领域，经互会化学工业常设委员会负责制定化学产品生产专业化和协作方面的建议，推动经互会成员国在合成树脂与塑料、化纤、合成橡胶及其加工制品、化肥、医药和造纸等方面开展双边和多边合作。到20世纪60年代中期，化学工业常设委员会提出了2000项建议，还对1500多个品名的化学试剂、620个品名的染料、100多个品名的药品等制定出生产专业化和协作建议。[④] 在经互会相关决议的基础上，经互会成员国为发展化学原料的生产专业化，采取分摊开采费用、提供信贷的方式，

————————————

　　① Доклад о состоянии работы по проведению специализации и коопериривания произ-водства мащиностроительной продукции между странами-участницами СЭВ, ЦДА, Ф. No. 1244, оп 1, а. е. 24, с. 7-8.
　　② 〔苏〕В. В. 苏辛科主编《世界经济》，钟志诚译，对外贸易出版社，1982，第50页。
　　③ 〔苏〕И. П. 法明斯基：《当代国际贸易》，第328页。
　　④ 〔苏〕尼·法捷耶夫：《经济互助委员会》，第248页。

获取石油、天然气等重要化工原料。合作还包括签订双边和多边协定，交换产品。例如，保加利亚和捷克斯洛伐克、匈牙利和波兰相互供应合成纤维和化学纤维；民主德国和波兰通过协定交换各种型号的合成橡胶、塑料和汽车轮胎；苏联与保加利亚也签订协议，相互供应包括染料、化学药剂在内的多种化学产品；匈牙利以乙烯、丙烯供应苏联，换回烯制品。成员国之间签署中长期协定，对不履行义务的，在协定中明确规定制裁措施。

黑色冶金工业方面的合作，主要是按照黑色冶金产品品种和型号进行的生产专业化，包括板材、优质钢制成的型材、几种无缝钢管和焊接钢管、弯曲型材等。例如，苏联专门生产冷轧和热轧薄钢材、宽度为1500～2300毫米的带钢和高度为500毫米以上的宽缘工字钢梁；波兰和苏联生产宽度为3000毫米以上的粗钢板；波兰生产直径为150～400毫米的焊接钢管；波兰、苏联生产钢轨；等等。[①]

生产专业化和协作涉及的产品还有油类及其他石油产品，石油和煤气工业常设委员会提出了有关小吨量石油产品、添加剂、石油加工业用的催化剂的生产专业化建议。食品工业常设委员会对生产蛋白灌肠皮、柠檬酸、香草素和乙基香草素、熏制剂、特种芳香剂和催化剂以及多种酶剂提出建议，还有现代化包装容器和包装材料的专业化与协作生产，推动成员国签署多边生产专业化的协定满足经互会国家食品工业的需要。成员国在农作物和树种、家禽、兽医药剂、医用器材等方面也展开了生产专业化，签署相互供应的多边协定。

二　标准化问题

标准化是加强经济一体化的方法之一，生产专业化与协作以及成员国对外贸易的扩大，在合作项目的要求、定额、试验和检验方法上都需要有统一的标准。在标准化合作的初期阶段，尚没有统一协调标准化的中心。1956年经互会会议决定，组织社会主义国家标准化机构领导人会议，确定标准统一化的方向、原则、形式和方法。该会议在社会主义工业化阶段

---

① 仇启华主编《世界经济学》（下），中共中央党校出版社，1990，第70页。

解决了与发展重工业有关的机械制造、电工和冶金方面标准统一化的一系列重要问题。

　　1962 年建立经互会标准化常设委员会和标准化研究所，组织成员国在标准化和计量方面的多边合作，包括：制定统一各国产品标准化的措施；有科学根据地选择产品的序号和技术指标，以及统一基本数据，在此基础上规定合理的产品目录。依据 1964 年经互会执委会批准的《经互会机构实施标准化工作暂行条例》，1965 年经互会第一次编制了经互会各机构标准化工作的 1966～1970 年的五年综合远景计划，拟订了大约 1550 个产品的标准化题目，包括规定优质钢材的技术要求和产品目录标准化的建议。《一体化综合纲要》颁布后，要求对最重要的产品——生产专业化和协作的产品、成员国相互贸易的产品，从原料到成品实行综合标准化。1971 年开始，对载重卡车和公共汽车、农业拖拉机、铁路货运车厢、感应电动机、动力电缆制品、半导体制品和微型电子技术产品制定综合标准化规则。

　　在这些试验性质的标准化工作基础上，1974 年经互会第 28 次会议通过决议，成员国共同制定和采用经互会标准，《经互会标准规则》成为成员国通用标准。在此之前，标准化常设委员会制定的标准为标准化建议，不具有强制执行的作用，截止到 1974 年，标准化常设委员会制定了约 6000 个标准化建议。同年 6 月，经互会有关成员国还签署了《关于采用经互会标准的协定》。根据协定，苏联部长会议在 1975 年 3 月通过一项决定，"凡在苏联参与下按经互会规定的程序批准的经互会标准，都必须在苏联国民经济中采用，并且不加修改和不变更形式地作为苏联的国家标准"。[①] 经互会成员国根据各自的情况，在本国标准中采用经互会标准。

　　经互会标准分类按照俄文字母顺序编列，字母表示大类，类目用数字表示，共分 19 个大类，依次为：矿业、矿物；石油产品；金属及金属制品；机器、设备及工具；运输工具及容器；动力和电力设备；建筑及建筑

---

① 张国华主编《国外标准资料概况》（第二版），科学技术文献出版社，1986，第 170 页。

材料；硅酸盐、陶瓷及碳素材料和制品；木材、木制品、纸、纸浆、纸板；化学产品及橡胶石棉制品；纺织、皮革材料及制品；食品及调味品；计量仪器、自动化工具及计算技术；保健及卫生用品；农业及林业；通用技术性及组织方法性标准；文化生活用品；原子技术；电子技术、无线电电子学及通信。[1]

《经互会标准规则》刚实施，标准化常设委员会就在 1974 年底批准了 41 项经互会标准。对以往制定的标准化建议，标准化常设委员会决定在 1980 年以前完成对其进行的修订，以便其过渡为经互会标准或予以作废。截至 1981 年底，修订了 5000 多个标准化建议。按照经互会中长期发展规划，到 1990 年以前，标准合作化计划包括化学及石油天然气工业、冶金工业、动力工业、电工及无线电电子业、机器制造及仪表制造业、轻工及食品工业、消费工业品、交通运输等各个生产领域，还有环境保护、劳动保护与安全等方面的标准。截止到 1984 年 1 月 1 日，经互会标准有 4334 项。[2] 标准的使用具有时效性，苏联和东欧各国的各类文献复审期限一般为 3～5 年。

三　成员国的双边和多边合作

20 世纪 50 年代中后期，经互会成员国根据本国国民经济发展的需要，以信贷方式进行双边合作，通过提供设备和商品获取所投资项目生产的产品。这个时期东欧国家加速了工业化的进程，对动力煤的需求很大。波兰是传统的产煤国，与战后初期波兰与苏联签订的供煤协定性质不同，新的信贷方式是供求双方在互利共赢模式下展开合作。1957 年波兰和民主德国签订协定，由民主德国提供 9000 万卢布的贷款，并由民主德国进行工程设计并提供机器和设备，在波兰建设年生产能力为 3500 万吨褐煤的露天矿场，波兰则用煤和焦炭向民主德国偿还贷款。同年捷克斯洛伐克

---

① 参见胡锦、胡永明主编《国内外标准检索手册》，江苏省产品质量监督检验中心所，1989，第 156～157 页。

② 相关数据参见张国华主编《国外标准资料概况》（第二版），第 170 页；王吉来主编《技术监督全书》，山西经济出版社，1994，第 211 页。

也与波兰签订协定，捷方向波兰提供 5600 万卢布的贷款，其中 65% 购买机器设备，35% 购买其他商品。贷款由波兰在 1963 ~ 1970 年生产的动力煤偿还，之后的 25 年内，波兰每年还应向捷方供应 250 万 ~ 300 万吨的动力煤。[①] 以此合作为基础，经互会会议提出了以波兰为煤炭业发展基地的建议，波兰也在 70 年代初向经互会提出共同合作、提高波兰动力煤矿生产能力的可行性方案。

在成员国之间展开的信贷形式的双边合作在 20 世纪 60 年代较为普遍。例如，1960 年由民主德国投资 913.5 万卢布，在保加利亚的奥里亚霍沃共同建设一座年产 28000 吨纸浆和 27500 吨纸的联合工厂。同年，捷克斯洛伐克向苏联提供了用于提高铁矿生产能力所需的机器和设备，苏联以供应铁矿砂和有色金属来偿还贷款。1961 年捷克斯洛伐克向波兰提供 11250 万卢布贷款，帮助波兰建设 3 个年产 700 万吨铜矿砂的采铜矿，波兰生产的铜同时向经互会成员国供应。1963 年，保加利亚、匈牙利、民主德国、波兰和捷克斯洛伐克根据与苏联签订的协定，在 1963 ~ 1965 年向苏联提供总额约 4200 万卢布的贷款，在苏联建设金吉谢普磷灰岩矿，苏联以开采的矿产品来偿还贷款。[②]

除了双边合作，经互会成员国也进行多边合作，其中卓有成效且有影响力的有两个项目：一是苏联与东欧成员国之间建设的石油、天然气输送管道；二是苏联与东欧国家建设的联合动力系统。

经互会国家中，除了苏联和罗马尼亚，大部分国家都缺少石油资源，只能依赖苏联的石油资源。随着各国化学工业的发展，其对石油的需求量进一步上升。为了增加苏联对东欧成员国的石油供应，减少传统运输方式带来的损耗和高成本，1958 年 12 月经互会第 10 次会议通过了一项决议，建设一条输油管干线，从苏联伏尔加产油区的古比雪夫到莫齐尔，然后分南北两线：北线经波兰到民主德国的施韦特；南线经乌日霍罗德到捷克斯洛伐克的布拉迪斯拉发和匈牙利，全长 4564 公里。

①　〔苏〕尼·法捷耶夫：《经济互助委员会》，第 139 ~ 140 页。
②　〔苏〕尼·法捷耶夫：《经济互助委员会》，第 140 ~ 141 页。

会议规定了各个工段建设的具体期限，参加建设的匈牙利、捷克斯洛伐克、波兰、苏联、民主德国五国负责各自境内的管道敷设，资金和人力自筹，财产属于本国所有。苏联承诺制定输油管干线的总路线图，并提供技术支持。会议责成石油和煤气工业常设委员会审查总路线图，后交由各国批准，并会同黑色冶金业、机器制造业和运输业常设委员会商讨组织和保证输油管建设的必要措施，考虑在波兰、民主德国和捷克斯洛伐克增加大口径管道的生产。会议建议，工程参与国在 1959 年 6 月 1 日之前完成双边和三方协定的签署。

签署协定各方相互供应管道、设备和建筑机械，捷克斯洛伐克主要提供钢筋，匈牙利提供通信器材和自动仪表，苏联和波兰提供钢管，民主德国提供抽油机，苏联负责输油管干线起始部分共长 1600 公里的配套工程所需的设备、钢管等物资，输油管干线南线 1962 年开始输油，北线 1963 年底全部建成并开始输油。[①] 这条管线后来被命名为"友谊"输油管线，到 1973 年 1 月 1 日为止，它已经从苏联输送了 20500 万吨石油到 4 个参与管道建设的东欧国家。

"友谊"输油管线建立后，捷克斯洛伐克在 1966 年、1968 年先后两次向苏联提供贷款，以投资换取苏联的石油和天然气的供应。匈牙利在 1969 年 8 月也与苏联签订协定，通过投资使苏联扩大"友谊"输油管干线和敷设从乌克兰到匈牙利边境的支线。东欧国家对苏联供应的石油需求旺盛，但对苏联来说，石油开采地东移，而消费大部分在西部，开采和输送石油和天然气的成本越来越高。苏联再次向经互会提出到 1980 年可能向经互会成员国出口石油和天然气的数量的方案，以及有关国家为扩充在苏联境内开采和运输石油与天然气的生产能力而进行合作的条件，奥伦堡天然气输送项目因此被提了出来。

苏联的石油工业虽然走在世界前列，但其在技术上也有短板。美国的

---

① Протокол X Сессии Совета Экономической Взаимопомощи，ПРАГА Декабрь 1958 г. ЦДА，ф. No. 1244，оп. 1，а. е. 5，с. 22–24. 参见〔苏〕尼·法捷耶夫《经济互助委员会》，第 141~142 页。

一篇分析文章指出，苏联的石油工业落后美国 30 年，它只生产两种型号的石油钻机用钻头，无法钻 2000 米以上的深度。① 苏联要确保其石油和天然气产量的增长，需要进口西方的技术设备，包括大口径的管道。

根据苏联的方案，要敷设一段直径为 1420 毫米的管道，其余的可用直径 1220 毫米的管道，总共需要 17 万根管道，建 25 个压缩站，建设成本为 23 亿卢布，每年可以提供 140 亿立方米的天然气。② 在苏联的鼓动下，经互会成员国都参与了该项目的建设并实现了预期的目标。

联合动力系统的建设是从 1959 年开始，5 月召开的经互会第 11 次会议通过了电力常设委员会的提案，目标是在 1961～1965 年把各国动力系统连成网络。作为动力系统第一阶段的工作，1960 年建成了民主德国和捷克斯洛伐克、民主德国和波兰、匈牙利和捷克斯洛伐克动力系统间 220 千伏电压的联合输电线路，全长 500 多公里。1962 年 7 月，随着穆卡切沃—绍伊谢哥德输电线路的建成，苏联西乌克兰电力系统加入了这一联合动力系统。同时，经互会 7 个欧洲成员国签订了合作协定，成立联合动力系统中央调度局，所在地为捷克斯洛伐克的首都布拉格。1963 年 12 月，罗马尼亚动力系统加入了联合动力系统，1967 年 7 月，保加利亚动力系统也加入了联合动力系统，至此，经互会欧洲成员国"和平"联合动力系统形成，只有苏联是部分加入。

70 年代初，经互会欧洲成员国各国电力系统的联系进一步提升，从苏联的摩尔达维亚到保加利亚的多布罗加，从捷克斯洛伐克的莱维采到匈牙利的盖特，从民主德国的基什多夫到波兰的米库洛沃，从民主德国的马尔克尔斯巴赫到捷克斯洛伐克的维什科夫，从波兰的贝奇纳到捷克斯洛伐克的多布拉，形成了电压为 400 千伏的电力系统。1973 年经互会 7 个欧洲成员国的动力系统连接成 22 条电压 110～400 千伏的系统间高压输电线路。这条重要的输电线路也是在经互会各国的共同参与下完成的。按照多

---

① Erik Brynjolfsson, "Soviet Oil: Behind the Pipeline," *Harvard International Review*, Vol. 4, No. 2, October 1983. http://www.jstor.com/stable/42772555.

② Тексты выступлений участников XXУП сесии Совета Экономической Взаимопомощи, ЦДА, №. 1244, оп. 1, a. e. 127, c. 51.

边一体化综合措施建成的从苏联的文尼察到匈牙利的奥尔拜尔蒂尔绍输电线路，全长 842 公里，1979 年初投入使用，使苏联的动力系统与"和平"联合动力系统成功连接。

经互会成员国注重新能源的开发与利用，特别是在苏联帮助下建设原子能核电站。1974 年，民主德国发电量为 44 万千瓦的机组实现发电。捷克斯洛伐克在苏联的指导和技术援助下建设了一座发电能力为 15 万千瓦的原子能发电站。苏联援建的保加利亚科兹洛杜伊核电站不仅为国内供电，还有剩余电力出售给周边国家。1979 年 4 月，经互会苏、捷、匈、波四国还签署了关于在苏联境内共同建设赫麦利尼茨基原子能发电站的原则性协定，以及建设从该发电站至波兰的热舒夫输电线和建设热舒夫变电站的协定。

四　与非欧洲成员国的经济关系

非欧洲成员国蒙古、古巴和越南，在加入经互会之前作为发展中国家接受过经互会成员国的援助。经互会在制定一体化政策时通常会考虑到非欧洲成员国在经济发展水平上的差距，强调发展它们的特色产业。

苏联和东欧国家与蒙古发展经济关系主要集中在贸易、地矿勘探和加工业等方面。蒙古的工业产值在 20 世纪 60 年代中期仅占工农业总产值的40%，在苏联和东欧国家援助下，工业水平有了较大提高。苏联提供的经济援助主要在采矿、燃料动力、轻工和食品、木材加工等部门；东欧国家帮助蒙古建立印刷厂、地毯厂、肉联厂、羊裘厂、缝纫厂以及化工厂等。到 70 年代末，蒙古与苏联和东欧的贸易占其对外贸易的 97%，出口制革原料、肉及肉制品、木材、服装等，进口产品主要是机器、设备和运输工具，以及日用工业消费品。[①]

苏联最早与蒙古共同开发蒙古的矿产资源。1973 年苏联和蒙古合资建立了蒙苏有色金属公司，对蒙古的布尔赫、哈珠乌兰的萤石矿，苏赫巴特尔省的布仁朝格特钨矿以及陶勒盖特的金矿进行开采和加工，两国还成

---

① 参见〔苏〕B.B. 苏辛科主编《世界经济》，第 75~77 页。

立了蒙苏合营额尔敦特铜钼矿选矿厂。为了实施《一体化综合纲要》，1975 年 6 月 3 日经互会欧洲成员国与蒙古签署协定，建立国际地质勘探队，中心基地设在乌兰巴托，负责对有色金属的勘探。1980 年以后，双方又签署一份议定书，勘探队（罗马尼亚不再参加）的工作期限延长到 1985 年末。勘探队 1980 年之前的经费，由参加国平均分摊会费支付，会费总额为 1750 万转账卢布；1980～1985 年的会费总额为 1540 万转账卢布，保加利亚、民主德国、蒙古、波兰、捷克斯洛伐克和苏联各分摊 230 万转账卢布，匈牙利分摊 160 万转账卢布。古巴派遣两名专家参与勘探队的工作，其费用由古巴本国支付。勘探队在国际经济合作银行设有专门账户。[①] 勘探队对蒙古的矿藏资源进行了普查和测绘。

古巴最主要的贸易伙伴是苏联。1960 年 2 月米高扬率苏联政府代表团访问古巴，两国签署协议，苏联方面承诺，五年当中每年向古巴购买 500 万吨糖，确保向古巴供应汽油和石油，向古巴提供 1 亿美元的贷款。[②] 古巴加入经互会后，双方的贸易增长很快，到 1981 年两国贸易额达到 480700 万卢布。苏联提供的商品主要有机器设备、交通运输工具、石油及石油产品、面粉、日常生活用品等，古巴出口商品主要有糖、镍矿石、烟草制品、罗姆酒、水果和蔬菜等。[③] 苏联还帮助古巴设计核电站，东欧国家也为古巴的工业发展提供技术援助和设备，帮助古巴发展农业、食品和化工业。

越南 1978 年加入经互会后，经互会成员国帮助其进行铁路、桥梁和火车站等基础设施的建设，为越南的水电站、发电厂、水泥厂和煤矿、机器设备修理厂等提供技术援助和设备。苏联还与越南成立联合开发公司，帮助越南勘探石油，开采锡和石煤等矿产。另外，在越南的进出口贸易中，70% 的商品出口到经互会成员国，包括农产品、轻工业和手工业产品、食品和工艺品等，从经互会成员国进口的商品主要是钢铁、石油及石油产品、化工产品、化肥、棉纱、机器设备等。

① 参见〔苏〕莫斯科大学亚非国家研究所国际关系研究室编《国际经济组织手册》，孙娜等译，中国展望出版社，1985，第 16～18 页。
② 〔俄〕鲁·格·皮霍亚：《苏联政权史（1945～1991）》，第 228 页。
③ 参见刘德芳主编《苏联经济手册》，中国金融出版社，1988，第 277 页。

第三节　结算体系与信贷关系

经互会国家早期的贸易活动和合作主要围绕成员国的双边协定展开，贸易结算相对简单。随着国际劳动分工的开展，经互会成员国在货币金融关系方面需要展开合作，交换信息。1958年在布拉格举行了社会主义国家中央银行代表会议，讨论改进贸易结算、简化和统一支付条例、扩大多边划拨清算业务等问题，并定期介绍各成员国同资本主义国家银行的外汇业务情况。

1962年12月，经互会成立了货币金融常设委员会，加强了货币金融机构的多边合作，为经互会建立贸易结算体系奠定了基础。

一　国际经济合作银行

1963年7月，经互会成员国党政首脑会议和经互会第18次会议，就成员国货币金融关系的进一步发展达成了协议，批准了关于实行转账卢布多边结算，成立国际经济合作银行（Международного Банк Экномического Сотрудничества）的协定草案以及该银行的章程草案。保加利亚、匈牙利、民主德国、蒙古、波兰、罗马尼亚、苏联和捷克斯洛伐克的代表于1963年10月22日在莫斯科签署了上述协定，1964年5月18日经各成员国批准正式生效。根据各国的协商，在协定批准前，国际经济合作银行先执行协定规定，从1964年1月1日开始营业，各成员国相互供货和其他支付都用转账卢布进行结算。银行地址设在莫斯科。

从1964年起实行的货币多边结算的新制度，是调整成员国货币金融关系结构的一个重要环节，结算制度的基本原则是：①结算是通过各成员国指定的银行在国际经济合作银行开立的转账卢布账户进行；②各成员国的支付额不能超过其在转账卢布账户上的资金额；③只有各成员国的指定银行才能支配转账卢布账户上的资金；④自有资金和借入资金要分别开立账户。[1]

---

① 〔苏〕阿·弗·兹韦列夫等：《国际经济合作银行》，丁健摘译，《外国经济与管理》1984年第3期。

各成员国指定的银行分别是：保加利亚外贸银行、民主德国外贸银行、波兰华沙商业银行、罗马尼亚外贸银行、苏联外贸银行、捷克斯洛伐克商业银行、匈牙利国家银行、蒙古国家银行。1974 年 1 月 23 日和 1977 年 5 月 27 日，古巴和越南先后加入国际经济合作银行，古巴国家银行和越南外贸银行为两国在国际经济合作银行的开户行。

转账卢布是经互会成员国之间贸易结算的记账单位和清算货币，每个转账卢布的价值为 0.987412 克黄金，与苏联卢布等值，不能兑换黄金，也不能自由兑换成员国的货币和西方国家自由外汇。国际经济合作银行的法定资本规定原为 3 亿转账卢布，古巴和越南加入后分摊了部分资本，合计为 3.0526 亿转账卢布。各成员国认缴的资本额根据各国出口额在成员国间相互贸易总额中所占的比重来决定，以转账卢布为单位，保加利亚为 0.17 亿，匈牙利为 0.21 亿，民主德国为 0.55 亿，蒙古为 0.03 亿，波兰为 0.27 亿，罗马尼亚为 0.16 亿，苏联为 1.16 亿，捷克斯洛伐克为 0.45 亿，古巴为 0.0441 亿，越南为 0.0085 亿。部分认缴资本以自由兑换货币和黄金缴纳，到 70 年代初这部分资本折合转账卢布提高到 0.6 亿。[①]

各国存入转账卢布形式的货币资金根据存款期限长短享有利息。活期年利率为 0.25%，半年内的定期存款利率为 0.5%～1.5%，1 年及 1 年以上的为 4%。国际经济合作银行发放的贷款原有 5 种——结算贷款、季节性贷款、计划外贷款、扩大商品流转贷款和平衡收支贷款。1970 年 12 月，经成员国协商，对银行的信贷活动进行了改革，把贷款种类缩减为结算贷款和定期贷款。结算贷款主要针对成员国临时出现贸易超支时提供的短期贷款，偿还期限不固定，贷款利率较低，年利率为 2%～3%；定期贷款是向成员国指定银行提供的长期贷款，主要用于支持生产专业化和协作的措施，增加贸易额，平衡国际收支及解决季节性需求等。定期贷款利率高于结算贷款，贷款利率为 3.25%～5%，既刺激相互义务的履行和节约使用贷款，又保证银行的盈利。国际经济合作银行从 1972 年起停止发放无息贷款，1986 年 4 月对贷款利率做了调整，6 个月的定期贷款利率从

---

① 刘德芳主编《苏联经济手册》，第 258 页。

3.25%提高到3.75%，1年及1年以上的提高到4.35%~4.5%，但对蒙古、古巴和越南仍使用0.5%~2%的优惠利率。[①]

国际经济合作银行实现的结算额和贷款规模逐年增长，1980~1986年，结算额从1229亿转账卢布增至2211亿转账卢布；贷款额由97亿转账卢布增至180亿转账卢布。[②] 同时它也办理自由外汇业务和黄金业务，吸收外汇存款，与世界上300多家大银行保持着业务联系。

国际经济合作银行的管理机构为银行委员会、银行理事会和银行监事会。银行委员会是最高权力机构，由各成员国指定银行派常驻代表3人组成，各成员国无论缴纳的银行资本多少都只有一票表决权，银行委员会的决议采取一致通过的方式。银行理事会是办事和执行机构，由各成员国选派的代表组成，理事会主席和理事任期5年。银行理事会向银行委员会负责，根据国际经济合作银行章程规定的权限以及银行委员会的决议，直接领导银行的日常工作。银行监事会负责对银行业务实行监督检查。国际经济合作银行的出版物有：《国际经济合作银行经济公报》（*IBEC Economic Bulletin*，英文版）和《国际经济合作银行年度报告》（*IBEC Annual Report*，英、俄文版）。

二　国际投资银行

根据1969年4月经互会第23次特别会议的建议，经互会货币金融常设委员会负责起草国际投资银行（Международного инвестиционного Банка）的章程和协定，经1970年5月经互会第24次会议通过，7月10日由保加利亚、匈牙利、民主德国、蒙古、波兰、苏联和捷克斯洛伐克七国签署银行协定，国际投资银行正式成立，并于1971年1月1日起正式营业，地址设在莫斯科。1971年1月中旬罗马尼亚加入国际投资银行，1974年1月和1977年5月古巴和越南先后加入该银行。

国际投资银行成立的目的是积极推进成员国的国际分工、生产专业化

---

① 刘德芳主编《苏联经济手册》，第260页。
② 刘德芳主编《苏联经济手册》，第260页。

和协作，为成员国开展有关原料和能源等中长期项目提供 5 年以内的中期
贷款和 15 年以内的长期贷款。银行的法定资本最初为 10 亿转账卢布，各
成员国认缴额根据其在经互会相互贸易中的出口额确定，以转账卢布为单
位，苏联 3.993 亿，民主德国 1.761 亿，捷克斯洛伐克 1.299 亿，波兰
1.214 亿，保加利亚 0.851 亿，匈牙利 0.837 亿，蒙古 0.045 亿。法定资
本的 70% 为转账卢布，30% 为自由兑换货币，提高自由兑换货币的占比，
是为成员国在资本主义世界市场购买设备提供一定的资金保证。罗马尼
亚、古巴和越南加入后，法定资本增至 10.713 亿转账卢布，罗马尼亚认
缴 0.526 亿，古巴 0.157 亿，越南 0.03 亿。截至 1987 年 1 月 1 日，国际
投资银行资产总额为 25.66 亿转账卢布。[①]

　　20 世纪 70 年代初，国际投资银行主要为各成员国的企业升级改造提
供资金。1971 年和 1972 年国际投资银行对 26 个工程项目提供总数为
2.79 亿转账卢布的贷款，其中 1.13 亿转账卢布为可兑换货币。例如，为
捷克斯洛伐克"塔特拉"汽车工厂的现代化和扩大生产能力提供 7750 万
转账卢布、期限为 11 年的贷款；为匈牙利铁路电气化改造提供 2050 万转
账卢布、期限为 10 年的贷款；为匈牙利"伊卡鲁斯"工厂提供 1200 万
转账卢布、期限为 9 年的贷款；为民主德国机器制造企业生产设备的改建
提供一笔 1060 万转账卢布、期限为 6 年的贷款；为罗马尼亚建一座生产
异戊二烯橡胶的工厂提供了一笔 3800 万转账卢布、期限为 10 年的贷款；
向波兰沃姆扎市的一家纺织企业提供 700 万转账卢布、期限为 6 年的贷
款，为其建设一个新的印染车间；为保加利亚提供贷款，建生产软化和氧
化铁酸盐及磁铁的工厂以及低压电解电容器厂。[②] 70 年代中期后，国际投
资银行为经互会成员国建设大型项目筹措资金，包括天然气管道建设、自
动化生产流水线、铁矾土的开发和生产、制糖业等。到 80 年代后期，银
行资助的重点转向新兴能源及科技领域，包括原子能电站建设工程、新产
品和新工艺技术的推广项目，以及许可证和专有技术的购买和使用。到

---

　　① 刘德芳主编《苏联经济手册》，第 261~262 页。
　　② 参见〔苏〕尼·法捷耶夫《经济互助委员会》，第 342 页。

1986 年为止，国际投资银行为各成员国的 111 个、总预算价值超过 210 亿转账卢布的项目提供贷款累计 50 亿转账卢布。[①] 国际投资银行的贷款中，转账卢布的利息为年息 4% ~ 6%，可兑换货币贷款利息，参照国际货币市场的利率。

　　银行委员会和银行理事会是国际投资银行的组织机构，委员会为最高权力机构，由各成员国代表组成，不论缴纳资本多少，各国只有一票表决权，一般问题只需 3/4 的票数通过，重大问题必须全体通过。银行理事会为执行机构，由银行委员会指定的 1 名主席和 3 名副主席组成，根据委员会的决议和银行章程领导银行的日常工作。国际投资银行的出版物是《国际投资银行信息公报》和《国际投资银行年度报告》。

---

　　① 　应世昌：《国际投资银行与经互会成员国的经济发展》，《外国经济与管理》1988 年第 8 期。

第四章

经济互助委员会与世界经济的关系

经互会的成立是带有政治使命的。因此在其发展过程中，苏联对世界形势的判断、对外政策的调整都会对经互会国家的对外经济关系产生重大影响。同时外部的政治环境，包括冷战形势的缓和，也使东西双方的经济关系发生变化，促进其恢复正常的经贸往来。同时，经互会国家也在积极加强与发展中国家的关系，从经济援助到合作建设项目和贸易往来，经互会国家在发展中国家中的影响力不断扩大。

第一节　同发达资本主义国家的经济关系

一　与西方国家的贸易关系

20 世纪 50 年代初，斯大林提出了"两个平行的世界市场"的理论，认为两个对立阵营的存在所造成的经济结果，使得统一的世界市场瓦解了，出现了两个平行的也相互对立的世界市场。人民民主国家经过工业的高速发展，"不仅不需要从资本主义国家输入商品，而且它们自己还会感到必须把自己生产的多余商品输往他国"。[①] 战后初期，受冷战形势的影响，苏联和东欧国家与西方国家的贸易额急剧下降，但也并非完全与世界隔绝，各国或多或少地保持着与西方国家一定的贸易往来，见表 4 - 1。

---

① 〔苏〕斯大林：《苏联社会主义经济问题》，中共中央马克思恩格斯列宁斯大林著作编译局译，人民出版社，1980，第 136~137 页。

表 4 – 1 经互会成员国与西方发达国家的贸易额（1950 ~ 1978 年）

单位：百万卢布

国家	1950 年	1955 年	1960 年	1965 年	1970 年	1975 年	1978 年
保加利亚	23	39	142	404	572	1276	1287
匈牙利	185	303	406	688	1222	2112	5628
民主德国	415	554	836	1146	2067	4132	4712
波兰	442	474	755	1092	1743	7044	7790
罗马尼亚	47	101	274	586	4227	2920	—
苏联	440	904	1917	2816	1694	15843	19680
捷克斯洛伐克	440	329	599	802	1509	2719	3410

资料来源：转引自〔苏〕И. П. 法明斯基《当代国际贸易》，第 353 页。因数据不完整，原表中的蒙古和古巴未列。

　　1950 年，苏联、捷克斯洛伐克等国与西方国家还保持着 4 亿卢布的贸易额。以苏联为例，与其贸易保持前三位的分别是英国 12000 万卢布、芬兰 5400 万卢布、美国 5000 万卢布。美国虽列第三位，但相较于 1946 年它与苏联的贸易额 30000 万卢布，算是断崖式下滑。直到 1970 年，它与苏联的贸易才恢复到 16000 万卢布的水平，但仅列与苏贸易的 13 个西方国家中的第 9 位。20 世纪 60 年代末与 70 年代初，与苏贸易额上升最快的是日本和联邦德国，日本在 1970 年以 65230 万卢布的贸易额占据第一位，联邦德国在 1975 年以 277730 万卢布跃居第一位，紧随其后的是日本 192240 万卢布、芬兰 175550 万卢布、美国 159950 万卢布、意大利 142680 万卢布和法国 129650 万卢布。[①] 与苏贸易额上 10 亿卢布的国家中，西欧国家占了半数以上，这与当时整个欧洲出现的缓和形势相关，也与联邦德国和日本作为战后快速崛起的发达国家的态势密切相关。1964 年巴黎统筹委员会需要出口许可证的清单上，只有 10% 的国际贸易货物在列。[②] 而联邦德国与苏联和东欧国家关系走向正常化，1975 年欧洲安全与合作会议签署《赫尔辛基最后文件》，都为东西方的经贸合作开辟了道路。

---

① 参见〔苏〕И. П. 法明斯基《当代国际贸易》，第 354 页。

② Lee Kendall Mecalf, *The Council of Mutual Economic Assistance：The Failure of Reform*, p. 90.

在东西方贸易中，经互会欧洲成员国进口的主要是加工工业产品，包括机器设备、化工产品和日用消费品；出口中，苏联主要出口石油及其产品，保加利亚主要是原料和食品，匈牙利的农产品占出口的 43%，波兰主要是煤、冶金和化工产品及食品，罗马尼亚主要是石油产品、农业原料和食品，捷克斯洛伐克出口的主要是原料和燃料。成员国的机器设备出口也在不断增加，占出口额的 5% ~ 10%。[①]

二　与西方国家的经济合作

经互会成员国与西方国家通过签署政府间的经济、科技合作协定，实现工业企业建设、信贷开发能源和发展工业品生产等合作以及生产专业化协作和多个领域的科技合作。

（1）通过贸易合同提供设备与技术支持以及出售许可证，合作建设大型工业项目。例如，20 世纪 70 年代初在高速发展经济的战略下，苏联和波兰都把家庭轿车当作一个新的消费增长点，它们引进意大利菲亚特汽车公司的生产流水线，要让小轿车走进每个家庭。苏联也把自己的技术推向国外，与联邦德国的两个公司合作，提供项目设计建筑工作和部分设备供应，分别在冰岛和阿根廷装备两个火力发电站。

（2）以长期合同和产品补偿的方式，利用西方国家公司提供的信贷，购买必要的机器、设备以及许可证，建立原料或工业产品生产企业。例如，1969 年苏联与意大利国营埃尼公司签订长期天然气供应协定，意大利向苏联提供大口径钢管、泵站、电缆等设备，苏联在 20 年内向意大利提供 1000 亿立方米来自乌克兰和西伯利亚的天然气。1971 年 10 月，苏联与法国签订发展经济、技术和工业合作的协定，这其中包括法国公司为乌斯特－伊利姆斯克纸浆造纸联合企业提供设备以及购买苏联纸浆的协定。苏、美两国也有合作，1972 年 5 月苏联领导人勃列日涅夫同美国总统尼克松在莫斯科举行会谈，双方签署《苏联和美国相互关系原则》，把贸易经济联系看作巩固双边关系重要的和必要的部分。1973 年 4 月苏联

---

① 参见〔苏〕И. П. 法明斯基《当代国际贸易》，第 357 ~ 360 页。

同美国西方石油公司签订相互供货的大型合同，在古比雪夫城附近双方合作建设生产矿物肥料的工业联合企业，美国向苏联供给超磷酸，苏联向美国提供化工产品。70 年代民主德国与法国雪铁龙公司签订茨维考汽车厂生产万向轴的合同，计划年产 67.5 万个同步万向轴，其中 30 万个向法国提供。[①]

（3）与西方发达国家签订生产协作协定，建立稳定的交换互补产品的关系。例如，匈牙利吉厄尔电机厂与法国和联邦德国的财团合作，为"伊卡鲁斯"牌大轿车生产零部件，成品利用双方的商业网来销售。到1977 年，这类的生产协作协定在双方企业间已签订 1800 多个。[②]

东西方国家还在多个科技领域进行合作，包括和平利用原子能、和平目的下研究宇宙空间、环境保护、卫生医药等。除了互相交换科研资料等科研机构的长期合作，还有苏美两国实现宇宙飞船联合飞行这样的壮举。双方在许可证购买与出口方面，贸易额不断增长。经互会成员国还通过在国外建立合营公司，扩大工业产品的出口。到 80 年代后期，东欧各国也逐渐取消了外资在本国内建立合营公司的资金占比限制，到 1989 年底，西欧国家在东欧兴办的合资企业已有 3100 多家。[③] 西方银团向社会主义国家的银行及其他机构提供中长期贷款，是东欧国家 70 年代实施高速发展战略的重要资金来源。但由于决策失误、产品缺乏市场竞争力，东欧国家外债激增，成为经济发展的沉重包袱。

三 与欧洲共同体的关系

欧洲共同体是由欧洲煤钢联营、欧洲原子能联营和欧洲经济共同体 3 个机构在 1965 年 4 月 8 日根据《布鲁塞尔条约》组成的，于 1967 年 7 月 1 日正式生效。欧共体与经互会长期没有建立正式关系，但两个组织的成员国一直都有贸易联系。欧共体与经互会及其成员国打交道时，实际上是

---

① 参见〔苏〕И. П. 法明斯基《当代国际贸易》，第 361 页。

② 参见〔苏〕И. П. 法明斯基《当代国际贸易》，第 365 页。

③ 陈乐民：《战后西欧国际关系（1945—1984）—附：东欧巨变和欧洲重建（1989—1990）》，第 541 页。

两个层面的关系，在两个经济组织互不承认的情况下，其成员国仍在发展经贸关系，这反映了东西方存在市场和经济合作的需求。

欧共体实行统一关税后，特别是从 1968 年 7 月 1 日起，欧共体成员国间取消商品的关税和限额，建立起关税同盟，这一举措对东欧国家的外贸出口冲击很大，东欧国家的商品几乎没有什么竞争优势。1970 年 1 月 1 日，欧共体实行了共同外贸政策，其成员国的对外贸易交由共同体进行。它在外贸政策上鼓励其成员国与经互会国家进行自由贸易。1974 年 11 月，欧共体部长理事会制定的贸易大纲要求，欧共体与国营贸易国家的贸易协定应包括相互给予关税最惠国待遇条款，还要包括农产品贸易的条款。1974 年罗马尼亚首先获得最惠国待遇。1975 年起，欧共体对东欧各国实行自主进口制度，把 1012 个税号的商品分成自由进口和限量进口两部分，对非自由进口商品规定进口配额。

1975 年欧共体邀请匈牙利、波兰和罗马尼亚参加纺织品贸易谈判，1976 年罗马尼亚首先与欧共体达成贸易协定，1978 年和 1979 年匈牙利和波兰分别与欧共体达成纺织品贸易协定。其他东欧国家则按照欧共体自主进口制度来管理。1977 年 2 月，苏联、民主德国和波兰受邀参加欧共体有关渔业协定的谈判，旨在就规定各方在对方 200 海里捕鱼区的捕鱼权达成原则协议，结果双方分歧很大，9 月谈判中断，欧共体决定从同年 12 月 1 日起禁止东欧各国渔船进入欧共体海域。1978 年捷克斯洛伐克、匈牙利、罗马尼亚、波兰和保加利亚先后与欧共体达成对欧共体出口协议，出口到欧共体的钢材价格可以低于欧共体内所实现的价格，但差价不得超过 4% ~ 6%。1980 年罗马尼亚与欧共体达成工业品贸易协定。[①] 苏联和东欧国家与欧共体还在出口信贷、补偿贸易等方面达成协议。

经互会与欧共体的非正式接触是在 1973 年 8 月，经互会秘书法捷耶夫在同丹麦对外经济部大臣伊瓦尔·内戈尔进行非正式会谈时建议，就贸易、科技、情报交换及其他双方感兴趣的领域进行合作，欧共体则希望直接与经互会国家单独签订贸易协定。1975 年 2 月，双方代表团举行首次

---

① 参见〔苏〕И. П. 法明斯基《当代国际贸易》，第 126 ~ 128 页。

会谈，讨论两个组织间的关系。1976年2月，经互会执委会主席向欧共体部长理事会执行主席递交了一封信，提出缔结两个组织间关系协定的建议，欧共体认为双方缺乏互惠平等，没有尊重共同体的管辖权，但提出双方可以建立工作关系，在统计、经济计划和环保方面交流情报进行接触。双方没有达成共识是因为两个组织在体制上存在根本性的差异，欧共体是有外贸政策主权的，经互会则没有得到成员国的授权，与经互会的谈判不能解决成员国的问题，所以欧共体表示重视与经互会的每个成员国发展关系。

实际上，经互会成员国在与国际组织交往过程中，例如参加联合国区域经济组织会议、参加联合国贸易和发展会议等机构的工作，事先会进行协商，形成统一的对外政策，在这些机构中表达一致的意见。但在机制上，经互会代表并不能代表各国的立场。

经过两轮会谈，双方达成1978年就两个组织缔结一项协定举行正式谈判。苏联出兵阿富汗后，双方谈判中断，直到1986年才恢复谈判。1988年6月17日欧洲议会正式同意签署欧共体与经互会互相承认的协议，25日经互会与欧共体在卢森堡签署建立双方正式关系的声明。随后，经互会欧洲成员国和古巴与欧共体建立了外交关系。

1988年，经互会欧洲成员国修改了《合资企业法》，解除了外商在合资企业中所持股份不得高于49%的规定，放宽外商在企业所得税、汇出利润和申请营业注册等多方面的政策，使得合资企业在东欧国家的数量猛增。1989年12月18日苏联和欧共体正式签署一项为期10年的经贸协定，双方在农业、原料及采矿、能源、科技、核研究、银行、运输、环保、管理及职业培训方面开展合作。

第二节　同发展中国家的关系

一　对发展中国家的援助

20世纪中期，国际政治语境下的发展中国家指的是亚、非、拉及其他地区新兴的民族国家，它们摆脱了殖民主义统治，正在寻求自己独立的发展道路。这些国家拥有丰富的自然资源，特别是蕴藏着大量的矿物资源。社会主义国家加强与发展中国家的联系，既有经济上的也有政治上的考虑，亚、非、拉等发展中国家被视为"以社会主义为发展方向"的国家，将来可以参加到社会主义国际分工的体系当中。根据经互会对发展中国家援助的一份报关清单，[①] 到 1960 年 1 月 1 日，经互会成员国对发展中国家的援助总额达 876000 万卢布，各国提供援助的情况见表 4 - 2。其中给亚洲的援助占 77%，非洲占 21%，拉丁美洲占 2%。援助主要包括机器设备、原料和技术合作及设计工作。经互会成员国参与创办的 552 家企业和设施，到 1960 年 1 月 1 日投产 151 家，经互会成员国派出了 3204 名专家，同时为发展中国家培养了 920 名专业人才。

表 4 - 2　经互会国家援助发展中国家的情况

单位：百万卢布，%

国家	数额	占比
保加利亚	75.2	0.86
匈牙利	87.7	0.99
民主德国	229.5	2.61
波兰	376.5	4.30
罗马尼亚	56.4	0.64
苏联	7530	86.00
捷克斯洛伐克	408.2	4.67

　　报告还提出，经互会成员国与发展中国家签订了 1961～1965 年的贸易和技术合作协定，其中保加利亚援助项目有 47 项，主要是援助蒙古、越南和古巴的，包括肉联厂、水电站、罐头厂、鱼类加工厂、小型水电

---

① Протокол на XIV-та сесия На СИВ, Планова Комисия на Минимтерски Съвет повeрителиа служба，Вх. №. 148，31 Ⅲ. 1961，с. 9 - 15. 援助数据均来自这份报告，表 4 - 2 根据报告中提供的数据制作。

站、水力发电厂、污水处理厂以及大型制冷装置厂等。匈牙利主要援建的是火力发电厂、电话交换设备、新建桥梁、抽水装置、电缆厂装备等。民主德国为 12 个发展中国家提供 91 个援建项目，包括为叙利亚建一个年产 10 万锭的棉纺织厂并提供一笔为期 7 年、利息为 2.5% 的贷款，建造 1 个日产 300 吨的水泥厂、1 个巧克力生产厂和 1 个地毯厂，为 2 家医院提供设备；为土耳其 7 个纺织厂和 2 个家具厂提供设备；等等。波兰为 10 个发展中国家援建 31 个项目，主要是建设糖厂、钢构件厂和化工企业。罗马尼亚为印度在巴拉尼的炼油厂提供设备，并与苏联合作在阿富汗援建项目。苏联援助 19 个国家，其中 12 个在亚洲、5 个在非洲、2 个在拉丁美洲，建设 300 个项目。捷克斯洛伐克为亚洲 11 个国家、非洲 4 个国家和南美洲 3 个国家的 133 家企业提供援助。

这些援助大多是与发展中国家生活基础设施相关的民生工程，苏联和东欧国家的援助为其扩大在这些地区的影响奠定了基础。60 年代初，蒙古、越南和古巴作为发展中国家接受援助，它们加入经互会后仍受到一些特殊的照顾和获得一些特殊待遇。

二　经济合作项目

到了 60 年代中期，苏联对发展中国家的政策更多转向扶助这些国家的民族工业，与伊拉克合作开发石油就是一个典型例子。伊拉克石油业最初被外国资本控制，在英国托管期间颁发了第一个石油特许证。伊拉克取得政治独立后，渴望经济上有自己的产业，特别是发展作为其经济支柱的石油工业。鲁迈拉油田是伊拉克最大的油田，分为南北两个部分，南部已经探明有丰富的石油储藏。

1965 年苏联与伊拉克签订了有关石油开发的经济合作备忘录，1967 年 12 月，在伊拉克成立国家石油公司两个月之后，苏、伊两国又签订了石油合作协定。协定中，苏联同意为伊拉克石油工业发展提供帮助，包括：①在南鲁迈拉地区确定钻井位置，开钻生产井，提供相应的设备和服务；②促进石油产品的运输和市场化；③在北鲁迈拉进行地理勘探、开采调查石油资源。伊拉克国家石油公司主席在签字仪式上表示，此举既有政治意义又有经济意义，它能够帮助伊拉克实现自己的工业化并建立起独立的石油工业，削弱外国资本对伊拉克石油的垄断。①

　　苏联在埃及援建的阿斯旺水电站也是举世闻名。1960 年阿斯旺水电站开始施工，苏联提供了工程造价 1/3 的资金以及工程师和重型机械。1967 年第一台电机组开始运行，到 1970 年水电站全部完工，提供了埃及全国近一半的电力。在埃及的赫勒万地区，苏联和东欧国家援建的大型冶金联合企业，由冶金工厂、炼焦厂、化学工厂等多个企业及其他工程项目组成。在阿尔及利亚，在保加利亚和苏联的专家发现的铅锌矿基地上建成了阿别德选矿工厂。到 1972 年经互会在发展中国家建设了约 2900 个工业企业和项目，其中 65% 以上已建成投产。

　　20 世纪 70 年代以后，经互会成员国更多地同发展中国家签订长期协定和合同，大大增加了相互贸易额。这些协定和合同使发展中国家在经互会成员国为自己的出口商品找到了稳定和日益扩大的市场。1983 年 3 月11 日，保加利亚与尼加拉瓜签订 5 个经济协议，为期 3 年，交易价值约1.7 亿美元。1983 ~ 1985 年，尼加拉瓜提供给保加利亚价值为 3750 万美元的货物，包括咖啡、棉花、糖浆、芝麻、朗姆酒及 "非传统产品"。保方将提供价值 4850 万美元的工业投入、药品和机器。协议还提供了 89 个联合发展项目，总价值约 8100 万美元，其中有埃尔布拉夫港口的扩建、水力发电项目、为统计和普查机构建计算机中心以及其他工业和农用工业项目等。保方同时为尼加拉瓜水力发电项目提供 5000 人的技术培训。②1983 年经互会与尼加拉瓜也签署了合作协定，加强经互会成员国与尼加拉瓜的经济和科技合作，推动其民族经济的发展。经互会成员国与亚、非、拉发展中国家的经济合作，是经互会发展对外经济关系的重要组成部分。

---

①　"Iraq and USSR: Oil Agreement," *International Legal Materials*, March 1968, Vol. 7, No. 2, http://www.jstor.com/stable/20690330.

②　U. S. Treasury Department Telecommunications, retrieval 566 - 2061, service 566 - 8114, 约尔丹·巴耶夫提供。

三 设立经互会奖学金基金

经互会成员国在扩大与发展中国家的经济联系的同时，也为其培养人才，一是在成员国援建的企业里，由经互会国家派去的专家对当地工人进行培训；二是在经互会国家的企业、设计机关和科研机构对发展中国家的学生进行生产技术的训练。

为了向发展中国家提供援助，1973年经互会第27次会议通过了关于设立经互会奖学金基金的决议，在成员国高等院校中为发展中国家培养经济和科技专业干部。按照规定，每年11月1日，成员国把分配给经互会奖学金基金的款项、培训的专业和承担培训的教育机构上报给经互会秘书处，选择的培训专业主要是那些对发展中国家的经济、科技发展有重要意义的领域。会议责成经互会执委会采取必要措施，以便从1974～1975学年起使用经互会奖学金基金。①

在经互会国家的帮助下，亚洲和非洲发展中国家兴建起了上百所专业技术院校，例如，印度的孟买工艺学院，缅甸的仰光工艺学院，几内亚的综合技术学院，阿尔及利亚的石油和煤气学院、石油中等技术学校，埃塞俄比亚的巴哈尔达尔技术学校，以及设在埃及、伊拉克、马里的教学中心等。民主德国和捷克斯洛伐克还为埃及的教学中心提供了设备。

1970～1978年，苏联和东欧派往发展中国家的经济技术人员逐年增加，从1500多人增加到72600多人；从派驻的地区看，20世纪70年代初较多派往南亚和非洲，后期则转向北非和中东地区，基本是苏联对外战略的核心区域。到70年代后期，古巴也开始对非洲的技术人员进行援助，主要集中在撒哈拉以南的地区。在苏联和东欧留学的人员，一半以上（约13635人）来自非洲，其中85%来自撒哈拉以南的地区。②

---

① Положение о стипендиальном фонде Совета Экономической Взаимопомощи，ЦДА，Ф. No. 1244，оп. 1，a. e. 122，No1533.

② Roger E. Kanet，"Soviet Policy toward the Development World：The Role of Economic Assistance and Trade，" in Robert H. Donaldson，*The Soviet Union in the Third World：Successes and Failures*，Boulder：Westview Press，pp. 342 - 343.

四　贸易关系

受传统经济联系的影响，发展中国家的对外经济联系主要还是以发达资本主义国家为目标，对经互会国家的贸易数量有限，在 20 世纪 80 年代末的经互会国家外贸总额中，发展中国家占了不到 10%。但是，经互会国家对发展中国家的贸易一直在增长，从 50 年代初的年均 3 亿多卢布到 70 年代末的 14 亿多卢布，其中苏联与发展中国家的贸易额占了 65% 以上。苏联主要出口机器设备，并且有一半机器制造业产品用来满足苏联援建企业的需要。苏联作为印度重要的贸易伙伴，主要提供给印度石油及其产品，占 1978 年苏联对印度出口额的 60%；苏联从印度进口的主要是咖啡、茶叶、机器设备、生铁、电缆、纺织品和鞋帽等轻工产业，还有药品等。苏联还从东南亚国家进口橡胶，从非洲国家进口咖啡、柑橘等热带农产品。1965 年起苏联对发展中国家进口的商品采取了免关税政策，相互贸易使用本国货币结算。[①]

东欧国家对发展中国家的贸易中机器设备也占主要地位。例如，匈牙利对发展中国家出口的是机器、成套设备、仪器等。罗马尼亚出口机器设备大部分与其援建的炼油厂、拖拉机厂和水泥厂有关，同时会部分接受合作项目的产品抵偿贷款。为发展中国家购买设备提供贷款，援建企业所生产的产品支付设备的部分货款，这种补偿协定也是经互会国家与发展中国家经济合作的一种形式，如苏联从几内亚进口的铝土，阿富汗提供的天然气和柑橘，印度提供的生铁、轧钢和冶金设备，伊拉克和叙利亚提供的石油，等等。国际投资银行于 1974 年 1 月 1 日设立了专项基金，推动双方的经济和技术合作，基金启动总额为 10 亿转账卢布，其中 95% 为转账卢布，5% 为可兑换外汇。这项基金用于提供 15 年的长期贷款，以推动发展中国家的旧企业改造和兴建新的大型工程项目。

---

① 参见〔苏〕И. П. 法明斯基《当代国际贸易》，第 378、381 页。

第五章

经济互助委员会使命的终结

　　经互会作为战后特殊政治环境下的产物，是社会主义国家展开经济合作的一次尝试，并无先例可借鉴，因此它的机构建立和合作形式都是不断探索的结果。经互会早期的活动，反映出经济发展水平各异的东欧国家对外部经济的需求与依赖，其工业化进程既需要技术上的支持，也需要相对稳定的原料供应和市场支持。社会主义国家经济合作的形式是由其工业化程度，也是由社会主义的互助原则决定的。经互会成员国间的合作不时有矛盾出现，尤其是随着世界经济一体化进程的发展，成员国不断扩大与西方国家的合作，促使其调整战略，推行经济改革。与此同时，经互会面临着新的挑战，原有的建立在国家计划以及国家对外贸易垄断基础上的机制，已经不适应新的形势。20世纪80年代末东欧国家的政治形势变化，使得经互会失去了实现自我改革、建立新的合作机制的可能性，只能宣布解散，结束其历史使命。

第一节　成就与问题

一　经互会成员国的发展成就

　　经历了40多年的发展，经互会从一个区域性的经济组织，发展成为跨欧洲、亚洲和拉丁美洲的国际经济合作组织，是二战后成长起来的具有相当影响力的经济体，它展现出来的、引起世人瞩目的成就主要有以下几个方面。

（1）经互会国家保持着比较快的经济发展速度，其工农业产能在世界上占有重要的比重，是一支不可忽视的经济力量。经互会总人口约占世界人口的1/10，1950年仅苏联和东欧六国（不含阿尔巴尼亚）的人口为28170万人，到1990年为40232万人；1988年蒙古、古巴和越南的人口约为7600万人。1950~1983年，工业产值年平均增长速度为8.3%，工业产值占世界工业产值的比重从18%增加到33%左右，国民收入占世界的比重从15%增加到25%，经互会国家的电力、石油、钢和煤的产量约占世界总产量的20%~30%。[①]

（2）经互会成员国经济发展的整体水平有所提高。经互会在其发展的宗旨中，始终强调拉平成员国的经济发展水平。从经互会欧洲成员国的发展看，东欧各国在国内生产总值上有较大的差异，经过40年的发展，这种差异从近5倍缩小到3倍左右，如果以人均算，差异会更小，见表5-1。保加利亚、罗马尼亚、匈牙利以及波兰摆脱了落后的农业国的地位，建立起了自己的工业基础，实现了工业化。

表5-1 苏联和东欧国内生产总值

单位：十亿美元

国家	1950年	1955年	1960年	1965年	1970年	1975年	1980年	1985年	1990年
保加利亚	2.42	2.5	5.25	7.4	10.71	18.48	36.94	63.78	20.73
捷克斯洛伐克	9.11	8.9	18.59	19.6	24.70	52.60	89.63	151.32	45.63
民主德国	7.99	13.9	21.03	25.9	31.13	66.23	120.62	197.10	—
匈牙利	5.04	4.5	8.55	9.8	14.02	23.2	44.73	87.92	33.06
波兰	11.21	13.0	23.36	30.7	40.65	87.30	139.23	275.83	62.27
罗马尼亚	3.33	5.0	8.76	13.9	19.09	34.49	51.95	151.31	37.63
苏联	68.38	92.7	179.95	251.3	347.30	645.92	1208.03	—	1535.14

资料来源：Lee Kendall Metcalf, *The Council of Mutual Economic Assistance: The Failure of Reform*, pp. 177-185，根据图表数据汇总制表。

[①] 参见 Lee Kendall Metcalf, *The Council of Mutual Economic Assistance: The Failure of Reform*, pp. 177-185，根据图表数据汇总的苏联和东欧六国的人口数、经济增长数据见杨家荣《经互会四十年：成就、问题与前景》，《苏联东欧问题》1988年第6期。

（3）东欧各国的人民生活水平有了显著的提高。1951 年保加利亚实行了免费医疗制度，1952 年取消了生活必需品凭票供应；1987 年人均消费肉 73.3 公斤、奶 196 公升，每百户拥有电视机 97 台、洗衣机 91 台、电冰箱 95 台、小汽车 39 辆。波兰每百户拥有电视机 114.4 台、电冰箱 104.6 台、小汽车 29.3 辆。匈牙利 1987 年人均消费 79 公斤的肉类、190 公斤的乳制品，每百户有小汽车 39 辆，每个家庭都有电冰箱、电视机和洗衣机。[①] 在民主德国，职工的月平均收入从 1970 年的 755 马克增加到 1986 年的 1100 马克，加上政府每月的福利补贴，实际收入达 1800 多马克（据当时汇率折算，约 8 民主德国马克等于 1 美元）；电视、电冰箱等家用电器基本普及每个家庭，41% 的家庭拥有私人小汽车。在捷克斯洛伐克，职工的月收入从 1968 年的 1750 克朗增加到 1986 年的 3022 克朗（据当时汇率折算，约 12 克朗等于 1 美元）；1986 年每百户拥有洗衣机 145 台、冰箱 115 台、电视机 125 台、小汽车 49 辆；肉、蛋、奶等食品消费量都居于欧洲前列。[②]

（4）经济一体化的发展，促进了经互会国家的生产专业化，也形成了成员国之间互补性的贸易体系，经互会内部在能源、原料、材料、机器设备等方面的自给率较高。1987 年，成员国间的相互贸易满足了成员国对机器、设备、运输工具、燃料和原料进口需求的 75%，食品进口需求的 64%，工业消费品需求的 65%。苏联向其他成员国的出口，可满足这些国家对石油及其制品进口需求的 90%，电力为 90%，天然气为 100%，轧钢为 66%，生铁为 89%。[③] 同时从东欧国家进口海运、河运船舶，客车车厢、大轿车、农机设备，粮食、奶制品和水果等。

二　存在的问题

经互会内部的矛盾是随着经互会的发展逐渐显现和转化的。经互会

---

① 《世界知识年鉴 1989/90》，世界知识出版社，1990，第 462、475、589 页。
② 有关民主德国和捷克斯洛伐克的生活水平数据见洪韵珊主编《80 年代的苏联东欧》，四川人民出版社，1988，第 108、204 页。
③ 江兴俊：《经互会：成就、改革、前景》，《世界经济与政治论坛》1990 年第 1 期。

成立初期主要是易货贸易，成员国之间交换的是国民经济发展所需、各国已有的优势传统产品。在国际主义互助原则下，成员国政府出面商议协调，能起到统筹资源和产品流通的作用。但是随着经济的恢复与发展，经互会成员国之间的贸易已不能满足彼此的要求，加之与世界市场价格对比，物未能尽其值，这些都会导致新的矛盾的出现。经互会成员国之间经济发展水平的差异，用国际分工、生产专业化和联合协作来弥补，解决了发展不平衡的部分问题，却会导致分工固化而产生新的差异和不平衡。

另外，在经互会成员国经济合作过程中，随着生产领域扩大、产业升级和新的合作方式的出现，经互会原有的机制，特别是高度集中的计划体制难以适应市场的变化。例如，生产专业化和协作是社会主义经济一体化的主要合作形式，经互会成立多个专门委员会来推动这一工作，成员国还接受经互会会议的建议成立部门的和职能性的国际组织，从运行机制上看似越来越完备，但在管理体制上，它始终依托的是经互会成员国政府间的协议，而不是企业、公司之间的直接联系，这使得企业对市场的反应极为缓慢，也使得经互会逐渐沦为一个缺乏效率、机构臃肿的官僚机构，无法及时履行它作为协调和经济合作组织者的职能。

这些问题到经互会后期会越来越明显。而当时让成员国不满的最重要的问题还是作为经济命脉的能源问题：一是能源价格，二是能源供应。

20 世纪 50 年代初期，为了避免资本主义市场投机行为给贸易带来危害，经互会国家达成协议，在相互贸易中采用固定不变的合同价格，即以定价之前一年的世界价格为基础，确定五年中的合同价格，这一原则自 1958 年开始实行。

1973～1974 年爆发的石油危机，初期对经互会成员国影响很小，因为按照五年一次调整的规定，到 1975 年才进入油价调价的窗口期。由于国际市场原油价格大幅上涨，1975 年初，经互会决定，外贸价格改为每年确定一次，即以在前五年主要市场价格基础上的协定价格代替五年固定的价格。之后，苏联石油价格大幅上涨，1977 年涨了 200%，但东欧国家供应给苏联的机器、轻工业品的价格上涨幅度要小得多。由于作价原则的变化，原先对苏贸易为顺差的东欧国家都变为贸易逆差国。[①]

把石油涨价都"甩锅"给苏联也不完全合理，在 1975 年之前，苏联出口到东欧国家的能源价格确实有比出口到西方工业国家高的情况，见表 5 – 2。

表 5 – 2　苏联能源的平均出口价格

年份	石油及其产品		天然气		硬煤		焦炭	
	经互会国家	西方工业国家	经互会国家	西方工业国家	经互会国家	西方工业国家	经互会国家	西方工业国家
1970	15.3	11.9	14.4	12.7	12.0	8.6	19.5	28.2
1973	16.0	25.4	14.4	10.5	15.8	11.3	28.5	26.6
1974	18.1	64.2	14.8	15.7	13.4	19.1	24.3	35.0
1975	33.9	59.9	23.7	25.6	29.1	32.6	45.6	66.6

注：石油及其产品、硬煤和焦炭的单位为转账卢布/吨，天然气的单位为转账卢布/立方米。

1970 年，除焦炭价格外，出口到西方国家的其他三类能源的价格低于给经互会国家同类产品的出口价。1973 年国际市场油价上涨，受经互会内部价格机制的影响，苏联对经互会国家的油价仅是微调，而对西方工业国的出口价上涨了 1 倍多，但天然气、硬煤和焦炭给经互会国家的价格都高于给西方国家的价格。1974 年发生了根本性的变化，苏联对西方国家能源出口价格全面调整，四类能源产品的价格都高于经互会内部价格。1975 年内外变动都比较大，除天然气外，对经互会国家内部能源价格上涨了接近 1 倍或更高。为应对国际市场能源涨价，苏联希望提高开采量并降低运输成本，扩大能源出口。但开发能源和能源运输管道的建设资金投入大、周期长、利益回报慢，苏联不会独自承担这些运营成本。另外，如果从苏联进口能源和原料完全无利可图，东欧国家就不会参与苏联提议的共同的专项建设项目，或者它们可以直接从国际市场上买到价格便宜的石油，但实际情况不是这样。

---

① 王文修：《评经互会成员国最高级经济会议》，《世界经济》1984 年第 8 期。

事实上，经互会内部能源价格与市场价格相比还是有些差别的（见表5-3），东欧国家仍只能依赖从苏联进口石油。

表5-3　苏联出口给经互会东欧成员国的石油价格（1975年、1978年、1982年）

年份	实际价格 （转账卢布/吨）	定额价格 （转账卢布/吨）	世界时价 （转账卢布/吨）	国际时价 （美元/吨）
1975	31~38(131%,平均增幅)	32.3	61.3	84.6
1978	54~60(20%)	55.7(22%)	64.8	93.2
1982	116~130(27%)	107.0(23%)	180.0	250.0

注：原表格给出了1975~1982年的价格，这里选取了部分年份，石油价格总体趋势逐年上涨。

资料来源：Marie Lavigne，"The Soviet Union inside Comecon," *Soviet Studies*，Vol. 35，No. 2，Apr. 1983，pp. 135 - 153，http：//www. jstor. com/stable/151775。

在实施联合共建项目过程中，苏联和东欧国家采取的是一种补偿贸易形式，苏联以项目产品偿还东欧国家以机器和设备形式提供的长期贷款，一般为10~15年，利息较低，为2%~3%。以建设石棉联合企业为例，参与项目建设的国家投给苏联的信贷达10602万转账卢布，苏联从1980年开始，每年提供17.7万吨的石棉，直至贷款到期。如果贷款期限延长了，偿还贷款后还可提供石棉至延长的期限。[①]

石油和天然气的管道建设也是如此，一旦偿还完贷款，供应问题就要重新商议，因为参与建设项目的国家对企业不具有所有权和管理权，因而在能源供应问题上就没有决定权，供应量的多少有时比价格问题更受关注。1980~1981年波兰危机期间，1980年10月，苏共中央讨论对波兰的援助，提出减少对波兰的石油供应，理由是波兰的工厂正在进行罢工，苏联认为，给波兰人提供石油及石油产品没多大意义，他们只会浪费燃料，当时石油的市场价格为每吨150卢布，最好的办法是把要给波兰的石油产品以及给其他东欧国家的石油产品减少一部分，在国际市场换成硬通货，然后以各国

---

① Marie Lavigne，"The Soviet Union inside Comecon," *Soviet Studies*，Vol. 35，No. 2，Apr. 1983，p. 146.

的名义给波兰，让其购买所需的产品和其他商品。苏联领导人勃列日涅夫还写信给民主德国领导人昂纳克，告知苏联以对东欧的石油供应作为援助波兰的基金，对民主德国的石油供应 1981 年将减少 60 万～65 万吨。[①]民主德国对此事很不满，苏联显然不是协商而是迫使其接受苏联的做法。

苏联的做法也有其自身考虑，连续几年粮食歉收，需要卖燃料和原料来进口粮食，以及购买大众消费品和机器设备。对波兰持续长久的危机，苏联不可能停止援助，与其以比国际市场低的价格提供给其石油，还不如以高价卖出石油后用硬通货进行援助，这样苏联还能留下差价部分。好在对蒙古、古巴和越南，苏联维持了原有的石油供应。

能源供应问题只是苏联和东欧国家贸易关系的一个侧面，说明在重要产品供应上，并没有维护或是平衡双方利益的机制，至少经互会没有在这方面发挥什么作用来协调各方利益。

第二节 难以持续的合作

一 经济困境及出路

20 世纪 70 年代中期，能源价格上涨，促使东欧国家减少能源的进口、增加原料和食品的出口，这些措施必然会影响到人民的生活水平。1976 年波兰曾希望通过提价摆脱经济困境，但由于工人的罢工，政府只能撤销涨价的决定。80 年代初波兰再次因为工人罢工，经济严重衰退，出现了负增长。在高速发展战略实施过程中，西方最初提供的是低息长期贷款，东欧国家容易把投资战线拉长，进口设备不能很快转化为产品输出；另外，西方国家也在逐渐缩减补偿贸易，减少产品的回购。到 80 年代中后期，偿还西方贷款迎来高峰期，东欧国家的外债负担加剧。

---

① Mark Kramer, "Soviet Deliberations during the Polish Crisis, 1980 – 1981," *Special Working Paper* No. 1, Cold War International History Project, Woodrow Wilson International Center for Scholars, Washington, D. C., April 1999, pp. 53, 60.

1985 年，经互会雄心勃勃地颁布了发展成员国科技合作的纲要，罗马尼亚领导人齐奥塞斯库还把能源和原料问题视为经互会国家的基本问题。1986 年初，全球市场石油价格几乎腰斩式地从每桶 30 美元跌至每桶 12 美元以下。西方石油公司拒绝同苏联签订新的石油期货合同，苏联被迫暂停向西欧国家出口石油。受石油价格下跌的影响，苏联的外汇储备减少了 2/3。

在经济形势极为严峻的情况下，苏联和东欧都加快了改革的步伐，主要措施是扩大企业自主权和放权进出口贸易。1987 年初，苏联对外经济体制进行了重大改革，开放进出口权，允许 21 个政府部门和 75 家大型联合公司直接经营进出口业务。苏联颁布《关于在苏联境内建立经互会成员间合资企业、国际联合公司和组织及其活动办法的决定》和《关于在苏联境内建立由苏联组织与资本主义国家和发展中国家的公司参加的合资企业及其活动的制度的决定》，规定这些企业可以独立制订生产活动计划，政府不规定强制性的任务，投产后享有两年免税的优惠。[①] 东欧各国也实施了经济体制改革，放宽对私有经济的限制。但由于价格并没有放开，企业的经济自主性受到一定限制。

二　经互会的解散

经互会国家的改革直接冲击了经互会的合作机制，原先以国家计划为主导、国家垄断对外贸易权的体制已不适应新的形势。1987 年 3 月 2 日，波兰常驻经互会副代表斯·韦乌佩克提出，经互会的整个经济体制要现代化，实现多边贸易平衡、货币可兑换，各国间贸易价格与世界市场价格挂钩，建立经互会关税同盟，设立经互会国际仲裁局，修改经互会机构工作程序，裁员减负，等等。[②] 同年 10 月在莫斯科召开了经互会第 43 次特别会议，会议提出要根据各国经济体制及其所采取的改革措施进行改革经互

---

① 周象光：《建立合资企业　促进经济发展——苏联对外经济体制改革迈开步子》，《人民日报》1988 年 2 月 1 日，第 7 版，见《人民日报》数据库，2020 年 8 月 21 日。

② 《波兰希望改变经互会合作体制》，《人民日报》1987 年 3 月 2 日，第 7 版，见《人民日报》数据库，2020 年 8 月 21 日。

会机制的工作。针对成员国相互贸易中产品质量低的问题，会议签署了一项鉴定相互贸易产品质量的公约。

改革经互会合作机制的呼声很高，但收效甚微，实际上经互会的合作某种程度上已陷入停滞，尤其表现在相互供货问题上，不仅有产品质量问题，还有成员国间商品物资的供应无法完成计划。例如，越南对经互会欧洲成员国的出口截至1988年9月仅完成计划的56.3%，一方面是由于通货膨胀，国家缺少资金收购出口物资，导致生产停顿，另一方面是因为一些外贸单位争购紧俏商品去国外市场换取硬通货，之后再购买高档消费品在国内市场高价售出牟取暴利。[①] 成员国对畅销商品的需求得不到满足，只会进一步导致彼此商品物资种类供应的减少。1988年7月的经互会第44次会议再次提出，要建立合理的金融货币体制和经互会共同市场。

但是，苏联和东欧国家的形势变化留给经互会改革的空间越来越小。在经济改革没有达到预期目标的情况下，苏联转向了政治改革。波兰的政治形势也发生了极大的转向，并在东欧其他国家引起一系列反应。

1990年1月在索非亚召开经互会第45次会议时，经互会已经面临彻底改变或是解散的选择，主张经互会继续存在下去必须彻底改革的声音是主流，但是波兰、匈牙利和捷克斯洛伐克这几个政治体制变化较大的国家已经出现脱离经互会的倾向。会议上，苏联提出从1991年起逐步采用新的结算方法，成员国之间使用自由兑换的货币，按照世界市场的价格进行贸易。波兰则主张进行较松散的合作，匈牙利、波兰和捷克斯洛伐克还希望这三个发展水平大致相当的国家到20世纪末组成"经济小三角"，加快回归欧洲大家庭的进程。罗马尼亚建议仍把双边关系作为经互会合作的基础。蒙古和古巴对市场经济和私有制有它们不同的看法。[②]

受外债增加的影响，苏联和东欧国家需要出口的商品能换来硬通货而不是转账卢布。截至1990年，经互会成员国的外债（不包括非欧洲成员

---

① 凌德权：《越南对卢布区出口完不成计划》，《人民日报》1988年10月24日，第7版，见《人民日报》数据库，2020年8月21日。

② 参见张道庆《经互会的出路何在？》，《瞭望周刊》1990年第Z1期。

国）已达 1229 亿美元，超过百亿美元的有苏联 434 亿美元、波兰 418 亿美元、匈牙利 203 亿美元；人均外债排在前三位的是匈牙利 1910 美元、波兰 1100 美元、保加利亚 1090 美元，苏联外债总量排在第一位，但人均外债最低，只有 150 美元，外债偿还形势好于东欧国家。[①] 1990 年 6 月，苏联单方面宣布向东欧出口的石油削减 30%，从 1991 年起依据市场价格进行现汇贸易结算。

渐进式地推行新的结算制度的主张已经无法实现。波兰人民银行从 1990 年 9 月 1 日起已停止接受转账卢布入账，并宣布从 1991 年 1 月 1 日起，用自由外汇作为经互会成员国间贸易的结算手段。捷克斯洛伐克也从 1991 年 1 月 1 日起放开商品价格，仅就按照市场价格为苏联提供的石油支付硬通货一项，捷政府就要多花费几十亿美元。对于成员国来说，经互会失去了商品供应的保障以及市场保护，已无利可图。

1991 年 1 月 4~5 日，经互会执行委员会在莫斯科举行第 134 次会议，会后发布的联合公报中宣布，经互会的使命已经结束，但不应中断成员国间业已形成的经济联系，决定成立一个以市场原则为基础的开放型的国际经济合作组织，以取代经互会，并将新组织的章程和过渡时期的预算等问题提交下次会议审议。

原预计 2 月底在匈牙利首都布达佩斯举行第 46 次会议，会议一拖再拖。3 月 14 日经互会 9 个成员国的常任代表在莫斯科举行会议。对于经互会解散后成立新的国际经济合作组织问题，代表们出现了不同立场，匈牙利、波兰和捷克斯洛伐克排斥越南、古巴和蒙古加入新的组织。苏联实际上自顾不暇，也无意再引领和组织经互会的转型。

1991 年 6 月 28 日经互会在布达佩斯举行第 46 次大会，会议签署一项议定书，宣布经互会解散，经互会的章程在 90 天内失效。

受经互会解散的影响，苏联和东欧国家的贸易锐减。1991 年苏联对东欧各国出口的原材料比 1990 年减少 60%，原油供应削减了 25%~

---

① Lee Kendall Metcalf, *The Council of Mutual Economic Assistance: The Failure of Reform*, p. 130.

30%。苏联从东欧各国的进口减少了一半。1991年波兰对苏联的出口额减少50%，从苏联进口的原油为450万吨，只有80年代一般年份的1/3。匈牙利同苏联的贸易额比1990年下降一半以上，由于苏联削减进口，匈牙利原出口的机电、轻纺织品和农产品积压，1/3的食品企业严重亏损。1991年秋苏联不得不分别同匈、波、捷等国签订一定数额的易货贸易协定，以应对贸易额的下降。①

随着1991年底苏联解体，原有的区域合作格局发生了很大的变化，出现了中欧自由贸易区、黑海经济合作组织等多个区域合作组织。2004年和2007年原经互会东欧成员国先后加入欧盟。值得一提的是，经互会原有的两个银行，国际经济合作银行和国际投资银行延续了下来，其主要业务已转向纯商业贷款。2019年国际投资银行的总部从俄罗斯首都莫斯科迁到匈牙利首都布达佩斯。2022年3月，保加利亚政府宣布保加利亚终止在两个银行的成员身份。2023年4月，作为国际投资银行第二大股东的匈牙利，宣布退出该银行。作为经互会的遗产，国际经济合作银行和国际投资银行未来的命运只能交由后人来书写。

① 世界经济年鉴编辑委员会编《世界经济年鉴》（1992年版，上卷），中国社会科学出版社，1992，第18~19页。

华沙条约组织大事记

1954 年   11 月 29 日，在莫斯科召开确立全欧安全体系会议，西方国家没有出席，苏联、波兰、捷克斯洛伐克、匈牙利、罗马尼亚、保加利亚、民主德国、阿尔巴尼亚 8 个参加会议的国家成为后来华沙条约组织的创始国。

1955 年   5 月 5 日，联邦德国加入北约。

5 月 11 ~ 14 日，第二次欧洲和平与安全会议在华沙召开，阿尔巴尼亚、捷克斯洛伐克、保加利亚、匈牙利、民主德国、波兰、罗马尼亚和苏联八国签署《友好合作互助条约》即《华沙条约》；做出成立华约联合武装力量司令部的决定，会后发表欧洲国家华沙会议关于保障欧洲和平与安全公报。中国、朝鲜和越南作为观察员参加华约的成立会议。

5 月 15 日，苏、美、英、法四国与奥地利签署《重建独立和民主的奥地利国家条约》，赞成奥地利中立。

7 月 18 ~ 23 日，苏联、美国、英国和法国在日内瓦举行首脑会议，苏联部长会议主席布尔加宁在会上提出全欧安全条约草案。

1956 年   1 月 18 日，民主德国建立国家人民军，加入华约联合武装力量。

1 月 27 ~ 28 日，华约政治协商委员会第 1 次会议在布拉格召开，通过了华约联合武装力量司令部地位的文件。

10 月 19 日，赫鲁晓夫率苏共中央代表团与波兰领导人哥穆尔

卡举行会谈，波兰做出不脱离社会主义阵营、不脱离华约的
保证，避免了苏联的军事干涉。

10 月 23 日，匈牙利首都布达佩斯发生群众示威。

10 月 30 日，苏联发表《关于发展和进一步加强苏联同其他
社会主义国家的友谊和合作的基础的宣言》，提出必要的话，
苏联军队将撤出布达佩斯。

11 月 1 日，得知苏军正进入匈牙利，匈牙利政府总理纳吉宣
布匈牙利为中立国。

1957 年　　10 月 2 日，波兰外长拉帕茨基在联合国大会上提出建立中欧
无核区的建议，被称为"拉帕茨基计划"。

1958 年　　1 月 6 日，苏联宣布单方面裁军 30 万人。

5 月 5 日，苏联建议北约与华约之间签订互不侵犯条约。

5 月 24 日，华约政治协商委员会第 2 次会议在莫斯科召开。
苏联同意从罗马尼亚撤军，华约成员国单方面裁减军队，起
草华约与北约互不侵犯条约草案。

1959 年　　4 月 27～28 日，华约成员国外长会议在华沙召开。

1960 年　　2 月 4 日，华约政治协商委员会会议在莫斯科召开。

6 月 20～25 日，社会主义国家共产党和工人党代表会议在布
加勒斯特召开，中、苏两党矛盾公开化。

1961 年　　3 月 28～29 日，华约政治协商委员会会议在莫斯科召开。会
议讨论了民主德国公民逃往联邦德国的问题，民主德国领导
人希望关闭通往西柏林的交通要道。苏联和阿尔巴尼亚的矛
盾引发苏联撤走在发罗拉海军基地的苏联舰船。

8 月 3～5 日，华约成员国首脑会议在莫斯科召开，支持民主
德国在西柏林以及其与联邦德国的边界实行主权控制。

8 月 13 日，民主德国开始修建柏林墙。

9 月 8 日，华约召开国防部部长会议，同意加强军事准备并进
行代号为"风暴"的第 1 次联合军事演习。

1962 年　　6 月 7 日，华约政治协商委员会会议在莫斯科召开。

10月5～10日，华约举行代号为"波罗的海 – 奥得河"的军事演习，波兰、民主德国和苏联参加。

10月22日，华约联合武装力量总司令格列奇科介绍古巴的形势，华约进入警戒状态，直到11月21日。

1963年　4月18～22日，华约在波兰举行代号为"马佐夫舍"的军事演习，以防备北约可能对波兰城市的核攻击。

7月15日，蒙古人民共和国申请加入《华沙条约》，但未获准。

苏、美、英三国签署有限禁止核试验条约。

7月26日，华约政治协商委员会会议在莫斯科召开，支持苏、美、英三国签署的有限禁止核试验条约。

1964年　6月12日，苏联与民主德国签订友好互助条约。

1965年　1月19～20日，华约政治协商委员会会议在华沙召开，反对北约多边军事计划，提出核不扩散条约草案。罗马尼亚对核不扩散条约草案表示反对；阿尔巴尼亚被排除在华约的会议之外。

12月15日，苏、捷两国达成协议，同意在捷克斯洛伐克领土上3个发射场部署核导弹。

1966年　6月6～17日，华约成员国举行外长会议，对改进联盟组织的措施尚未达成一致意见。

7月4日，华约政治协商委员会会议在布加勒斯特举行。

1967年　1月31日，罗马尼亚未同民主德国商议便与联邦德国建立正式外交关系。

1968年　2月29日至3月1日，华约成员国军队参谋长会议在布拉格召开，决定在华约内建立一个军事委员会。罗马尼亚对此持反对意见。

3月6～7日，华约政治协商委员会会议在索非亚举行，同意建立华约军事委员会。

6月18日至7月2日，华约成员国军队在捷克斯洛伐克领土上进行代号为"舒马瓦"的军事演习。

7月14~15日，苏、匈、波、民主德国、保领导人在华沙举行会议，警告捷克斯洛伐克改变其改革进程。

8月20日，苏、匈、波、民主德国、保五国出兵捷克斯洛伐克。

9月13日，阿尔巴尼亚宣布退出《华沙条约》。

10月16日，苏、捷两国就苏军驻扎捷克斯洛伐克达成协议。

10月18日，华约五国国防部部长在莫斯科举行会议，决定除苏军外，其他国家的军队撤出捷克斯洛伐克。

10月29~30日，华约成员国国防部部长会议在莫斯科举行，达成有关华约新结构的协议，罗马尼亚虽然在协议上签字，但对和平时期容许华约联合武装力量总司令在成员国领土上部署军队的条款保留监督权。

1969年　　3月17日，华约政治协商委员会在索非亚举行会议，决定建立华约国防部部长委员会、军事和技术委员会。

10月22~28日，华约举行"奥得－尼斯河69"的大规模联合军事演习，苏、波、捷和民主德国的军队参加了这次演习。

10月30~31日，华约成员国外长会议在布拉格举行，讨论召开欧安会的协调准备工作，呼吁进行双边和多边的预备会议。

12月9~10日，华约军事委员会第1次会议在莫斯科召开，讨论缩短作战准备所需的预警时间。

12月22~23日，华约国防部部长委员会第1次会议在莫斯科召开，提出同时加强常规武装力量和核武装能力。

1970年　　4月27日，华约军事委员会在布达佩斯召开会议，决定向各成员国军队指挥部派驻华约联合武装力量总司令的代表。

5月21~22日，华约国防部部长委员会在索非亚召开会议，讨论统一防空和海军的合作问题。

6月21~22日，华约成员国外长在布达佩斯召开会议，建议扩大欧安会议程，建立一个处理安全与合作问题的永久机构。

外长们反对在欧安会上讨论相互裁减常规武装力量的问题。

8月20日，华约政治协商委员会在莫斯科召开会议。苏联外长谈及苏联与联邦德国签订条约问题。

12月2日，华约政治协商委员会在柏林召开会议，讨论波兰与联邦德国签订条约问题。

12月21~23日，华约国防部部长委员会在布达佩斯召开会议，同意提高华约成员国军队战斗力的计划。

1971年　2月18~19日，华约成员国外长在布加勒斯特召开会议，呼吁成员国利用外交渠道推动已经停滞的欧安会进程。

3月2~4日，华约成员国国防部部长在布达佩斯召开会议。苏联国防部部长格列奇科针对恶化的国际形势，呼吁加强华约成员国的武装防御能力。

9月1日，华约成员国外长在华沙召开会议，赞成举行专家会议讨论欧安会问题。

10月2~29日，华约军事委员会在华沙召开会议，决定举行除罗马尼亚以外所有成员国战术导弹部队的演习。

11月30日至12月1日，华约成员国外长会议呼吁加强欧洲安全会议的主办工作。

1972年　2月9~10日，华约成员国国防部部长在柏林召开会议。

4月10~12日，华约军事委员会在布加勒斯特召开会议。

7月31日，华约成员国首脑会议在克里米亚举行，苏联领导人勃列日涅夫强调军事缓和的必要性。

9月4~11日，华约举行代号为"盾牌-72"的军事演习。

10月17~20日，华约军事委员会在明斯克举行会议。

11月22日，欧安会多边预备会谈在芬兰的赫尔辛基举行。

1973年　1月15~16日，华约成员国外长在莫斯科召开会议，讨论即将开始的华约和北约的裁军会谈。

2月6~8日，华约国防部部长委员会在华沙召开会议。

4月16~19日，华约举行代号为"边疆"的军事演习。

5 月 16 ~ 17 日，华约军事委员会在索非亚召开会议。

10 月 23 ~ 25 日，华约成员国外交部和国防部的代表在莫斯科召开会议，准备即将在维也纳举行的中欧裁军会议。罗马尼亚没有派代表参加这次会议。

10 月 30 日至 11 月 1 日，华约军事委员会在布拉格召开会议。

1974 年　　2 月 5 ~ 7 日，华约成员国国防部部长在布加勒斯特召开会议。

3 月 26 日至 4 月 4 日，华约举行代号为"电子战 – 74"的军事演习。

4 月 17 ~ 18 日，华约政治协商委员会在华沙召开会议。

1975 年　　8 月 1 日，欧洲 35 国在赫尔辛基签署欧安会最终协议。

1976 年　　9 月 9 ~ 16 日，华约在波兰举行代号为"盾牌 – 76"的军事演习。西方派观察员参加。

11 月 25 ~ 26 日，华约政治协商委员会在布加勒斯特召开会议，决定建立外交部部长委员会和作为政治协商委员会辅助机构的联合秘书处。

1977 年　　3 月 21 ~ 29 日，华约在匈牙利和捷克斯洛伐克举行了有苏军参加的代号为"联盟 – 77"的军事演习。

5 月 25 ~ 26 日，华约外交部部长委员会召开第 1 次会议，讨论国际形势和华约对在贝尔格莱德举行的欧安会的共同立场。除罗马尼亚外长外，各成员国外长希望贝尔格莱德会议仅仅是协商性质的会议。

5 月 30 日至 6 月 9 日，华约在民主德国举行代号为"西方"的军事演习。

10 月 20 日，华约军事委员会在索非亚召开会议。

11 月 29 日至 12 月 3 日，华约成员国国防部部长在布达佩斯召开会议。

12 月，华约开始在欧洲部署苏 SS – 20 中程导弹。

1978 年　　2 月 12 ~ 18 日，华约举行代号为"友谊"的军事演习。

4 月 24 ~ 25 日，华约成员国外长在索非亚召开会议。讨论将

在联合国大会特别会议上讨论的裁军措施及政治和军事缓和问题。外长们拒绝西方提出的人权问题，认为这是对华约国家内部事务的干涉。

5月16～19日，华约军事委员会在布达佩斯召开会议。

11月22～23日，华约政治协商委员会在莫斯科召开会议。

1979年　5月12～19日，华约在匈牙利举行有苏、捷、保三国军队参加的代号为"盾牌"的军事演习。

5月14～15日，华约成员国外长在布达佩斯召开会议，准备在即将召开的欧安会马德里会议上采取共同的立场。

10月6日，苏联领导人勃列日涅夫在东柏林宣布单方面从民主德国撤出苏联的1000辆坦克和2万人的军队。

12月5～6日，华约成员国外长会议在柏林召开。

12月25日，苏军入侵阿富汗。

1980年　5月14～15日，华约成立25周年大会在华沙举行。

10月19～20日，华约外交部部长委员会在华沙召开会议。

12月1～3日，华约成员国国防部部长在布加勒斯特召开会议。

12月8～10日，苏、捷、民主德国三国军队举行代号为"联盟－80"的军事演习。

1981年　1月13日，华约联合武装力量司令部召开秘密会议，决定波兰危机由波兰自己解决。

3月16日，华约在民主德国和波兰举行代号为"联盟－81"和"友谊－81"的军事演习。

4月21～23日，华约军事委员会在索非亚召开会议。

9月4～12日，华约在波罗的海和白俄罗斯举行代号为"西方－81"的军事演习。

12月1～2日，华约成员国外长在布加勒斯特召开会议。

12月13日，波兰领导人雅鲁泽尔斯基宣布在波兰实行军事管制。

1982 年　　5 月 17~27 日，华约在捷克斯洛伐克举行代号为"杜克拉-82"的军事演习。

6 月 18 日，苏联进行"7 小时核战"演习。

9 月 24 日至 10 月 1 日，华约在保加利亚举行代号为"盾牌"的军事演习，罗马尼亚没有参加这次军事演习。

10 月 21~22 日，华约外交部部长委员会在莫斯科举行会议。

1983 年　　1 月 4~5 日，华约政治协商委员会在布拉格举行会议。

5 月 30 日至 6 月 9 日，华约举行代号为"联盟-83"的军事演习。

10 月 13~14 日，华约外交部部长委员会在索非亚举行会议。

10 月 20 日，华约国防部部长委员会在柏林举行特别会议，讨论西方在欧洲部署导弹问题。

10 月 29 日，华约军事委员会在利沃夫举行会议。

12 月 5~7 日，华约国防部部长委员会在索非亚举行会议，讨论涉及苏联退出日内瓦军备控制会谈问题。

1984 年　　4 月 19~20 日，华约成员国外长在布达佩斯召开会议，讨论中程导弹谈判的前提条件。

4 月 24~27 日，华约军事委员会在布拉格举行会议。

9 月 5~14 日，华约举行代号为"盾牌-84"的军事演习。

12 月 3~4 日，华约外交部部长委员会在柏林举行会议。

1985 年　　5 月 20~23 日，华约军事委员会在布达佩斯举行会议。

5 月 22 日，庆祝华约成立 30 周年纪念大会在莫斯科召开。

10 月 22~23 日，华约政治协商委员会在索非亚举行会议。

11 月 21 日，华约成员国领导人在布拉格举行会议，戈尔巴乔夫报告了日内瓦首脑会议的情况。

1986 年　　3 月 19~20 日，华约外交部部长委员会在华沙召开会议，讨论华约成员国参加国际军备控制谈判问题。

6 月 10~11 日，华约政治协商委员会在布达佩斯召开会议，呼吁华约和北约两大集团裁减 25% 的常规部队。

9 月 8 ~ 12 日，华约举行代号为"友谊 - 86"的军事演习。

10 月 14 ~ 15 日，华约成员国外长在布加勒斯特召开会议，苏联外长介绍了美、苏两国首脑雷克雅未克会谈的情况。

12 月 1 ~ 3 日，华约国防部部长委员会在华沙举行会议。

1987 年　　3 月 24 ~ 25 日，华约成员国外长在莫斯科召开会议，讨论在维也纳欧安会谈判中采取共同立场问题。

5 月 28 ~ 29 日，华约政治协商委员会在柏林召开会议。

9 月 6 ~ 14 日，华约举行代号为"联盟 - 87"的军事演习。

1988 年　　2 月 8 日，苏联领导人戈尔巴乔夫宣布一年之内从阿富汗撤军。

3 月 29 ~ 30 日，华约成员国外长在索非亚举行会议。

7 月 4 日，罗马尼亚建议华约进行机构重组和民主化。

7 月 5 ~ 8 日，华约国防部部长委员会在莫斯科召开会议。

7 月 15 ~ 16 日，华约政治协商委员会在华沙召开会议，讨论准备裁减常规武器的谈判问题。

10 月 28 ~ 29 日，华约成员国外长在布达佩斯举行会议。

12 月 7 日，苏联领导人戈尔巴乔夫在联合国大会会议上宣布苏军单方面裁军和削减在东欧的部队。

12 月 17 日，华约国防部部长委员会在索非亚举行会议，决定发布华约兵力和武器数量。

1989 年　　4 月 11 ~ 12 日，华约成员国外长在柏林举行会议，讨论华约成员国因改革进程不同带来的分歧与矛盾。

5 月 22 ~ 24 日，华约军事委员会在柏林举行会议。

5 月 23 日，华约举行代号为"伏尔塔瓦河"（Vltava）的军事演习。

7 月 7 ~ 8 日，华约政治协商委员会在布加勒斯特召开会议，赞成苏联提出的裁军和防御概念。

10 月 3 ~ 5 日，华约军事委员会在华沙举行会议。

10 月 26 ~ 27 日，华约成员国外长华沙会议未能就维也纳欧安会谈判采取一致立场达成共识。

11月9日，柏林墙倒塌。

11月27～29日，华约国防部部长委员会在布达佩斯召开会议，讨论缓和国际紧张局势问题。

1990年　2月26日，苏、捷两国达成苏军撤出捷克斯洛伐克的协议。

3月17日，华约成员国外长在布拉格召开会议，讨论两个德国统一问题。

6月6～7日，华约政治协商委员会在莫斯科举行会议，未就华约组织改革达成一致。

6月14～15日，华约国防部部长委员会在斯特劳斯堡举行会议，民主德国建议废除华约军事机构，遭到苏联的反对。

7月6日，北约国家首脑签署《伦敦宣言》，称华约不再是敌人。

9月24日，民主德国在退出华约议定书上签字。

11月18～21日，欧安会召开巴黎会议，签署《欧洲常规武装力量条约》。

1991年　2月25日，华约成员国外长和国防部部长在布达佩斯召开会议，同意3月31日终止华约的军事作用。

7月1日，华约成员国在布拉格举行会议，宣布华约解散。

经济互助委员会大事记

1949 年
1 月 5 ~ 8 日，苏联、保加利亚、匈牙利、波兰、罗马尼亚、捷克斯洛伐克六国政府的代表在莫斯科举行会议，宣布成立经济互助委员会（经互会）。

2 月，阿尔巴尼亚加入经互会。

4 月 26 ~ 30 日，在莫斯科举行经互会第 1 次会议，强调苏联与东欧国家建立密切的经济联系，并宣告经互会作为一个国际经济组织正式成立。

8 月 25 ~ 27 日，在保加利亚首都索非亚举行了经互会第 2 次会议。会议把对外贸易作为经互会成员国之间经济合作的重要形式；制定了经互会成员国间实现科技合作与交流经验的原则。

1950 年
9 月，民主德国加入经互会。

11 月 24 ~ 25 日，在莫斯科举行了经互会第 3 次会议，讨论经互会成员国之间的贸易关系。

1954 年
3 月 26 ~ 27 日，在莫斯科举行了经互会第 4 次会议，讨论各成员国之间进一步开展经济合作、发展工业、提高农业、增加民用消费品，并在此基础上提高人民生活水平等问题。

6 月 24 ~ 25 日，在莫斯科举行了经互会第 5 次会议，协调经互会成员国 1956 ~ 1960 年的国民经济发展计划。

1955 年
12 月 7 ~ 11 日，在匈牙利首都布达佩斯举行了经互会第 6 次会议。鉴于成员国的相互供货协定即将期满，会议讨论了成员国今后缔结长期贸易协定的问题。

1956年　5月18~25日，在民主德国首都柏林举行了经互会第7次会议。会议讨论了经互会成员国1956~1960年国民经济发展计划，主要协调机器制造、光学仪器、黑色冶金、有色金属、煤炭、石油和天然气、化学、轻工和农业等基本部门的发展。会议还拟定扩大成员国之间相互供电和综合利用多瑙河水资源的工作纲要。

中国和南斯拉夫的代表以观察员身份参加了会议。

1957年　6月18~22日，在波兰首都华沙举行了经互会第8次会议。会议建议经互会各成员国制定措施，发展冶金焦炭、有色金属和煤炭工业，保障进出口货物的铁路和水上运输。会议期间签订了经互会成员国之间多边结算协定。中国、朝鲜和南斯拉夫的代表以观察员的身份参加了会议。

1958年　5月20~23日，在莫斯科举行经互会成员国共产党和工人党代表会议。会议就进一步开展社会主义各国经济合作、实现生产协作和专业化，以及制定各国国民经济长远发展计划提出建议。受邀参加会议的还有中国共产党、越南劳动党、朝鲜劳动党和蒙古人民革命党的代表。

6月26~30日，在罗马尼亚首都布加勒斯特召开经互会第9次会议，研究逐步实现社会主义国际分工合作的实际措施。决定设立经互会建筑业常设委员会和运输业常设委员会。

12月11~13日，在捷克斯洛伐克首都布拉格召开经互会第10次会议。会议通过关于敷设输油管干线的决议，以便苏联石油输往匈牙利、民主德国、波兰和捷克斯洛伐克。会议还决定设立经互会食品工业和轻工业常设委员会、科学技术合作常设委员会。

1959年　5月13~16日，在阿尔巴尼亚首都地拉那召开经互会第11次会议。会议讨论了煤、钢铁、黑色冶金等生产产量问题；并决定在各成员国动力系统之间建成输电线路，互相调剂各国的供电能力。会议还通过决议,加强机器制造业的生产专业化。

12 月 10 ~ 14 日,在保加利亚首都索非亚召开经互会第 12 次会议。会议审议和通过了《经互会章程》和《关于经互会的权能、特权和豁免的公约》。

1960 年　7 月 26 ~ 29 日,在布达佩斯召开经互会第 13 次会议,决定成立经互会和平利用原子能常设委员会;通过了经互会会议议事规则及示范草案。

1961 年　2 月 28 日至 3 月 3 日,在民主德国首都柏林召开经互会第 14 次会议,讨论了成员国间签订长期贸易协定,进一步发展同所有社会主义国家的贸易,增加同资本主义国家的互利贸易等问题。

12 月 12 ~ 15 日,在波兰首都华沙召开经互会第 15 次会议,制定了合理利用各成员国资源,实现社会主义国际分工基本原则草案。

12 月,阿尔巴尼亚宣布停止参与经互会的一切活动。

1962 年　6 月 7 日,在莫斯科召开经互会第 16 次会议。会上,成立了由各成员国副总理组成的经互会执行委员会;成立了经互会标准化、协调科学技术研究、统计等 3 个常设委员会;设立经互会标准化研究所。这次会议还修改了《经互会章程》,同意接纳蒙古人民共和国为经互会成员国。

12 月 14 ~ 20 日,在罗马尼亚首都布加勒斯特召开经互会第 17 次会议,决定成立货币金融常设委员会。

1963 年　7 月 25 ~ 26 日,在莫斯科召开经互会第 18 次会议,批准用转账卢布进行多边贸易结算、成立经互会国际经济合作银行的协定。

1964 年　9 月朝鲜、老挝、安哥拉、埃塞俄比亚、阿富汗、也门民主人民共和国、莫桑比克等国作为观察员参加经互会活动。

1965 年　1 月 28 日至 2 月 2 日,在捷克斯洛伐克首都布拉格召开经互会第 19 次会议。与南斯拉夫签订合作协议。

1966 年　　12 月 8 ～ 10 日，在保加利亚首都索非亚召开经互会第 20 次会议，协调各成员国 1966 ～ 1970 年国民经济发展计划。

1967 年　　12 月 12 ～ 14 日，在布达佩斯召开经互会第 21 次会议。为纪念十月革命 50 周年，经互会会议主席奥普罗作了《伟大的十月社会主义革命和社会主义国家之间新型经济关系》的报告。会议制定进一步推进各成员国生产专业化和协作的有效措施。

1969 年　　1 月 21 ～ 23 日，在民主德国首都柏林召开经互会第 22 次会议，庆祝经互会成立二十周年，同时协调各成员国发展国民经济计划纲要所规定的各项工作。

　　4 月 23 ～ 26 日，在莫斯科召开经互会第 23 次特别会议，提出社会主义经济一体化方针，决定建立国际投资银行和改进经互会国际经济合作银行的工作。

1970 年　　5 月 12 ～ 14 日，在波兰首都华沙召开经互会第 24 次会议。会议批准了根据合同建立直接联系的原则、程序、组织前提、经济前提和法律前提。会议决定建立世界社会主义体系国际经济问题研究所。

1971 年　　7 月 27 ～ 29 日，在罗马尼亚首都布加勒斯特召开经互会第 25 次会议。会议通过《经互会成员国进一步加深与完善合作和发展社会主义经济一体化综合纲要》，规定各成员国在 15 ～ 20 年内分阶段实现生产、科技、外贸和金融一体化。

1972 年　　7 月 10 ～ 12 日，在莫斯科召开经互会第 26 次会议，决定接纳古巴为经互会成员国。

1973 年　　6 月 5 ～ 8 日，在捷克斯洛伐克首都布拉格召开经互会第 27 次会议。会议呼吁各成员国在保护和改善环境及合理利用自然资源上扩大多边合作。会议决定设立经互会奖学金基金，以帮助发展中国家培养经济和科技专业干部。

1974 年　　6 月 18 ～ 21 日，在保加利亚首都索非亚召开经互会第 28 次会议。保加利亚、匈牙利、民主德国、波兰、罗马尼亚、苏联和捷克斯洛伐克签署敷设奥伦堡气田到苏联西部边界输气管道的合作协定；各成员国签订了在机器制造业、食品工业、农业与和平利用原子能方面实现生产专业化和协作的多边协定。会议批准了《经互会标准规则》。

从 1974 年起，经互会派观察员常驻联合国。

1975 年　6 月 24～26 日，在匈牙利首都布达佩斯召开经互会第 29 次会议。会议赞同成员国 1976～1980 年多边一体化协作计划；成立经互会民用航空、卫生合作两个常设委员会；决定成立经互会国际管理问题研究所。

1976 年　7 月 7～9 日，在民主德国首都柏林召开经互会第 30 次会议。会议提出，在一些重要的生产部门，例如燃料、原料、机器制造业、食品业等方面，制定为期 10～15 年的专业合作纲要。

1977 年　6 月 21～23 日，在波兰首都华沙召开经互会第 31 次会议。会议批准了协调成员国 1981～1985 年国民经济计划的工作纲要。

1978 年　6 月 27～29 日，在罗马尼亚首都布加勒斯特召开经互会第 32 次会议，接纳越南为经互会成员国。

1979 年　6 月 26～28 日，在莫斯科召开经互会第 33 次会议。会议通过了民用消费品生产、交通运输"长期专业合作纲要"。

1980 年　6 月 17～19 日，在捷克斯洛伐克首都布拉格召开经互会第 34 次会议。会议协调各成员国 1981～1985 年国民经济计划；落实有关原料、动力资源、机械制造、工业消费品和交通运输 5 个长期专业合作纲要的实施情况。

1981 年　7 月 2～4 日，在保加利亚首都索非亚召开经互会第 35 次会议。会议讨论了经互会综合纲要的执行情况；签订 1981～1985 年多边一体化措施协调计划。

1982 年　6 月 8～10 日，在布达佩斯召开经互会第 36 次会议。会议通过了 1986～1990 年经互会成员国经济计划协调纲领。

1984 年　　6 月经互会召开最高级经济会议，通过《关于进一步发展和加强经互会成员国经济合作与科技合作基本方针的声明》等文件。同年 6 月和 10 月经互会第 38 次和第 39 次会议，通过贯彻实施最高级经济会议的措施；研究了协调各成员国的下一个五年计划及长远的经济发展战略问题。

1985 年　　5 月，经互会举行成员国主管经济的党中央书记会议，会议指出集体制定到 2000 年科技进步综合纲要的重要性。

6 月 25～27 日，在莫斯科召开经互会第 40 次会议，讨论了经互会国家的经济形势，强调加强科技合作的重要性。

12 月，召开经互会第 41 次会议，通过了《经互会成员国到 2000 年科技进步综合纲要》。

1986 年　　11 月，经互会召开第 42 次会议，强调成员国各经济组织之间建立科学与生产的直接联系。

1987 年　　10 月，经互会召开第 43 次会议，会议讨论经互会合作机制改革问题。

1988 年　　6 月，经互会与欧共体签署联合声明，双方互相承认，并正式建立关系。

7 月，在捷克斯洛伐克首都布拉格召开经互会第 44 次会议，讨论建立合理的金融货币体系和统一市场问题。

1990 年　　1 月，在保加利亚首都索非亚召开经互会第 45 次会议，各成员国对彻底改造经互会达成共识。决定成立专门委员会拟定对经互会进行全面改革的构想，制定新的《经互会章程》。各国原则上同意相互贸易将按国际市场价格以自由外汇结算，但在实施进度和方法上未能达成一致。

10 月 23～25 日，经互会专家工作小组会议在捷克斯洛伐克举行，商讨与经互会改革有关的问题。

1991 年　　1 月 1 日，苏联同经互会成员国之间的贸易均以自由外汇结算和支付。

1 月 4～5 日，经互会执行委员会在莫斯科举行第 134 次会议。

会议认为，经互会的使命已经结束，但不应中断成员国间业已形成的经济联系。决定成立一个以市场原则为基础的开放型"国际经济合作组织"，以取代经互会。执委会通过了未来新组织的章程草案，并建议经互会第 46 次会议批准。但由于各成员国对新组织的性质和范围存在分歧，经互会召开第 46 次会议的日期一再推迟。

6 月 28 日，在匈牙利首都布达佩斯召开经互会第 46 次会议，经互会正式宣布解散。

参考文献

一　中文文献

1. 中文专著、译著

《北约是什么——北约重要历史文献选编之二》，许海云等编译，世界知识出版社，2014。

《北约是什么——北约重要历史文献选编之三、之四》，刘得手、姚百慧等编译，世界知识出版社，2015。

《北约是什么——北约重要历史文献选编之一》，王义桅等编译，世界知识出版社，2013。

《勃列日涅夫言论》（第四集），上海人民出版社编译室编译，上海人民出版社，1974。

莫斯科大学亚非国家研究所国际关系研究室编《国际经济组织手册》，孙娜等译，中国展望出版社，1985。

《国际条约集》（1945—1947），世界知识出版社，1959。

《国际条约集》（1953—1955），世界知识出版社，1960。

《国际条约集》（1956—1957），世界知识出版社，1962。

《国际条约集》（1963—1965），商务印书馆，1976。

《国际条约集》（1966—1968），商务印书馆，1978。

《经济互助委员会重要文件选编》，中国人民大学苏联东欧研究所编译，中国人民大学出版社，1980。

李丹慧主编《冷战国际史研究17》，世界知识出版社，2014。

《联邦德国东方政策文件集》，龚荷花等译，中国对外翻译出版公司，1987。

《南斯拉夫资料汇编》，世界知识出版社，1957。

世界经济年鉴编辑委员会编《世界经济年鉴》（1992年版，上卷），中国社会科学出版社，1993。

《世界知识年鉴（1989/90）》，世界知识出版社，1990。

苏联科学院经济研究所编《苏联社会主义经济史》（第五卷），周邦新等译，三联书店，1984。

B. B. 苏辛科主编《世界经济》，钟志诚译，对外贸易出版社，1982。

И. П. 法明斯基：《当代国际贸易》，金茂远译，中国对外经济贸易出版社，1983。

阿·帕·布坚科：《作为世界体系的社会主义》，苏艺等译，东方出版社，1987。

仇启华主编《世界经济学》（下），中共中央党校出版社，1990。

哈莉克·科汉斯基：《不折之鹰：二战中的波兰和波兰人》，何娟、陈燕伟译，中国青年出版社，2015。

何春超主编《国际关系史》下册（1945~1980年），武汉大学出版社，1983。

洪韵珊主编《80年代的苏联东欧》，四川人民出版社，1988。

胡锦、胡永明主编《国内外标准检索手册》，江苏省产品质量监督检测中心所，1989。

霍斯特·特尔切克：《329天：德国统一的内部视角》，欧阳甦译，社会科学文献出版社，2016。

卡洛·M.奇波拉主编《欧洲经济史—第五卷上册—二十世纪》，胡企林、朱泱译，商务印书馆，1988。

李琮主编《世界经济百科词典》，经济科学出版社，1994

刘德芳主编《苏联经济手册》，中国金融出版社，1988。

刘彦顺：《波兰历史的弄潮儿：雅鲁泽尔斯基》，世界知识出版社，2016。

鲁·格·皮霍亚：《苏联政权史（1945~1991）》，徐锦栋等译，东方出版社，2006。

罗伯特·肯尼迪：《十三天：古巴导弹危机回忆录》，贾令仪、贾文渊译，北京大学出版社，2016。

马洪、孙尚清主编《经济社会管理知识全书》，经济管理出版社，1988。

马细谱主编《战后东欧——改革与危机》，中国劳动出版社，1991。

米哈伊尔·戈尔巴乔夫：《对过去和未来的思考》，徐葵等译，新华出版社，2002。

米哈伊尔·谢尔盖耶维奇·戈尔巴乔夫：《孤独相伴：戈尔巴乔夫回忆录》，潘兴明译，译林出版社，2015。

尼·法捷耶夫：《经济互助委员会》，北京对外贸易学院国际贸易问题研究所译，中国财政经济出版社，1977。

中共中央党校科学社会主义教研室国外社会主义问题教研组编《人民波兰资料选辑（1944—1984）》，中共中央党校科学社会主义教研室，1986。

沈志华主编《冷战时期苏联与东欧的关系》，北京大学出版社，2006。

斯大林：《苏联社会主义经济问题》，中共中央马克思恩格斯列宁斯大林著作编译局译，人民出版社，1961。

王吉来主编《技术监督全书》，山西经济出版社，1994。

王羊主编《美苏军备竞赛与控制研究》，军事科学出版社，1993

威廉·奥多姆：《苏联军队的瓦解》，王振西、钱俊德译，社会科学文献出版社，2014。

夏义善：《苏联外交六十五年纪事　勃列日涅夫时期（1964—1982）》，世界知识出版社，1987。

亚·维·菲利波夫：《俄罗斯现代史（1945—2006）》，吴恩远等译，中国社会科学出版社，2009。

杨华主编《东欧剧变纪实》，世界知识出版社，1990。

叶进、李长久：《里根》，浙江人民出版社，1997。

张国华主编《国外标准资料概况》（第二版），科学技术文献出版社，1986。

张宏儒主编《二十世纪世界各国大事全书》，北京出版社，1993。

张盛发：《斯大林与冷战》，中国社会科学出版社，2000。

张文武等主编《东欧概览》，中国社会科学出版社，1991。

2. 中文期刊论文

阿·弗·兹韦列夫等：《国际经济合作银行》，丁健摘译，《外国经济与管理》1984 年第 3 期。

毕健康：《马歇尔计划援助对象是否包括苏联和东欧国家？》，《历史教学》2002 年第 3 期。

江兴俊：《经互会：成就、改革、前景》，《世界经济与政治论坛》1990 年第 1 期。

牟长林：《裁军领域的又一大突破——〈欧洲常规武装力量条约〉》，《世界知识》1990 年第 24 期。

王文修：《评经互会成员国最高级经济会议》，《世界经济》1984 年第 8 期。

杨家荣：《经互会四十年：成就、问题与前景》，《苏联东欧问题》1988 年第 6 期。

应世昌：《国际投资银行与经互会成员国的经济发展》，《外国经济与管理》1988 年第 8 期。

张道庆：《经互会的出路何在？》，《瞭望周刊》1990 年第 Z1 期。

郑羽：《俄罗斯与北约：从"和平伙伴计划"到马德里峰会》，《东欧中亚研究》1997 年第 6 期。

3. 《人民日报》图文数据库、新华社《参考消息》（按时间顺序）

《西伦凯维兹在华沙会议上致闭幕词》，《人民日报》1955 年 5 月 16 日，第 1 版。

《波兰议会批准八国友好合作互助条约》，《人民日报》1955 年 5 月 21 日，第 4 版。

《民主德国议院批准八国友好合作互助条约》，《人民日报》1955 年 5

月 22 日，第 4 版。

《捷国民议会批准八国友好合作互助条约　皮克总统批准八国友好合作互助条约》，《人民日报》1955 年 5 月 26 日，第 4 版。

《匈国民议会批准八国友好合作互助条约》，《人民日报》1955 年 5 月 27 日，第 4 版。

《苏联最高苏维埃主席团会议一致决定　批准八国友好合作互助条约》，《人民日报》1955 年 5 月 27 日，第 4 版。

《保加利亚人民共和国和阿尔巴尼亚人民共和国的议会 同时批准八国友好合作互助条约》，《人民日报》1955 年 5 月 30 日，第 4 版。

《罗国民议会批准八国友好合作互助条约》，《人民日报》1955 年 6 月 1 日，第 4 版。

《华沙条约从六月四日起开始生效》，《人民日报》1955 年 6 月 6 日，第 1 版。

格·加斯顿·马林：《社会主义经济的国际劳动分工》，《人民日报》1956 年 9 月 12 日，第 5 版。

《波兰政府向苏、美、英、法等国提出建议着手谈判建立中欧无原子武器区》，《人民日报》1958 年 2 月 19 日，第 3 版。

《各国代表团长在华沙条约缔约国政协会议上表示继续为缓和国际紧张局势而斗争》，《人民日报》1958 年 5 月 29 日，第 5 版。

《华沙条约缔约国宣言》，《人民日报》1960 年 2 月 6 日，第 1 版。

《南斯拉夫参加经互会工作　将拥有投票权却无须接受约束》，《人民日报》1964 年 9 月 26 日，第 5 版。

《阿尔巴尼亚政府发出照会揭露苏联修正主义领导集团的大阴谋》《人民日报》1966 年 7 月 28 日，第 4 版。

《霍林沃思报道：〈俄国最新式的核导弹威胁着欧洲〉》，新华社《参考消息》1977 年 2 月 21 日，第 2 版。

《波兰希望改变经互会合作体制》，《人民日报》1987 年 3 月 2 日，第 7 版。

周象光：《建立合资企业　促进经济发展——苏联对外经济体制改革

迈开步子》,《人民日报》1988年2月1日,第7版。

凌德权:《越南对卢布区出口完不成计划》,《人民日报》1988年10月24日,第7版。

《华约首次公布在欧洲军事力量》,《人民日报》1989年1月31日,第6版。

《马佐维耶茨基谈波兰内外政策》,《人民日报》1989年8月26日,第3版。

侯凤菁等:《匈正式更名为匈牙利共和国　匈外长表示匈尊重对华约承担的义务》,《人民日报》1989年10月25日,第3版。

《齐奥塞斯库在罗共十四大上作报告时强调加强党的领导作用》,《人民日报》1989年11月22日,第4版。

《戈尔巴乔夫向华约通报苏美首脑会晤情况　华约五国声明68年出兵捷是对主权国家内政的干涉》,《人民日报》1989年12月6日,第4版。

二　外文文献

1. 专著和论文

Gaddis, John Lewis, *The United States and the Origins of the Cold War 1941 - 1947*, New York: Columbia University Press, 2000.

Jarząbek, Wanda, *PRL w politycznych strukturach Układu Warszawskiego w latach 1955 - 1980*, Warszawa: Instytut Studiów Politycznych, Polskiej Akademii Nauk, 2008.

Lewis, William J., *The Warsaw Pact: Arms, Doctrine, and Strategy*, Cambridge, Mass.: McGraw Hall Publication Co., 1982.

Mastny, Vojtech and Malcolm Byrne eds., *A Cardboard Castle? An Inside History of the Warsaw Pact, 1955 - 1991*, Budapest: Central European University, 2005.

Mastny, Vojtech, *Helsinki, Human Rights, and European Security*, Durham: Duke University Press, 1986.

Mecalf, Lee Kendall, *The Council of Mutual Economic Assistance: The Failure of Reform*, New York: Columbia University Press, 1997.

Mikołajczyk, Stanisław, *The Rape of Poland: Pattern of Soviet Aggression*, Westport, Connecticut: Greenwood Press, 1972.

Naimark, Norman and Leonid Gibianskii, eds., *The Establishment of Communist Regimes in Eastern Europe, 1944 – 1949*, Boulder, Colorado: Westview Press, 1997.

Pánek, Jaroslav, Oldřich Tůma et al., *A History of the Czech Lands*, Charles University in Prague, Karolinum Press, 2009.

Skendi, Stavro, *Albania*, New York: Frederica A. Praeger, Inc., 1958.

Stefanowicza, Janusy, *Polska-NATO, Wprowadzenie i Wybór Dokumentów 1990 – 1997*, Warszawa: Instytut Studiów Politycznych PAN, 1997.

Конотопов М. В., Сметанин С. И., Экномическая История: Учебник. М: ИТК《Дашков и К°》, 2015.

Kanet, Roger E., "Soviet Policy toward the Development World: The Role of Economic Assistance and Trade," Donaldson, Robert H., *The Soviet Union in the Third World: Successes and Failures*, Boulder: Westview Press, 1981.

Karayaneva, Terzieva, "Bulgaria: Slowly, But Steadily on the Road to Democracy," Bogdan Góralczyk et al., *In Pursuit of Europe, Transformations of Post-Communist States, 1989 – 1994*, Warsaw: Institute of Political Studies PAN, 1995.

Kramer, Mark, "Soviet Deliberations during the Polish Crisis, 1980 – 1981," *Special Working Paper* No. 1, CWIHP, April 1999.

Kramer, Mark, "The Warsaw Pact and the Polish Crisis of 1980 – 1981: Honeck's Call for Military Intervention," *CWIHP Bulletin*, Issue 5, 1995.

Kramer, Mark, "A Letter to Brezhnev: The Czech Hardliners' 'Request' for Soviet Intervention, August 1968," 1992.

Réti, Tamás, "Soviet Economic Impact on Czechoslovakia and Romania in the Early Postwar Period: 1944 – 1956," East European Program European

Institute, The Wilson Center, Occasional Paper No. 11.

2. 保加利亚、阿尔巴尼亚国家档案馆档案

Decision "B" No. 12 of CC BCP Politburo of 29. 09. 1955, CDA, Fond 1 - Ъ, Opis 64, File 217. translated by Jordan Baev.

"Secret Telegram From I. Stalin to G. Dimitrov on the Marshall Plan," 8 July 1947. Source: CDA, Fond 146 - B, Opis 4, a. e. 639. Translated by Jordan Baev.

"Confidential Letter From G. Dimitrov to I. Stalin," 31 May 1947, Source: CDA, Fond146 - B, Opis 2, a. e. 1765. Translated by Jordan Baev.

"Protocol about Delivery of Soviet aircraft for Bulgaria, June, 1953," CDA, Fond 1 - B, Opis 64, File 183. Translated by Jordanka Andreeva.

U. S. Treasury Department Telecommunications, retrieval 566 - 2061, service 566 - 8114.

Protocol "B" of Politburo CC BCP of 19 January 1951, CDA, Fond 1 - Б, Opis 64, File 124.

Mbi zgjarimin e qarkullimit te mallrave ndermjet vandeve pjesm marrs te K. pervitin 1949 dhe 1950, Arkivi Qendror i Partise, Fondi Nr. 14.

Romanian Evidence on the Secret Moscow's Military Meeting, 9 - 12. 01. 1951, Published: C. Cristescu, Bucharest, 1995; V. Mastny, Washington, 1999.

Протокол Сессии Совета Экономической Взаимопомощи (Май 1956 г., г. Берлин), ЦДА, Ф. 1244, а. е. 2.

Доклад Секретаря Совета Н. Фаддееав на XXII сессии СЭВ, Цен-тралензи държавен архив, Фонд 1244, оп. 1, а. е 74.

Положение о стипендиальном фонде Совета Экономической Взаимопомощи, ЦДА, Ф. 1244, оп. 1, а. е. 122, №1533.

Протокол на XIV - та сесия На СИВ, Планова Комисия на Мин-имтерски Съвет поверителиа служба, Вх. №. 148, 31 III. 1961.

Протокол X Сессии Совета Экономической Взаимопомощи, ЦДА,

Ф. 1244, оп. 1, а. е. 5.

Тексты выступлений участников XXУП сесии Совета Экономич-еской Взаимопомощи, ЦДА, 1244, оп. 1, а. е. 127.

Mbi relacionet ekonomike me Jugosllavine, 28 prill 1949, Arkivi Qendror i Partise, Fondi Nr. 14.

Н. Фаддеев, Доклад Секретариата Совета о деятельности Совета Экономической Взаимопомощи в 1962 году, Централен държавен архив, Фонд 1244, оп. 1, а. е 55.

3. 合作安全平行史项目网站的文献

"Information on Weapons Supplies and Payment in the Warsaw Pact, Mar 1961," https：//www. php. isn. ethz. ch/lory1. ethz. ch/collections/colltopicede2. html? lng = en&id = 16695&navinfo = 16161.

Central Committee of the CPSU to the First Secretary of PZPR（Władysław Gomułka）, 28 Mar 1961, https：//www. php. isn. ethz. ch/lory1. ethz. ch/collections/colltopicfbab. html? lng = en&id = 17893&navinfo = 14465.

Letter from Mongolian Head of State（Yumjaagiyn Tsedenbal）to Polish Prime Minister（Józef Cyrankiewicz）, 15 Jul 1963, https：//www. php. isn. ethz. ch/lory1. ethz. ch/collections/colltopic822e. html? lng = en&id = 16344&navinfo = 16034.

Baev, Jordan ed. , "East-East Arms Trade：Bulgarian Arms Delivery to Third World Countries, 1950 – 1989," http：//www. php. isn. ethz. ch/lory1. ethz. ch/collections/colltopicb50a. html? lng = en&id = 23065.

Mastny, Vojtech, " The Soviet Union and the Origins of the Warsaw Pact, 1955," http：//www. php. isn. ethz. ch/lory1. ethz. ch/collections/colltopicb8ff. html? lng = en&id = 17540&navinfo = 14465.

Speech by the First Secretary of PZPR（Władysław Gomułka）, 29 Mar 1961, http：//www. php. isn. ethz. ch/lory1. ethz. ch/collections/colltopic80b1. html? lng = en&id = 17896&navinfo = 14465.

Speech by the First Secretary of PZPR（Władysław Gomułka）, 29 Mar 1961, http：//www. php. isn. ethz. ch/lory1. ethz. ch/collections/colltopic80b1. html? lng = en&id = 17896&navinfo = 14465.

Stenographic Record of the Meeting of the Politburo of the Romanian Workers' Party Central Committee, 18 Jul 1963, http：//www. php. isn. ethz. ch/lory1. ethz. ch/collections/colltopic4778. html? lng = en&id = 16340& navinfo = 16034.

4. 冷战国际史项目档案数据库

Conversations between Joseph V. Stalin and SED leadership, April 1 1952, CWIHP Virtual Archive：Collection：East German Uprising.

Letter Addressed by N. S. Khruschev, First Secretary of the CC of the CPSU to the CC of the RWP Concerning the Withdrawal of Soviet Troops from the Romanian Territory, April 17 1958, CWIHP Virtual Archive：Collection：The Warsaw Pact.

Letter from the Central Committees of the Bulgarian, East German, Hungarian, Polish, and Soviet Communist Parties regarding the Warsaw Pact Intervention in Czechoslovakia, 21 August 1968, CWIHP Virtual Archive：Collection：Soviet Invasion of Czechoslovakia.

Statement by the Central Committee of the Communist Party of the Soviet Union and the Council of Ministers of the USSR on the Transfer of the 72nd Engineer Brigade to East Germany, March 26 1955, CWIHP Virtual Archive：Collection：The Warsaw Pact.

5. Jstor 期刊数据库

"Iraq and USSR：Oil Agreement," *International Legal Materials*, March 1968, Vol. 7, No. 2, http：//www. jstor. com/stable/20690330.

Lavigne, Marie, "The Soviet Union inside Comecon," *Soviet Studies*, Vol. 35, No. 2, Apr 1983, http：//www. jstor. com/stable/15177524.

索　引

国别区域与全球治理数据平台

www.crggcn.com

"国别区域与全球治理数据平台"（Countries，Regions and Global Governance Data Platform，CRGG）是社会科学文献出版社重点打造的学术型数字产品，对接新一级交叉学科区域国别学，围绕国别研究、区域研究、国际组织研究、全球智库研究等领域，全方位整合一手数据、基础信息、科研成果，文献量达30余万篇。该产品已建设成为国别区域与全球治理数据资源与研究成果整合发布平台，可提供包括资源获取、科研技术服务、成果发布与传播等在内的多层次、全方位的学术服务。

从国别区域和全球治理研究角度出发，"国别区域与全球治理数据平台"下设国别研究数据库、区域研究数据库、国际组织数据库、全球智库数据库、学术专题数据库、学术资讯数据库和辅助资料数据库7个数据库。在资源类型方面，除专题图书、智库报告和学术论文外，平台还包括数据图表、档案文献和学术资讯。在文献检索方面，平台支持全文检索、高级检索，并可按照相关度和出版时间进行排序。

"国别区域与全球治理数据平台"应用广泛。针对高校及区域国别科研机构，平台可提供专业的知识服务，通过丰富的研究参考资料和学术服务推动区域国别研究的学科建设与发展，提升智库学术科研及政策建言能力；针对政府及外事机构，平台可提供咨政参考，为相关国际事务决策提供理论依据与资讯支持，切实服务国家对外战略。

数据库体验卡服务指南

※100元数据库体验卡，可在"国别区域与全球治理数据平台"充值和使用

充值卡使用说明：
第1步 刮开附赠充值卡的涂层；
第2步 登录国别区域与全球治理数据平台（www.crggcn.com），注册账号；
第3步 登录并进入"会员中心"→"在线充值"→"充值卡充值"，充值成功后即可使用。

声明

最终解释权归社会科学文献出版社所有

客服电话：010-59367072
客服邮箱：crgg@ssap.cn

欢迎登录社会科学文献出版社官网（www.ssap.com.cn）和国别区域与全球治理数据平台（www.crggcn.com）了解更多信息

图书在版编目（CIP）数据

华沙条约组织与经济互助委员会 / 李锐，吴伟，金
哲著 . -- 北京：社会科学文献出版社，
2023. 10
　（国际组织志）
　ISBN 978 - 7 - 5228 - 2737 - 7

　Ⅰ. ①华… 　Ⅱ. ①李… ②吴… ③金… 　Ⅲ. ①华沙条
约组织 - 概况 ②经济互助委员会 - 概况 　Ⅳ. ①E161
②F116. 5

中国国家版本馆 CIP 数据核字（2023）第 198423 号

· 国际组织志 ·

华沙条约组织与经济互助委员会

著　　者 / 李　锐　吴　伟　金　哲

出 版 人 / 冀祥德
责任编辑 / 郭白歌
文稿编辑 / 郭锡超
责任印制 / 王京美

出　　版 / 社会科学文献出版社 · 国别区域分社（010）59367078
　　　　　地址：北京市北三环中路甲 29 号院华龙大厦　邮编：100029
　　　　　网址：www. ssap. com. cn
发　　行 / 社会科学文献出版社（010）59367028
印　　装 / 三河市尚艺印装有限公司

规　　格 / 开本：787mm × 1092mm　1/16
　　　　　印张：19. 75　字数：294 千字
版　　次 / 2023 年 10 月第 2 版　2023 年 10 月第 1 次印刷
书　　号 / ISBN 978 - 7 - 5228 - 2737 - 7
定　　价 / 98. 00 元

读者服务电话：4008918866